LEAN
AI

린 AI

사용자 유치, 그로스 마케팅, 성장 전략 수립에 인공지능 활용하기

초판 1쇄 발행 2021년 6월 1일

지은이 로밋 파텔 / **옮긴이** 박기석, 최은정 / **펴낸이** 김태헌
펴낸곳 한빛미디어(주) / **주소** 서울시 서대문구 연희로2길 62 한빛미디어(주) IT출판부
전화 02-325-5544 / **팩스** 02-336-7124
등록 1999년 6월 24일 제25100-2017-000058호 / **ISBN** 979-11-6224-430-2 93000

총괄 전정아 / **책임편집** 이상복 / **기획 · 편집** 이다인 / **교정** 김은미
디자인 표지 최연희 내지 박정화 전산편집 이경숙
영업 김형진, 김진불, 조유미 / **마케팅** 박상용, 송경석, 이행은, 고광일 / **제작** 박성우, 김정우

이 책에 대한 의견이나 오탈자 및 잘못된 내용에 대한 수정 정보는 한빛미디어(주)의 홈페이지나 아래 이메일로
알려주십시오. 잘못된 책은 구입하신 서점에서 교환해드립니다. 책값은 뒤표지에 표시되어 있습니다.

한빛미디어 홈페이지 www.hanbit.co.kr / 이메일 ask@hanbit.co.kr

지금 하지 않으면 할 수 없는 일이 있습니다.
책으로 펴내고 싶은 아이디어나 원고를 메일(writer@hanbit.co.kr)로 보내주세요.
한빛미디어(주)는 여러분의 소중한 경험과 지식을 기다리고 있습니다.

LEAN AI

린 AI

사용자 유치, 그로스 마케팅, 성장 전략 수립에
인공지능 활용하기

로밋 파텔 지음　박기석, 최은정 옮김

O'REILLY®　ℍ빛 한빛미디어
Hanbit Media, Inc.

신기술은 계속 생겨나고 있지만 대다수가 기술을 개발한 회사와 함께 흔적도 없이 사라진다. 하지만 소프트웨어, 프로세스, 업무 환경, 의사결정과 같이 삶의 모든 측면을 다루는 인공지능은 다르다. 인공지능은 디지털 마케팅에 굉장한 변화를 불러올 것이 틀림없다. 『린 AI』는 '변화를 기회로 볼 수 있는' 넓은 시야를 제공해줄 것이다.

오렌 카니엘 Oren Kaniel, **앱스플라이어**AppsFlyer CEO

『린 AI』는 인공지능 시대에 발맞춰 성장하기 위한 실질적인 로드맵을 제시한다. 빅데이터 시대에 적합한 마케팅 관리 방법과 성과 측정법을 알려주는 가이드북이 될 것이다.

짐 캘훈 Jim Calhoun, **넥터9**Nectar9 CEO

현시대의 그로스 팀은 인적 구성원과 프로세스 변화의 산물이다. 여러 방면에서 전문성을 갖춘 팀 구성원은 정량화된 성과 지표를 달성하기 위해 다양한 실험을 진행한다. 앞으로의 그로스 팀은 사용자 행동과 비즈니스 결과를 연관 지어 분석하고, 그 결과를 제품 및 마케팅에 대한 의사결정으로 연결할 것이다. 『린 AI』는 이런 미래의 가능성을 데이터 기반의 실질적인 과정과 함께 다룬다.

나오미 피로소프 이오니타 Naomi Pilosof Ionita, **멘로벤처스**Menlo Ventures **파트너**

4차 산업의 시대가 도래했고, 마케팅 역시나 바뀌고 있다. 『린 AI』는 인공지능과 빅데이터 시대에 맞춰 성장하고 싶은 마케팅 전문가라면 꼭 읽어야 하는 책이다.

에릭 퀄먼 Erik Qualman, **『소셜노믹스』**(에이콘출판사, 2011) 저자

린 스타트업의 업무 사이클에 통달한 사람이라면 반드시 읽어야 한다. 인공지능을 활용한다면 더 큰 성장을 향해 나아갈 수 있을 것이다.

몸칠 큐륵치브 Momchil Kyurkchiev, **린플럼**Leanplum CEO

스타트업이 성공적으로 성장하기 위해 필요한 온라인 마케팅 개념을 안내해주는 훌륭한 책이다.

댄 올슨^{Dan Olsen}, 『The Lean Product Playbook』(John Wiley & Sons Inc, 2015) 저자

이 책은 스타트업이 인공지능과 자동화를 통해 규모를 빠르게 확장하고 혁신을 일으키는 방법을 알려준다. 변화를 수용하지 못하는 회사들이 미래를 걱정하는 이유를 『린 AI』에서 알 수 있다.

그랜트 리^{Grant Lee}, 클리어브레인^{ClearBrain} COO

『린 AI』는 인공지능 시대의 성장을 위한 선언문이다. 저자는 데이터 기반의 성장 시대에 인공지능을 성공적으로 활용할 수 있도록 관련 주제와 그에 걸맞은 청사진을 제시한다.

앤디 카벨^{Andy Carvell}, 피처^{Phiture} 공동창업자

『린 AI』는 스타트업을 위한 바이블이며, 당신의 서가에 꼭 있어야 할 참고서다.

악바 랄라니^{Akbar Lalani}, 코릴리드 인터랙티브^{Corelead Interactive} CEO

지난 2년 동안 로밋이 인공지능 기반의 사용자 유치 활동을 통해 기록적 성장률을 달성하는 과정을 지켜보면서 크게 감명받았다. 사용자 유치 및 수익화를 담당하는 사람이라면 누구든지 이 책을 읽어야 한다. 『린 AI』는 오늘날은 물론 미래를 위해 꼭 필요한 로드맵이다.

케빈 헨쇼^{Kevin Henshaw}, IMVU COO

로밋은 일찍이 마케팅 자동화를 주장하고 지지해왔다. 성장 목표를 달성하려는 디지털 마케팅 종사자라면 실용적인 접근법을 소개한 이 책이 도움이 될 것이다.

살 아로라^{Sal Arora}, 넥터9 최고 데이터 과학자

마케팅 투자 비용에 대한 정확한 ROI를 이해하지 못한 채 수십만 달러를 지출하는 회사가 많다. 고도화된 머신러닝과 인공지능이 등장했고, 마케터들은 고객의 여정을 새로운 방식으로 깊이 이해할 수 있게 되었고 더 나은 마케팅 활동을 펼칠 수 있게 됐다. 『린 AI』는 인공지능 시대의 마케팅 자동화를 위한 탄탄한 기초를 제시한다.

샤먼스 라오 Shamanth Rao**, 로켓십**RocketShip **HQ 창업자 겸 CEO**

『린 AI』를 적용하는 회사는 테스트와 학습을 반복하는 과정을 획기적으로 빠르게 진행할 수 있으며, 이를 바탕으로 학습 경쟁력을 향상할 수 있다.

클라우스 엔볼슨 Claus Enevoldsen**, 플립보드**Flipboard **그로스 분야 부사장**

인공지능은 그로스 원칙을 변화시키고 있다. 인공지능을 적용하지 못한 회사는 시장에서 사라질지도 모른다. 『린 AI』는 비즈니스의 성장을 목표로 한 인공지능의 적용법에 대한 청사진을 제시한다.

제시카 오소리오 Jessica Osorio**, 모질라**Mozilla **모바일 그로스 분야 리더**

『린 AI』는 사용자 유치 방식의 과거와 현재를 보여준다. 또한 자동화 방식으로 고객을 얼마나 빠르게 유치할 수 있는지 설명한다.

아르핏 파텔 Arpit Patel**, 피세이프 테크놀로지**PSafe Technology **사용자 유치 담당자**

대다수의 고객은 쏟아지는 광고 캠페인을 무시하고 지나간다. 고객은 단순한 마케팅 메시지가 아닌 의미 있는 경험을 원한다. 기업은 개인화된 광고를 제공하기 위해 인간의 한계치를 뛰어넘는 작업을 해야 한다. IoT를 이용한다면 수집된 수십억의 데이터 지점을 분석해야 한다. 이런 어려움은 마케팅은 물론 마케팅에 접근하는 사고방식 또한 변화시킨다. CEO는 사용자 유치를 비롯해 의미 있는 고객 경험을 제공하기 위해 인공지능과 협업해야 한다는 사실을 깨달아야 한다. 『린 AI』는 인공지능의 잠재력을 바탕으로 한 로드맵을 제시하며, 기업이 미래를 대비하기 위해 필요한 중요 항목을 포함한 필독서다.

페기 앤 살즈 Peggy Anne Salz, **모바일그루브**MobileGroove **창업자 겸 최고 애널리스트**

『린 AI』는 스타트업의 가장 어려운 과제인 성장을 종합적으로 다루는 가이드북이다. 로밋이 IMVU의 수많은 성장 과제를 어떻게 풀어나갔는지 확인할 수 있을 것이다.

파우스토 고테어 Fausto Gortaire, **IMVU 그로스 분야 시니어 매니저**

인공지능의 효과는 아직 많이 알려지지 않았다. 최고의 그로스 팀이라면 린 AI를 적용해 강력한 경쟁 우위를 가지게 될 것이다.

이치에니 지 게브리안트 Etienne de Guébriant, **가제우스 게임즈**Gazeus Games **사용자 유치 분야 리더**

바야흐로 인공지능의 시대다. 과거에는 많은 시간과 인원이 필요해 쉽게 엄두를 내지 못했던 일들을 이제 인공지능으로 쉽게 수행할 수 있다. 그리고 많은 경우, 인공지능은 사람보다 더 빠르고 수월하게 모든 일을 처리한다. 그렇다면 인공지능의 강력한 힘을 어디에 활용할 때 가장 큰 효과를 얻을 수 있을까?

많은 기업, 특히 새롭게 사업을 시작하는 스타트업에게 가장 중요한 일은 바로 '사용자 유치'다. 제품이나 서비스를 타깃 고객에게 효과적으로 노출하고, 가입이나 구매로 전환하고, 나아가 장기 유료고객으로 연결시키는 일이야말로 모두가 원하는 성공의 기반이다.

혁신적인 린 스타트업 방법론에서 데이터는 가장 중요한 요소다. 빠르게 학습하고 반복하기 위해서는 데이터를 통한 객관적인 판단이 필수적이다. 하지만 데이터의 수집이 빠르게 이루어진다고 하더라도 정작 그 데이터를 분석하는 데 어려움을 겪는 경우가 많다. 데이터 분석을 담당하는 인원이 한정된 만큼 짧은 시간에 분석할 수 있는 가설은 제한적일 수밖에 없다. 단시간 내에 전력질주를 하듯 개발하고, 개발된 기능에 한해 분석하고 결정하게 되는 것이다.

서비스나 제품에서 수집되는 다량의 데이터를 빠르게 분석할 수 있고, 나아가 분석한 데이터를 바탕으로 사람의 개입 없이 적절하게 조치할 수 있다고 상상해보자. 당연히 기업은 원하는 결과, 즉 사용자를 유치하고 유료 결제를 만들어내는 과정을 더 빠르게 이룰 수 있을 것이다. 더불어 불필요한 광고를 제거해 비용을 줄이고 효과적으로 예산을 운용할 수 있을 것이다. 이 모두를 가능하게 만드는 도구가 바로 인공지능이다.

인공지능은 기업에게 다양한 능력을 부여한다. 특히 마케팅 측면에서 인공지능이 지닌 잠재력은 어마어마하다. 현재 대부분의 광고가 디지털 매체를 통해 집행되고 있으며 실시간으로 수많은 사용자 데이터를 축적하고 있다. 축적되는 수많은 데이터를 실시간으로 분석할 수 있다면, 우리는 매 순간 더 나은 결정을 내릴 수 있을 것이다. 이러한 결정에 사람이 개입하지 않는다면 스타트업은 적은 비용으로 빠르게 사용자를 모집하고 유료 결제를 이끌어 낼 수 있다.

한동안 뜨거웠던 그로스 마케팅(혹은 그로스 해킹)은 인공지능과 만나 비로소 완전한 모습을 찾게 되었다. 그로스 마케팅 관점에서 쓰인 이 책은 인공지능을 적극적으로 활용해 기업이 성공할 방법을 구체적으로 제시한다.

'사용자 유치 3.0'으로 명명한 새로운 패러다임은 인공지능의 장점을 온전히 마케팅 분야에 적용했다. 데이터를 한 곳에 수집하고 일부 마케팅 기능을 자동화하는 데 그치는 것이 아니라 데이터 수집 규모를 확대하고 많은 분석과 결정을 인공지능에게 맡기는 방식이다. 매 순간 일일이 사람이 개입해서 결정을 내릴 필요 없이, 기업의 KPI를 인공지능이 측정하고 분석하여 스스로 최적의 결정을 내리게 된다.

어쩌면 누군가에게는 비현실적인 이야기로 들릴지도 모르겠다. 아직도 국내의 대다수 기업들이 고객의 데이터를 수집하는 것조차 어려워하고 있다. 다양한 사용자 유치 마케팅 활동을 펼치고 있더라도, 정작 가설을 세우고 데이터를 통해 객관적으로 판단하는 업무는 여전히 어렵다고 느낄 수도 있다. 게다가 린 스타트업의 개념조차 낯선 사람들에게 린과 인공지능의 결합은 막연해 보인다.

너무 걱정할 필요는 없다. 사용자 유치 1.0과 2.0을 알아야만 3.0을 시작할 수 있는 게 아니다. 다행스럽게도, 인공지능은 아직 모두에게 낯선 도구다. 이 책을 손에 든 당신은 이미 다른 마케터 혹은 기업보다 한발 앞서 있다. 생소한 개념과 낯선 용어들에 기죽지만 않는다면, 당신의 기업에 엄청난 성장을 가져다줄 기회를 이 책에서 찾을 수 있다고 확신한다.

박기석, 최은정

머리말

당신 앞에 놓여 있는 이 책은 두 권의 책을 하나로 압축했다고 해도 과언이 아니다. 첫 번째로 담고 있는 내용은 스타트업에 대한 풍부한 경험을 바탕으로 성공적인 스타트업을 만들고 확장하기 위해 필요한 종합적인 요소들에 대한 것이다. 두 번째로는 인공지능과 자동화가 회사 업무 전반에 녹아듦에 따라 미래의 업무 프로세스는 어떻게 달라질지에 대해 다룬다. 인공지능에 의한 업무수행 방식은 이미 변화하기 시작했으며, 몇 년 안으로 더 빠르게 변화할 것이다.

린 AI는 항상 두 가지 측면을 동시에 고려해야 한다. 어떤 신기술이 등장하더라도 그로스 팀이 지향하는 기본 목표인 사용자 유치, 유지, 고객을 통한 수익화는 변하지 않기 때문이다. 이 책에서는 다양한 예시와 주요 정량 지표(사용자 유치 비용, 유지율, 고객 생애 가치, 광고수익률, 전환율)를 상당수 다룬다. 이를 근거로 그로스 팀이 목표를 달성하는 방식을 설명하며 성장에 필요한 요소는 무엇인지 심층적으로 안내한다.

앞으로 그로스 팀이 목표를 달성하는 방식은 달라질 것이다. 이 책에서는 인공지능의 원리, 인공지능과 자동화 간 연관성, 기본 체계를 소개하며 조직에 맞는 인공지능 솔루션 도입 방법을 조언한다. 인공지능 도입을 긍정적인 시선으로 바라보지만, 인공지능 기반의 새로운 '일하기' 방식에서 발생하는 리스크(기계에 업무를 맡기는 데 필요한 인적 비용, 개인정보 보호와 관련한 문제, 투명성 등)를 간과하지 않아 현실적이기도 하다.

인공지능은 린 스타트업이 일하는 방식을 바꾸어 놓을 것이다. 시간과 비용의 절약은 물론, 빠르고 효율적으로 데이터를 수집할 수 있도록 많은 실험을 진행할 수 있다. 또한 고객이 원하는 것을 전달하는 방식에 다차원적으로 접근하도록 한다. 회사가 성장함에 따라 인공지능의 역할 또한 중요해질 것이며 회사 발전에도 기여할 것이다. 파텔은 다음과 같이 설명한다.

사용자 유치 3.0에서 다루는 '규모scale'라는 개념은 대단위 생산을 통해 원가를 절감하고 생산을 최적화하려는 전통적인 개념에만 그치지 않는다. 여기에서 규모는 회사가 축적하거나 접근할 수 있는 데이터양의 규모, 이 데이터로 추출할 수 있는 결괏값의 규모, 새로운 실험의 리스크를 줄이기 위한 규모, 협업 생태계의 크기와 가치에 관한 규모, 앞선 요소들을 기반으로 산출해낼 새로운 아이디어의 규모, 예상치 못한 충격과 위험을 줄이는 데 필요한 규모 등의 개념으로 확장된다.

로밋 파텔

『린 AI』는 인간과 기계 사이의 파트너십을 다룬다. 조직이 인간과 기계의 효과적인 협업을 바탕으로 성장하려면 무엇을 준비해야 하는지 자세히 설명해줄 것이다.

에릭 리스

들어가며

스타트업을 창업하고 성장시키는 데는 많은 도전과 노력이 뒤따른다. 기업가와 리더는 스타트업의 성공 가능성을 높이기 위해 새롭고 혁신적인 방식을 취해야 하는데 여기에는 리스크가 수반된다.

스타트업의 성공 가능성을 높이기 위해서는 비즈니스 성격에 맞춰 명확한 근거와 체계적인 방식으로 세운 전략이 필요하다. 지금까지 소개된 다양한 전략 중 가장 성공적이고 체계적인 형태가 바로 **린 스타트업** 방식이다. 린 스타트업은 스타트업의 창업 과정과 신제품을 출시하는 방식을 완전히 새롭게 바꾸어 놓은 방식으로, 지금도 전 세계적으로 널리 채택되고 있다.

훌륭한 그로스 팀은 사용자 유치를 위한 실험을 진행하고 학습하는 과정을 반복한다. 비즈니스가 빠르게 성장할 수 있도록 이미 성공한 방식과 유사하게 테스트하고 학습하며 수정하는 과정도 진행한다.

오늘날에는 인공지능과 센서, 디지털 플랫폼의 비약적인 발전으로 이전과는 비교되지 않을 정도로 **빠르게 학습**할 수 있는 조건이 갖춰졌다. 바로 이 **학습 속도**가 스타트업의 성패를 가르는 핵심이다. 린 AI를 적용하는 기업은 인공지능을 빠르게 테스트하고 빠르게 학습시키며, 그 결과를 바탕으로 다시 테스트하고 학습하는 방식을 반복할 수 있다. 이를 통해 기업은 엄청난 경쟁력을 갖게 된다. 에릭 리스가 『린 스타트업』(인사이트, 2012)에서 제시했던 것처럼 인공지능을 활용하면 스타트업의 성공 가능성을 획기적으로 높일 수 있다.

이 책은 린 팀이 인공지능과 자동화 방식을 도입했을 때 얻을 수 있는 '성장'의 측면을 다룬다. 여기에는 스타트업이 빠르게 성장하는 방법, 규모를 확대하는 데 필요한 조언, 성장 로드맵이 포함된다. 더불어 빅데이터 시대의 마케팅 성과를 측정하고 관리하는 데 참고할 만한 가이드라인으로 활용될 수 있다.

『린 AI』에 담겨 있는 내용들은 나의 개인적인 경험을 바탕으로 한다. 비즈니스가 성장하고 경쟁 우위를 확보하기 위해 '인공지능'의 추진력을 강화하는 방법을 실제 사례와 함께 살펴보며 이해할 수 있을 것이다.

누구에게 필요할까?

이 책은 더 빠르고 스마트한 방식으로 고객을 유치하고 경쟁 우위를 확보하려는 기업가, 리더, 경영진, 투자자에게 도움을 준다. 경험이 풍부하고 열정이 있는 창업자, CEO, 마케팅 분야 임원, 벤처 투자자, 사용자 유치 및 그로스 분야의 리더 그리고 그 팀에 소속된 구성원에게도 도움을 준다.

어떤 내용으로 구성되어 있는가?

이 책은 총 여섯 개의 부로 구성된다.

- 1부에서는 최근 스타트업의 환경 및 스타트업의 사용자 유치 업무가 직면한 과제, 그로스 마케팅을 집중적으로 다룬다. 더불어 린 AI를 구성하는 주요 항목에는 어떤 것이 있는지 알아보고 인공지능 기반의 스마트 마케팅 동향에 대해 살펴본다.
- 2부에서는 '인공지능'을 사용해 고객 데이터를 효과적으로 활용하는 방법을 사용자 유치 3.0을 통해 알아본다. 이와 함께 쉽게 자동화할 수 있는 업무와 인공지능의 기본 체계를 확인할수 있다. 마지막으로 회사가 가진 리소스에 따라 인공지능을 어떻게 내재화할 수 있는지 안내한다.
- 3부에서는 장기적인 성장을 위해 필요한 정량 지표를 다룬다. 정량 지표는 성공 목표와 연계해 적합한 항목을 선정하는 것이 중요하다. 또한 올바른 지표를 선정하기 위한 가이드라인을 제공하며 인공지능을 최적화하는 데 필요한 광고 소재, 크로스 채널을 대상으로 한 광고 기여도 분석의 중요성을 알아본다.
- 4부에서는 다섯 가지의 주요 사용자 유치 전략을 다룬다. 비즈니스 특성에 맞는 전략 선택 방법과 '그로스 스택'에 대해 자세히 살펴보고, 원하는 결과를 얻기 위해 그로스 스택을 상황에 따라 활용하는 방법을 배운다.
- 5부에서는 인공지능을 활용하면서 수반되는 복잡성과 리스크를 어떻게 관리하는지 살펴본다. 이와 함께 인간과 기계가 함께 일하는 미래의 그로스 팀을 조망한다. 인공지능의 기본 체계를 바탕으로 협업을 통해 얻을 수 있는 구체적인 장점도 설명한다.
- 6부에 다다르면 인간과 기계가 상호 의존하며 최고의 결과를 내는 방법을 알 수 있다. 다음 세대의 중심이 될 인공지능과 인간의 역할을 살펴보고 이들이 가진 잠재력과 도전 과제를 함께 논의해본다.

감사의 말

이 책을 발간하며 많은 사람의 도움을 받았다.

먼저 사랑하는 나의 아내 소피아 다리야나니 파텔Sophia Daryanani-Patel에게 감사를 전한다. 그녀는 나의 베스트프렌드이고 가장 가까이에서 응원해주는 응원단이자 인생의 동반자다. 이 책을 쓰는 내내 온전히 집중할 수 있도록 위대한 통찰력을 제시해주고 안내해주고 사랑으로 기다려주고 격려해주었다. 진심으로 감사의 마음을 전한다.

이 책을 쓰는 데 6개월이 걸렸다. 하지만 IMVU에서 린 AI를 이해하고 익숙해지기까지 2년이 넘는 시간이 걸렸다. 케빈 헨쇼는 나를 IMVU에 영입했으며 린 AI를 적용하는 데 필요한 리소스를 적극적으로 제공해준 지원군이다. 린 AI를 성공적으로 도입할 수 있도록 끊임없이 도움을 준 케빈을 비롯한 IMVU의 많은 분께 감사드린다.

에릭 리스는 아이디어에 멈춰 있던 생각을 책으로 엮을 수 있도록 많은 도움과 격려를 보내줬다. 린 AI에 대한 끊임없는 지지와 믿음으로 이 책을 완성할 수 있었다. 에릭 리스보다 더 나은 멘토는 없을 것이다.

나의 아이디어를 『린 AI』라는 한 권의 책으로 담을 수 있도록 해준 오라일리O'Reilly 실무자들에게도 감사드린다. 편집자 멜리사 더필드Melissa Duffield와 얼리샤 영Alicia Young에게도 특별히 감사의 말을 전한다. 그들은 내 비전에 공감해주었고, 통찰력을 담아 편집을 도왔고, 책을 출판하는 전 과정을 전문적으로 관리해줬다. 케이티 토저Katie Tozer, 버지니아 윌슨Virginia Wilson, 모니카 캄스바그Monica Kamsvaag, 캐런 몽고베리Karen Montgomery, 리베카 더마레스트Rebecca Demarest, 재스민 크비틴Jasmine Kwityn을 비롯한 많은 분이 책이 나오기까지 많은 도움을 줬다. 이 책을 쓰면서 재능 있는 훌륭한 사람들과 일할 수 있어 진심으로 행운이었다고 생각한다.

넥터9의 공동 창업자인 CEO 짐 캘훈과 최고 데이터 과학자 살 아로라에게도 감사의 말을 전한다. 이 책을 완성하기까지 지원을 아끼지 않았으며 이들의 헌신과 공헌으로 출판에 다다를 수 있었다. 인공지능 시대의 마케팅 자동화에 대한 비전을 공유할 수 있는 훌륭한 파트너이다. 함께 논의한 비전이 이 책에 충분히 녹아들었기를 바란다. 『린 AI』는 많은 전문가와 동료가 함께 만든 책이다. 에이브릴 매클라우드Abril McCloud, 에이미 도허티Aemee Doherty, 악바 랄라니, 앤디 카벨, 클라우스 엔볼슨, 댄 올슨, 도니 가지카와Donnie Kajikawa, 에티엔 게브리안트Etienne Guebriant, 파우스토 고테어Fausto Gortaire, 그랜트 리, 재스퍼 라데케Jasper Radeke, 짐 캘훈, 케빈 헨쇼, 마랴네흐 라바이Marjaneh Ravai, 나오미 피로소프 이오니타, 라지브 라만Rajeev Raman, 살 아로라, 세르게이 그리소크Sergey Grytsuk까지. 이들의 귀중한 인사이트와 제안으로 『린 AI』를 완성했다.

나의 어머니 쿠숨 파텔Kusum Patel은 사랑으로 키워주셨고 늘 곁에서 위로해주셨다. 짧은 글로 표현할 수 없을 만큼 큰 감사를 전한다.

이 책을 쓰느라 그동안 등한시했던 주변의 소중한 사람들에게도 이 자리를 빌려 사과의 말을 전한다. 마지막으로 소중한 독자에게도 감사드린다. 내가 도움을 줄 수 있는 문의사항이 있다면 언제든 *LomitPatel.com/Contact*로 연락하기 바란다.

CONTENTS

PART III 중요한 지표 찾기

PART V 복잡성과 리스크 관리하기

PART VI 다음 세대의 중심이 될 인공지능, 그리고 인간

인공지능+그로스 마케팅=
스마트 마케팅

1부는 두 개의 장으로 구성된다. 1장에서는 현재 스타트업이 마주한 사업 환경과 가장 큰 도전 과제, 특히 치열한 경쟁이 벌어지는 시장에서 효과적으로 폭넓은 고객층을 확보하는 방법을 개괄적으로 다룬다. 2장에서는 린 AI, 즉 인공지능과 머신러닝을 이용한 그로스 마케팅의 주요 요소를 배우고 스마트 마케팅에 인공지능을 활용하기 위한 산업 트렌드를 살펴본다. 2부에 등장할 '사용자 유치 3.0' 개념에 깊게 다가가기 위한 준비 과정이다.

인공지능+그로스 마케팅=
스마트 마케팅

CHAPTER 1

그로스 마케팅 알아보기

이 책은 기업이 적은 비용과 낮은 위험으로 목표를 빠르게 달성하기 위해, 그로스 마케팅(혹은 그로스 해킹)과 진보된 기술을 어떻게 활용할 수 있는지를 중점적으로 다룬다. 지난 10년 동안 실리콘밸리의 스타트업에서는 '그로스 마케팅' 부서가 빠르게 성장했다. 페이스북, 핀터레스트, 우버 등 거대 IT 기업은 그로스 마케팅 접근법을 제도화했다. 그로스 마케팅 경험이 성숙해지면서 모든 기업이 이해하기 쉽고 채택하기에 용이한 사례가 생겼고 현대적 접근법으로 완전한 성장 잠재력을 끌어낼 수 있는 단계에 이르렀다.

그로스 마케팅은 데이터와 기민함을 활용해 빠르게 수익을 내고 고객 가치를 높이는 접근법이다. 많은 광고 캠페인이 디지털로 전환되면서 모든 상황을 추적하고 관찰하는 것이 이전보다 쉬워졌다. 전체 고객 여정과 퍼널^{funnel}**1**에 대한 전략 설계 및 반복과 개선에 대한 준비를 마쳤다면 마케팅 기여도 원천을 명확히 확인하고 매출 증가를 촉진할 수 있다. 추측만으로 사용자 유치 예산을 투자하던 시대는 끝났다. 이제는 심사숙고한 그로스 마케팅 전략을 바탕으로 실시간 데이터를 활용해 효과적인 마케팅이 무엇인지 검증할 수 있다.

> **이제는 심사숙고한 그로스 마케팅 전략을 바탕으로 실시간 데이터를 활용해 효과적인 마케팅이 무엇인지 검증할 수 있다.**

벤처 캐피털의 투자를 받아 빠르게 성장하길 원하는 스타트업 기업가는 '꿈의 밸리'라 불리는 실리콘밸리로 몰려든다. 수억 명의 사용자 규모로 확장하거나 대기

---

1 옮긴이_ 마케팅 퍼널은 기업이 고객에게 원하는 주요한 활동(구매, 공유, 가입 등)을 추적하기 위해 단계별로 구분한 전체 과정을 뜻한다. '마케팅 깔때기'라고도 한다.

업과의 인수 합병을 성사시켜 회사를 성공적인 '엑시트exit'로 이끄는 것이 스타트 업 기업가의 목표다. 벤처투자자는 스타트업 기업가의 열정에 투자하므로 큰 위 험이 따르지만 그만큼 많은 보상도 기대할 수 있다. 대다수 벤처 투자금의 수명은 10년 내외다. 따라서 스타트업은 유동성 확보를 위한 행사를 찾아야만 한다.[2]

벤처 캐피털의 투자를 받은 스타트업은 자금 부족 등의 압박 속에서 (어떠한 대 가를 치르더라도) 성장에 속도를 내려고 하지만, 대부분이 큰 실패를 겪는다. 「How VCs Deploy Operating Talent To Build Better Startups(벤처투자 자가 더 나은 스타트업을 만들기 위해 운영 인재를 배치하는 법)」[3]에서 언급한 조 사에 따르면 높은 잠재력을 가졌던 스타트업 중 30~40%가 5년 안에 모든 자산 을 소진한다. 실패를 '투자에 대한 예상된 보상(말하자면 구체적인 매출 증가율 혹은 현금 흐름 관점에서 손익분기점을 넘는 구체적인 수치)을 얻지 못했다'는 뜻 으로 정의한다면 실패하는 스타트업 비율은 95% 이상일 것이다.

높은 실패 비율을 고려한다면 스타트업은 성공에 필요한 세 가지 과제인 올바른 인재 채용, 사용자 유치와 유지, 매출 성장 최적화에 대한 해결 방안을 준비한 후 시장에 진입해야 한다.[4] 모든 스타트업이 유니콘 기업이 되기를 꿈꾸지만 세 가 지 과제를 극복할 준비가 된 스타트업만이 성공한다. 재정 압박이나 지속적인 리 소스 제약은 오히려 스타트업의 가장 중요한 이점일 수 있다. 끊임없이 실험하고 학습하며 경쟁자의 허를 찔러야만 승리할 수 있는 창의적이고 기민한 환경이 자 연스레 조성되기 때문이다. 앞으로 이 책에서 데이터와 자동화를 기반으로 사용 자 성장을 확대하기 위해 린 AI와 함께 사용자 유치 전략을 활용하는 방법을 알아 보자.

----

2 유동성 행사는 창업자나 초기 투자자가 보유 지분 중 일부 혹은 전체를 현금화하는 행사이다. 거래할 시장이 없거나 아주 적은 자본인 비유동성 투자금을 위한 '엑시트'로 여겨진다.

3 포브스(Forbes)에 게재된 드루 한센(Drew Hansen)의 작성 기사. 자세한 내용은 이곳을 참고. *https://www. forbes.com/sites/drewhansen/2012/12/26/how-vcs-deploy-operating-talent-to-build-better-startups/#6470f64936ef*

4 자세한 내용은 다음을 참고. *https://stateofstartups.firstround.com/2018/#operating*

스타트업의 제품/시장 적합성을 넘어 존폐를 결정할 수도 있는 가장 중대한 단계가 **그로스 마케팅**이다. 그로스 마케팅은 전체 고객 퍼널을 여러 작동부가 있는 하나의 몸체로 본다. 퍼널 앞에서 메시지를 테스트하고 퍼널 뒤에서는 가설을 세워 동시에 테스트를 진행하면서 모든 수단을 동원해 사용자 유치율을 높인다. 이런 복잡한 접근법을 이해할 수 있어야 새로운 레벨의 소프트웨어(엄청난 양의 데이터와 시장 피드백을 이해할 수 있도록 도와주는 인공지능과 머신러닝)를 활용할 수 있다. 이 책에서는 그로스 마케팅의 기반이 되는 지식을 명확히 이해하는 데 많은 시간을 할애할 것이다.

『린 스타트업』(인사이트, 2012)에서 에릭 리스는 실행 가능한 비즈니스 의사결정을 위해 초효율적으로hyper-efficient 리소스를 사용하는 방법을 알려준다. 창업가는 항상 작은 **실험**을 수행해야 한다. 열 번 중 아홉 번의 실험에 실패하더라도, 딱 한 번의 성공이 비즈니스를 100배 빠르게 성장시킬 수 있다. 그로스 마케터는 끊임없이 테스트하고 수정하면서 가능한 한 빠르게 비즈니스를 성장시키려 노력해야 한다. 이는 린 스타트업 프로세스에서 매우 중요한 역할이다. 결국 핵심은 시도하고 실패하고 배우고 결국엔 성취하는 행위, 즉 실행하는 데 있다.

넓은 고객 기반은 수익을 결정하는 핵심 요소이자 성공 요인이다. 넓은 고객 기반을 얻는 것은 그로스 마케팅의 첫 번째 목표이므로 모든 마케팅 전략에서 최우선으로 고려돼야 한다. 하지만 여러 통계가 이야기해주듯이 돋보이는 스타트업이 되기 위해서는 이 과정에 많은 시간과 지혜를 쏟아야 한다. 이 책에서는 스타트업을 이미 제품/시장 적합성에 도달한 상태로 전제한다. 이제 인공지능을 활용한 그로스 마케팅을 통해 고객 확보와 매출 증대 목표에 빠르게 도달하는 법을 알아보겠다.

사고실험: 마케팅을 위한 자율주행차

필요 시 언제든지 사용 가능한 클라우드 기반 컴퓨팅과 강력한 연산 능력의 출현은 인간의 강렬한 꿈을 실현할 수 있는 새로운 시대를 열었다. 바로 **자율주행차**가 그 대표적 예다.

자율주행차에 대한 생각은 자동차가 출현한 직후에 생겨났다. 1925년 뉴욕에서는 운전자 없이 무선으로 조종되는 관광용 자동차가 브로드웨이에서 5번가까지의 혼잡한 거리를 운행한 일이 있었다. [그림 1-1]처럼 발명가인 프랜시스 후디나Francis Houdina가 자동차 옆에 서서 조종했다.

그림 1-1 뉴욕에서 시연된 최초의 자율주행차

이 프로젝트는 프랜시스 후디나가 자신의 이름을 이용해 이득을 본다고 생각한 해리 후디니Harry Houdini[5]와의 논쟁과 몇 번의 추가 시연 후 난항에 빠졌다. 자율주행차를 밀워키Milwaukee에 판매하며 비즈니스를 성장시키려던 원대한 계획은 대공황으로 인해 더는 추진되지 못했다.

그로스 마케팅의 승자가 되려면 마케터, 개발자, 데이터 과학자를 포함한 여러 이해관계자와 함께 다기능적 접근법을 접목해야 한다. '학습 속도에 비례한 경쟁력 있는' 조직을 만들고 사용자 유치 성장의 높은 지표에 다다르기 위한 길을 찾아야 한다. 린 스타트업 후기 단계의 확장인 이 책은 스타트업이 제품/시장 적합성에 도달한 후 학습 속도가 가속돼야 할 때 장애물을 넘을 수 있도록 돕는 프레임

---

5 옮긴이_ 유명한 마술사. 당시 유명세를 떨치고 있었다.

워크를 제공한다. 성장이 기능으로 발현될 때는 속도에 대한 사람들의 기대도 변화한다. 더 빠른 속도로 **학습**해야 하며 경쟁을 위해 더 빠른 의사결정이 이뤄져야 한다.

인공지능이 대세가 된 시대에 린 스타트업 접근법에 관한 지식은 성공적인 성과를 얻을 기회를 빠르게 높여준다. 올바르게 조율된 접근법은 현대의 인공지능과 머신러닝, 자동화와 결합해 기업의 규모와 상관없이 훨씬 많은 테스트를 동시에 수행할 수 있도록 한다. 인공지능 이전 시대에는 불가능했지만, 이제는 대량의 테스트를 수행하면서 성공적인 테스트를 찾을 확률이 높아졌다. 점진적 실험incremental experiment 방식은 비용과 복잡성 때문에 배제됐지만, 마케팅 자동화를 통해 관찰할 수 있다.

> 인공지능이 대세가 된 시대에 린 스타트업 접근법에 관한 지식은 성공적인 성과를 얻을 기회를 빠르게 높여준다.

주목 경제

> 린 스타트업은 싸게 만드는 일이 아니다. 낭비를 줄이면서도 큰일을 해내는 것이다.
>
> 에릭 리스

모든 비즈니스의 목표는 매출과 수익 흐름을 유지하며 산업 트렌드에서 벗어나지 않는 지속 가능하고 체계적인 사용자 유치 전략을 만드는 것이다. 많은 브랜드는 신규 고객을 얻기 위해 무수히 많은 채널에 광고비를 지출한다. 고객 확대에 투자하는 평균 비용은 해마다 상승하고 있다.

이제 고객의 관심은 수십억 달러의 가치를 지닌다. 기업은 휴대 전화, 데스크톱 컴퓨터, TV, 라디오 혹은 인공지능 가상 비서를 통해 사용자를 유치하기 위한 엄청난 비용을 쏟는다. 사용자가 디지털 제품과 상호작용을 하는 매 순간, 브랜드는 사용자에게 광고를 쏟아내며 기업의 제품이나 서비스로 관심을 유도하려고 노력한다.

종종 놓치는 사실이지만 사람의 관심은 **한정된 자원**finite resource이다. 사람들은 평균적으로 하루 24시간 중 5.9시간**6**을 온라인에 접속한다. 준비한 메시지를 타깃 고객에게 전달하고 고객으로 끌어들이기 위한 기회가 여섯 시간도 안 된다는 뜻이다. 끊임없는 수요와 제한된 공급은 고객의 관심을 세상에서 가장 가치 있는 자원으로 만들었고, 기업은 지속적으로 (그리고 말 그대로) 당신의 관심과 지갑을 위해 경쟁하고 있다. 이 경쟁은 일하고 배우고 즐기고 생활하는 데 필요한 다양한 채널과 앱(구글, 페이스북, 인스타그램, 유튜브, 아마존, 넷플릭스, 판도라, 포트나이트 등)이 생기면서 더욱 치열해졌다. 고객이 하루 여섯 시간을 온라인에 접속해도 소셜 미디어, 스트리밍, 게임에 소비하는 시간을 제외하면 '마케팅이 가능한marketable' 시간은 더욱 줄어든다. 그 짧은 기회를 잡아야만 한다.

당신의 비즈니스에 신규 고객을 데려오는 방법을 사용자 유치user acquisition라고 한다. 제품이나 서비스가 무엇이냐에 따라 고객 유치customer acquisition로 부르기도 한다. 모든 스타트업의 가장 큰 과제는 신규 고객을 비용 측면에서 효율적으로 유치하고 유지하는 일이다.

스타트업은 새로운 제품이나 서비스를 출시하므로, 대다수의 사람에게 친숙하지 않아 고객을 찾는 데 어려움을 겪는다. 비즈니스나 스타트업의 규모와 상관없이 효과적인 사용자 유치는 비즈니스를 운영하는 데 매우 중요하다. 사용자 유치는 스타트업의 고객이나 파트너, 투자자, 인플루언서influencer 그리고 장래성에 있어 성장 동력의 근거이다. 스타트업 성장의 미래는 고객을 빠르고 지속적으로 유치하는 것에 달렸다.

비즈니스 초기에는 많은 스타트업이 그로스 마케팅의 도움을 받기 위해 마케팅 회사나 외주 업체와 일한다. 보통 유료 회원과 자연 유입 사용자의 유입 채널을 테스트하며 유효한 방법을 찾는다. 모든 비즈니스는 고유한 특성을 가진다. 따라서 모든 스타트업에 효과가 있는 전략은 존재하지 않는다. 성공을 보장하는 왕도는 없다.

....

6 매리 미커(Mary Meeker)의 「2018 Internet Trends Report(2018 인터넷 트렌드 보고서)」에 따르면 디지털 미디어에 소비하는 시간은 성인 평균 5.9시간으로, 2009년 3시간에 비해 증가했다.

사용자 유치를 확대하기 위한 최고의 방법은 가능한 한 많은 A/B 테스트를 수행하는 것이다. A/B 테스트는 문구나 혜택, 가격 등 독립 변수를 테스트해 통계적으로 유의미한 개선안을 찾는 방법이다.

이 접근법은 테스트와 학습을 빠르게 반복함으로써 개선점을 찾고 장기적인 성장을 이끈다. A/B 테스트와 가설 수립은 모범 사례를 참고하거나 관찰 가능한 증거와 통계적인 의미에 기반해 과학적으로 접근해야 한다. 조직은 가만히 앉아 고민만 하거나 궁극적인 목표와 반대되는 일을 하는 '분석 불능analysis paralysis' 상태에 빠지면 안 된다.

더 나은 사용자 참여나 고객 유지, 매출 기여를 위해서는 제품의 기능이나 경험뿐만 아니라 타깃 채널을 변경하고 고객 발굴 방법을 수정하는 등 전체 사용자 여정을 아우르는 다양한 실험이나 테스트의 크기와 속도를 높이는 법을 알아내야 한다. 모든 스타트업의 생명줄은 은행에 있는 현금이다. 대부분의 스타트업이 지출하는 (인건비 다음으로) 가장 큰 비용은 성장 책임자가 관리하는 사용자 유치 예산이다.

스타트업에는 사용자를 확대하기 위한 일반적인 접근법이 어울리지 않는다. 일반적인 접근법은 성공적인 비즈니스일지라도 시간과 인원을 집중적으로 투입해야 하므로 사람에 대한 의존도가 높을 수밖에 없다. 다음 세대의 그로스 팀이라면 세상이 변하는 속도에 맞춰 더욱더 빠르게 실행할 수 있어야 한다. 모든 일이 훨씬 빠르게 진행되는 강한 압박 속에서 실시간으로 추적 가능한 결과를 내야 한다. 물론 짧은 시간에 성공적인 그로스 팀을 구성하는 일은 쉽지 않다. 미래에는 그로스 마케팅을 위해 인공지능을 활용해야 한다. 치열한 경쟁 속에서 살아남아 번성하려면 기민하게 A/B 테스트 아이디어를 내고 누구보다 빠르게 실행해야 한다. 글로벌 경쟁 속에서 멈춰 있을 여유는 없다.

더 스마트한 접근법이 있다. 오늘날에는 사용자 확보 채널을 강화하고 관리하기 위해 인공지능과 머신러닝을 활용한다. 또한 모든 핵심 변수(타깃 고객, 지리적 시장, 광고 시안)를 빠르게 A/B 테스트하고 사용자 데이터를 기민하게 처리해 더 나은 인사이트를 얻는다. 최종적으로는 최선의 투자자본수익률^{return on} ^{investment} (ROI)**⁷**을 얻을 수 있는 곳에 사용자 확보 예산을 사용할 수 있다.

많은 메이저 마케팅 플랫폼은 API^{application programming interface}**⁸**를 제공해 쉽게 데이터를 확보하고 활용할 수 있으며 스스로 광고 캠페인을 최적화할 수도 있다. 앞으로 2장에서 린 AI를 통해 스타트업의 성장을 확대하고 목표하는 지표에 도달할 수 있도록 돕는 몇 가지 구성 요소와 그 가능성을 살펴보자.

---

7 ROI는 투자로 발생한 수익이나 손실을 투자 금액에 비례해 측정하는 값이다. 보통 비율로 표시되며 개인 재무 결정이나 기업의 수익성 혹은 여러 투자의 효과를 비교하기 위해 사용된다.

8 API는 소프트웨어 앱을 구축하기 위한 사용법, 프로토콜, 도구의 집합이다. 기본적으로 소프트웨어 구성 요소가 상호 작용하는 방식을 설명하며, 그래픽 사용자 인터페이스(graphical user interface, GUI) 구성 요소를 설계할 때도 사용할 수 있다. 좋은 API는 빌딩 블록을 제공해 프로그램을 쉽게 개발할 수 있도록 지원해주고, 프로그래머는 블록을 모아서 조립한다.

CHAPTER 2

왜 린 AI인가

마케팅, 의료, 생산, 교통, 금융, 소매 등 모든 주요 산업에서 인공지능 기술의 진보로 생산성과 효율성이 향상되기 시작하면서 인공지능과 머신러닝에 대한 '과장된' 명성은 점점 높아지고 있다. 경제학자들은 인공지능이 4차 산업혁명을 가능하게 하는 핵심 기술이라고 주장해왔다.[1] 들뜬 분위기 속에서 기업의 경영진은 인공지능을 도입해 4차 산업혁명에서 살아남고 나아가 경쟁자를 앞설 방법을 고민하기 시작했다. 컨설팅 회사 프라이스워터하우스쿠퍼스PricewaterhouseCoopers(PwC)는 2030년까지 인공지능이 세계 경제에 기여하는 가치가 15조 7천억 달러에 이를 것으로 전망했다.[2] 분명 인공지능에 투자하는 것은 기업의 이익을 높이는 좋은 기회다. 『MIT 슬론 매니지먼트 리뷰MIT Sloan Management Review』에서 발간한 「The 2017 Artificial Intelligence Global Executive Study and Research Project(2017 인공지능 글로벌 이그제큐티브 연구 및 조사 프로젝트)」[3]에 따르면 무려 85%의 경영진이 비즈니스가 경쟁력을 얻고 유지하는 데 인공지능이 도움이 된다고 했다.

기업의 상상을 현실화하는 다른 기술들과 마찬가지로, 많은 사람이 '인공지능'과 '머신러닝'이라는 두 용어 사이에서 혼란을 겪는다. 많은 사람이 인공지능과 머신

---

1 세계경제포럼(World Economic Forum)의 창립자이며 회장인 클라우스 슈바프(Klaus Schwab) 교수는 모든 학문과 경제, 산업 그리고 인간에게 의미 있는 도전적 아이디어에 영향을 주는 물리적, 디지털 그리고 생물학적 세상을 혼합하는 신기술의 범위로 4차 산업혁명을 특징지었다.

2 자세한 내용은 PwC의 「Sizing the Prize(크기 결정하기)」를 참고. *https://www.pwc.com/gx/en/issues/data-and-analytics/publications/artificial-intelligence-study.html*

3 자세한 내용은 다음을 참고. *https://sloanreview.mit.edu/projects/reshaping-business-with-artificial-intelligence*

러닝을 바꿔 부르거나 두 용어를 서로 동등하고 개별적인 기술로 이야기한다. 이 혼란은 인공지능과 머신러닝에 대한 이해를 더욱더 어렵게 만든다. 때로는 광고나 마케팅 목적으로 고객의 흥미를 유발하기 위해 용어의 정의가 희석됐다는 사실마저도 간과된다. 쉽게 말하자면, 머신러닝은 가장 보편적이고 쉽게 접근할 수 있는 인공지능 적용 방식 중 하나다.

이번 장에서는 이 책에서 사용하는 인공지능과 머신러닝의 올바른 정의와 함께 린 스타트업 방법론에서의 역할을 함께 살펴본다.

인공지능이란

인공지능은 인간의 지능을 모방한 기술을 묘사할 때 사용하는 포괄적 용어다. 컴퓨터 프로그램이나 기계가 생각하고 학습하는 능력을 말한다. 컴퓨터가 주어진 명령 없이 스스로 작동하게 하는, 즉 컴퓨터를 '스마트하게' 만들기 위한 연구 분야를 뜻하기도 한다.

1955년에 존 매카시John McCathy는 처음으로 '인공지능'이라는 용어를 만들었다. 본질적으로 인공지능은 똑똑한 의사결정을 위해 다른 신호에서 데이터 분석이 가능한 기계나 컴퓨터 프로그램을 만들어 주어진 목표나 원하는 결과를 얻기 위해 예측 수행을 진행한다. 인간의 지능이 아직 필요하다고 생각하는 방식으로 컴퓨터를 작동시키는 과학이며 공학인 셈이다.

인공지능은 넓은 의미를 가지는 용어다. 일반적으로는 인간의 지능이 요구되던 과업을 기계와 컴퓨터가 할 수 있다는 것을 뜻한다. 오늘날에는 구글 홈Google Home이나 시리Siri, 아마존 알렉사Amazon Alexa처럼 사람과 상호작용하는 장치나 서비스에서 활용된다. 머신러닝은 넷플릭스나 아마존 프라임, 유튜브에서 영상을 추천하는 시스템에서 활용하며, 헤지 펀드hedge fund는 마이크로 트레이딩micro trading을 위한 알고리즘으로 매년 수백만 달러를 끌어모은다. 인공지능의 진보는 우리의 일상에서 점차 중요해지고 있다. 인공지능은 우리의 능력을 확장하고 더 생산성 있게 만들어주는 보조자 역할을 한다.

머신러닝이란

최근 흔히 볼 수 있는 용어인 **머신러닝**을 먼저 정의해보자. 머신러닝이란 다양한 통계학적 접근법을 통해 '학습learning'하는 컴퓨터 시스템으로, 업무수행 능력의 혁신적 향상을 목적으로 개발된 인공지능의 한 종류다. 다시 말해, 증가하는 데이터 묶음을 바탕으로 더욱 정교한 예측이 가능하도록 하는 알고리즘을 개발하는 것이다.

머신러닝은 기계가 데이터에 접근할 수 있도록 권한을 부여해 스스로 학습하게 만든다는 개념이다. 이와 비교해 인공지능은 고정된 대상을 지칭하기보다는 관련 기술의 진보를 뜻하는 것으로, 기술이 발전하면서 의미도 함께 변화하는 개념이다. 인공지능은 머신러닝, 딥러닝, 추론 알고리즘, 자연어 처리natural language processing, 신경망, 컴퓨터 비전 등 많은 기술을 내포한다. 이 기술들은 과열된 시장으로 혼란스럽지만 진정한 장래성을 보여준다. 인공지능은 기술의 진화에서 중요한 지점에 있으며 특히 마케팅 자동화와 관련해서는 더욱더 그렇다.

머신러닝은 일반적으로 데이터를 검토하고 비교하며 공통된 패턴을 찾고 뉘앙스를 탐구하기에, 다량의 데이터가 바탕이 될 때 성능이 좋다. 또한 머신러닝은 데이터 분석을 위한 모델 구축을 자동화한다. 머신러닝의 기반 개념은 컴퓨터가 패턴을 식별해 데이터로 학습할 수 있다는 점이다. 궁극적으로는 사람 없이도 스스로 의사결정을 할 수 있다. 경험을 통한 학습 및 적응 능력을 기계에 부여했기 때문이다. 작동 방식은 다음과 같다. 시스템은 가용한 데이터로 확률을 통해 판단하거나 예측하고, 그다음 피드백 루프를 활용해 예측이 맞았는지 확인한다. 학습을 통해 예측은 점점 더 정확해지고 시스템은 갈수록 영리해진다.

성공적으로 머신러닝을 활용한 스타트업 중 하나로 아바타 기반의 소셜 네트워크 서비스를 운영하는 IMVU가 있다. IMVU는 린플럼Leanplum과 같은 고객 관계 관리customer relationship management (CRM)[4] 플랫폼과 협업해 상당량의 실시간 고객 데

---

4 CRM은 기업이 현재 고객과 잠재 고객을 관리하는 방식이다. 사업 관점에서 고객과의 관계를 향상시키기 위해 고객의 이력 데이터를 분석한다. 특히 고객 재방문과 판매 성장 유도에 집중한다.

이터(고객 프로필, 위치, 매출 및 사용자가 상호작용하는 기능에 대한 사용 통계 등)를 수집한다. 머신러닝은 과거를 보여주는 데이터를 이용해 미래를 예측한다. 예를 들어, 서비스를 이탈할 가능성이 큰 사용자의 특징을 찾아 관심을 끌 만한 혜택을 제공한다면 제품을 앞으로도 이용할 가능성이 커진다. 데이터를 통해 미래를 위한 최선의 결정을 내리고 원하는 비즈니스 목표를 달성해 기업을 성장시키지 못한다면, 데이터는 쓸모가 없다.

린 스타트업이란

스타트업을 창업하고 성장시키는 일은 어렵고 지루한 과정의 연속이다. 스타트업의 성공 확률을 높이기 위해서는 새롭고 혁신적인 접근법을 시도할 준비가 되어 있어야 한다. 비즈니스를 운영하는 최적의 전략을 찾는 데 성공하려면 이성적이면서 시스템적인 접근을 취해야 한다. 가장 성공적인 접근법 중 하나인 린 스타트업은 전 세계적으로 도입됐으며, 스타트업의 운영 방식과 제품 출시 방식을 새롭게 바꾸고 있다.

린 스타트업은 비즈니스나 제품을 발굴하기 위해 제품 개발 주기를 단축하고, 비즈니스 모델이 실행 가능한지를 짧은 시간에 확인하는 방법론이다. 이 방법론은 비즈니스-가설 주도적 실험business-hypothesis-driven experimentation과 반복적으로 행하는 제품 출시 및 검증을 통한 학습이 복합돼야 달성할 수 있다. 스타트업 운영 방식, 즉 어디로 가고 언제 선회해야 하며 얼마나 인내해야 하는지를 알려줘 최고의 속도로 비즈니스를 성공시킨다. 린 스타트업은 원하는 제품을 고객의 손에 더 빠르게 전달한다는 원칙을 가진 접근법이다.

린 스타트업 방법론의 중심에는 하나의 전제가 깔려 있다. 스타트업이 반복해서 제품과 서비스를 만들고 초기 고객의 요구에 부합하도록 시간을 투자한다면 기업은 시장의 리스크나 불필요한 초기 투자 비용, 출시나 실패에 따른 비용을 줄일 수 있다는 것이다.

끊임없는 실험을 통해 반복적으로 행해지는 학습은 비즈니스를 빠르게 성장시키고자 하는 최고의 그로스 팀이 실행하는 일관된 접근법이다. 그로스 팀은 체계적으로 테스트하고 수정해나간다. 핵심은 시도하고 실패하고 배우고 누구보다 빠르게 학습해서 성공하는, 바로 '실행'에 있다.

린 스타트업 접근법의 지혜로 인공지능의 찬란한 새벽을 맞이한다면 성공적인 성과를 이룰 기회를 얻을 수 있다. 이는 스테로이드를 맞고 운동하는 것과 같다. 현대의 인공지능과 머신러닝, 자동화에 대한 올바른 접근법은 동시다발적으로 실험할 수 있는 능력을 모든 기업에 제공한다. 성공적인 실험을 찾는 속도를 높이고, 인공지능 이전에는 오랜 시간이 걸렸던 테스트를 가능하게 한다. 비용과 복잡성 때문에 배제됐던 점진적 실험 또한 마케팅 자동화 시대를 맞이한 후로는 검토할 수 있게 되었다.

인공지능의 세 가지 핵심 동력

그로스 팀은 인공지능을 적용해 더 많은 수요자와 공급자의 파트너에게 견고한 광고 옵션을 제공한다. 이를 통해 유료 회원 모집에 투자되는 예산을 집행할 때 더 나은 성과를 얻게 한다. 이러한 인공지능의 진보를 만든 세 가지 핵심 요인은 다음과 같다.

컴퓨팅 파워

컴퓨팅 파워의 가격당 성능은 무어의 법칙Moore's law[5]에 비례해 기하급수적으로 증가했다. 여기서 기하급수적이라는 표현을 쓴 이유는 매년 연산 속도가 두 배로 증가하고 가격은 절반으로 떨어졌기 때문이다. 최근 인공지능 진보의 핵심 동력 중 하나인 머신러닝은 많은 부분에서 그래픽 처리 장치graphics processing unit (GPU)의 혜택을 받았다. GPU는 모든 머신러닝 계산에 필요한 벡터화된 수치 연산에서 뛰어난 성능을 보여준다. 구글의 텐서 처리 장치tensor processing unit (TPU) 역시 머신러닝

----

5 무어의 법칙은 1970년 즈음 생겨난 컴퓨터 용어다. 간단히 정의하면 컴퓨터 프로세서의 속도 또는 전반적인 프로세서의 처리 성능이 2년마다 2배씩 증가한다는 법칙이다. 다양한 컴퓨터 기업의 기술자에게 확인한 결과 아주 유명하진 않더라도 여전히 유효한 법칙이라고 한다. 자세한 내용은 다음을 참고. *http://www.mooreslaw.org*

문제에 최적화된 프로세서의 한 종류다. 이런 경향은 양자 컴퓨팅^{quantum computing}의 진보와 함께 가속화될 전망이다. 전통적 컴퓨터의 능력 밖에 있던 암호화, 최적화 등 복잡한 문제도 해결할 수 있다.

양자 컴퓨터는 대량의 데이터를 분석해 인공지능 장치에 피드백을 제공하고 성능 향상을 돕는다. 전통적 컴퓨터보다 효율적이므로 인공지능 장치의 학습 곡선^{learning curve}을 짧게 만든다. 양자 컴퓨터의 능력을 갖춘 인공지능 장치는 마치 인간처럼 경험으로부터 학습하고 자신을 스스로 교정한다. 양자 컴퓨터는 인공지능이 그로스 마케팅의 영역을 확장하고 훨씬 더 직관적인 기술이 되도록 돕는다.

데이터 가용성

데이터는 인공지능의 연료이고, 고객 데이터는 기업의 가장 소중한 자산이다. 모바일 기술과 소셜 미디어와 같은 커넥티드 장치의 사용이 증가하면서 데이터는 빠르게 생성되고 가용성 또한 높아졌다. 실제로 인터넷 사용자는 2016년 이후로 10억 명 이상 증가했고 전 세계 인터넷 트래픽의 절반 이상은 스마트폰에서 나오고 있다. 많은 양의 데이터는 머신러닝을 성공적으로 활용하기 위한 필수 자원이다. 또한, 잠재 구매 고객과 이탈 고객 판단 등 그로스 마케팅에서 요구되는 질문의 정답을 예측하는 데 정확도를 높일 수 있다. 매일 수많은 커넥티드 장치를 통해 수많은 사용자의 행동과 활동이 추적되고 공유된다. 이런 경향은 계속될 것이다. 지식은 힘이다. 외부 소스뿐만 아니라 내부 데이터에도 많은 지식이 담겨 있다. 지식을 최대한 끌어내기 위해서는 필요한 데이터가 무엇이고, 어디서 찾아야 하고, 어떻게 수급해야 하고, 비즈니스 질문을 분석하는 올바른 데이터 모델은 어떻게 만들 것인지 고민해야 한다. 마찬가지로 알고리즘을 다시 훈련하고 강화하기 위해 끊임없이 데이터를 갱신하는 것이 매우 중요하다. 데이터 수집에는 많은 수고가 들지만 그럴 만한 가치가 있다. 인공지능의 생명줄인 데이터는 비즈니스를 발전시키는 데 필요한 인사이트를 준다.

데이터는 인공지능의 연료이고, 고객 데이터는 기업의 가장 소중한 자산이다.

알고리즘

알고리즘은 연산, 데이터 처리, 자동 추론 등에 쓰인다. 알고리즘이 어디에 숨어 있는지 모를 정도로 일상에서 폭넓게 쓰인다. 머신러닝에서는 데이터 마이닝^{data} ^{mining}과 패턴을 인식하는 것이 가장 중요하다. 넷플릭스의 영화 추천처럼, 알고리즘은 시스템을 똑똑하게 만든다. 예측 모델링^{predictive modeling}을 위한 모든 지도 학습^{supervised learning}[6] 알고리즘의 바탕에는 공통된 원칙이 있다. 머신러닝 알고리즘은 입력 변수(X)를 결과 변수(Y)로 가장 잘 변환하는 목표 함수(f)를 학습한다. 가장 보편적인 형태의 머신러닝은 Y=f(X) 변환을 학습해 새로운 X에 대한 Y 값을 예측한다. 이를 예측 모델링 혹은 예측 분석^{predictive analysis}이라고 한다. 알고리즘의 목표는 가능한 한 정교하게 예측하는 것이다. 현재 알고리즘에 제기되는 질문은 '데이터 사용과 함께 증가하는 데이터 유출 사고에 대한 사회적 구조와 미래 예측을 위해 데이터 모델이 어떻게 사용되는가?'이다. 많은 정보에 접근하는 기술에 내장된 알고리즘은 수집하는 정보의 종류와 정보에 접근하는 방식과 반응하는 방법을 결정한다. 또한, 인공지능은 의도된 방식으로 우리의 행동도 결정한다. 다시 말하자면, 인공지능의 도움을 받는 기술은 종종 인간 심리를 이용해 특정한 행동을 이끌어내기도 한다.

인공지능 마케팅 산업 경향

오늘날 인공지능과 센서, 디지털 플랫폼을 통해 효과적인 학습의 기회는 증가했다. 학습 속도 경쟁[7]은 스타트업의 성패를 결정하는 요소다. 인공지능을 받아들인 기업은 훨씬 빠르게 테스트하고 학습하며 반복할 수 있어 학습 경쟁력이 높다.

인공지능의 장점은 데이터 플라이휠^{data flywheel}[8] 효과를 만든다는 점이다. 더 많은

----

6 지도 학습은 예제 입력값–출력값에 기반해 입력값과 출력값을 연산할 수 있는 함수를 학습하는 머신러닝 과업이다.

7 자세한 내용은 BCG의 「Competing on the Rate of Learning(학습 속도 경쟁)」을 참고. *https://www.bcg. com/en-us/publications/2018/competing-rate-learning*

8 자세한 내용은 CB Insights의 「The Data Flywheel(데이터 플라이휠)」을 참고. *https://www.cbinsights.com/ research/team-blog/data-network-effects*

사용자가 더 많은 데이터를 생성하면 더 나은 알고리즘을 추출하고 더 나은 제품을 만들게 돼 궁극적으로는 많은 사용자를 모을 수 있다. '헹구고 반복하세요.rinse and repeat'와 같은 문구처럼 말이다. [9] 빠르게 학습하는 기업은 더 나은 혜택을 제공해 많은 고객을 끌어당길 수 있어 더 많은 데이터를 확보하게 되고 학습 능력은 더욱 높아진다. 이는 린 스타트업의 전제와 유사하다. 모든 스타트업은 끊임없는 실험 속에서 피드백 루프를 만들어 '만들고 측정하고 배우는build-measure-learn' 방식으로 데이터를 수집한 후 계속 나아갈지 피벗팅pivoting할지 결정할 수 있다. 하지만 제품 출시일이나 신규 사용자 모집처럼 구체적인 과업이나 목표의 경우에는 학습시킬 수 있는 강력한 가설이 있느냐는 자문이 필요하다. 가설이 있다면 실행하고 반복하고 학습해야 한다. 최고의 가설과 계획이 필요한 것은 아니다. 피드백 루프를 가능한 한 최고의 속도로 진행해야 할 뿐이다. 이는 고객 확보에도 동일하게 적용된다. 인공지능을 활용해 고객 마케팅 퍼널의 다양한 단계에서 실험 속도를 높이고 자금 고갈률cash burn rate에 최대한 영향을 주지 않으면서 가장 빠르게 학습하거나 빠르게 실패해야 한다. 최종 목표는 신규 고객을 더 깊은 퍼널로 빠르게 이동시키는 방법을 발견하는 것이다. 이는 인공지능과 데이터가 올바른 도구로 활용될 때 달성할 수 있다.

「Artificial Intelligence for Marketers 2018(마케터를 위한 인공지능 2018)」[10]에 따르면 새로운 알고리즘, 빠른 처리 속도, 엄청난 양의 클라우드 기반 데이터셋data set의 등장은 모든 분야의 기업이 인공지능으로 실험할 수 있도록 만들었다. 보고서의 핵심은 다음과 같다.

- 큰 규모에서 활용하는 것은 아주 느린 속도로 이루어지지만, 인공지능에 관한 투자와 관심은 높다. 여전히 많은 기업이 인공지능 시스템을 열정적으로 계획하며 운영 방식을 향상시킬 방법으로 고려한다.
- 머신러닝과 딥러닝, 자연어 처리와 컴퓨터 비전 등 인공지능 기술은 시장에서 많은 혼란을 야기하지만, 실질적인 장래성을 보여주기 시작했다.

....

9 옮긴이_ 'rinse and repeat'은 샴푸의 사용 설명서에 자주 등장하는 문구로 동일한 단계를 반복하는 일을 지칭할 때 종종 쓰인다.
10 자세한 내용은 다음을 참고. *https://www.emarketer.com/Report/Artificial-Intelligence-Marketers-2018-Finding-Value-Beyond-Hype/2002140*

- 사전에 탑재된 API와 오픈소스 소프트웨어, 클라우드 기반 플랫폼의 견고한 생태계는 인공지능 적용을 가속한다. 속도를 높이고 규모를 키우고 마케팅 캠페인을 개인화하는 등 더 경제적인 방법으로 새로운 역량을 제공한다.
- 에이전시와 컨설턴트는 기술적 리소스와 기술 제휴를 강화해 클라이언트가 정신없다고 느낄 정도로 많은 인공지능과 마케팅 기술 솔루션을 찾게 만든다.
- 마케터에게 중요한 것은 명확한 비즈니스 목표를 정의하는 일을 포함해 기술을 이해하고, 미래를 계획하고, 올바른 데이터를 보유하며, 인공지능을 윤리적으로 사용하는 일이다.

「The 2018 AI in Marketing report(2018 인공지능 마케팅 리포트)」는 인공지능을 마케팅 분야에서 활용하는 데 주요한 과제와 기회에 대한 인사이트를 제공한다. 내용은 다음과 같다.

- 디지털 마케팅 산업은 이미 운영 효율화와 비용 절감에 초점을 맞추고 있다. 인공지능 도입은 이를 더욱 강화한다. 디지털 마케팅에서 인공지능은 검색 광고 효과 대비 비용과 투자 대비 수익 분석, 소셜 미디어 정서 분석 및 고객 서비스 챗봇에 활용된다.
- 마케터는 마케팅 전략에 인공지능을 도입하고 있다. 과반수 이상인 51%의 마케터가 현재 인공지능을 활용하며, 27%는 도입할 계획이다. 이러한 기대 연간 성장 비율은 신기술 중에 가장 높은 수치다.
- 빠른 속도로 이뤄지는 혁신은 마케터가 미래의 인공지능 활용에 대해 미처 대비하지 못했다는 인상을 줄 수도 있다. 전 세계 마케팅 임원 중 34%가 아직 준비하지 못한 기술로 인공지능을 꼽았다. 가장 높은 순위였다.
- 인공지능은 데이터 분석을 넘어 데이터 생성으로 빠르게 분야를 넓히고 있다. 기계가 인간의 기본 감각인 시각과 청각까지도 습득하는 것이다. 인공지능 기술은 음성이나 비디오처럼 데이터가 많은 미디어에서 인사이트를 얻을 수 있는 단계까지 개발됐다. 이제는 사람이 다양한 미디어 종류를 분류하거나 설명할 필요가 없다.
- 마케터는 인공지능을 통해 수동적인 기획자에서 주체적인 기획자로 변모한다. 인공지능으로 분석 능력을 강화하면 마케터의 작업 효율성을 높일 수 있다.
- 프로그래매틱 광고programmatic advertising[11]는 자동화되어 더 똑똑해지고 있다. 인공지능으로 가치 있는 통찰을 얻기 위해서는 안정되고 지속적인 데이터 흐름을 통해 알고리즘을 훈련 및 학습시켜야 한다. 프로그래매틱 광고는 수십억 개의 데이터 포인트를 생성한다. 인간이 프로그래매틱 광고 캠페인을 직접 관리하지 않아도, 인공지능은 앞으로 몇 년 안에 광고 변숫값을 실시간으로 최적화할 것이다.

....

11 옮긴이_ 이용자에게 필요할 것으로 예상되는 광고를 프로그램이 띄우게 하는 마케팅 기법을 말한다.

인공지능은 콘텐츠 제작에 도움을 줄 수 있지만, 여전히 사람의 도움이 필요하다. 자동으로 지면 광고를 제작하거나 알맞은 이미지와 메시지로 디스플레이 광고를 만드는 일은 아직 초기 단계다. 기계가 제작 시간을 줄여줄 수는 있지만, 여전히 인간의 창의력과 전략적 전달 능력이 필요하다.

두 리포트 모두 인공지능이 아주 중요한 시기에 놓여 있다고 강조한다. 기업의 성장을 위해 인공지능을 100% 활용할 수 있다면 미래의 마케팅 트렌드는 매우 밝다. 접이식 디스플레이, 시의적절하고 긴 광고, 모바일과 매장 경험의 긴밀한 통합이 고려된 고객용 앱을 마케터에게 소개하기 위해 5G가 도입된다면 더욱더 흥미로워질 것이다. 그러나 대부분의 나라에서 5G가 높은 비율로 사용되기까지는 5년 이상의 시간이 필요하다. 매일 다양한 사용자의 데이터가 모이고 데이터는 더 빨라지고, 저렴해지고, 규모는 커질 것이다. 만약 인공지능을 활용하지 못해 아주 빠른 속도로 수집되는 데이터를 처리해내지 못한다면 경쟁에서 뒤처질 가능성이 크다.

문제는 여기에 있다. 목표에 도달하기 위해 사용자의 성장을 확대하는 노력은 더 나은 방식으로 실행돼야 한다. 인공지능을 가장 잘 활용하는 스타트업이 경쟁의 우위에 설 것이다. 오늘날 인공지능, 센서, 디지털 플랫폼, 데이터 급증은 효율적으로 학습할 기회를 높였다. 이제는 얼마나 빠르게 학습할 것인지를 겨루는 속도 경쟁이 필수적이다. 스타트업은 역동적이고 불확실한 비즈니스 환경이므로 예측하고 계획하기보다는 발견하고 적용하는 데 집중해야 한다.

인공지능을 적용하고 활용 영역을 확장하기 위해 기민하게 움직이는 스타트업은 학습에서 높은 경쟁력을 얻고 데이터 플라이휠 효과를 만든다. 스타트업은 속도를 높여 더 많은 고객을 유치하고 더 많은 데이터를 얻어 경쟁사보다 빠르게 성장을 확대하고 학습 능력을 키운다. 예를 들어 넷플릭스의 알고리즘은 영상 플랫폼의 행동 데이터를 수집해 개인화하고, 개별 사용자에게 알맞은 영상을 자동으로 추천한다. 이런 제품 품질 향상을 통해 더 많은 사용자가 더 오랜 시간 플랫폼에 머물게 되고 다시 데이터가 생성되면서 사용자 성장을 확대해 학습 사이클을 가속한다.

인공지능+그로스 마케팅=스마트 마케팅

인공지능과 머신러닝의 힘으로 자동화하는 방법 외에도 고객 마케팅 퍼널 전반의 프로세스를 효율화해 경쟁에서 돋보일 수 있는 흥미로운 방법은 많다.

- 시장 세분화
- 개인화
- 매체 구매
- 캠페인 최적화
- 고객 행동 예측
- 데이터 분석 및 보고
- 고객 지원
- 더 나은 크로스 플랫폼 기여
- 부정 트래픽 방지
- 광고 개발 및 반복

인공지능으로 그로스 마케팅을 변화시킨 후 이전에 불가능했던 일을 가능하게 만든 수많은 사례가 있다. 인공지능을 활용하면 더 똑똑하게 일할 수 있으며 전체 여정에서 실시간으로 일어나는 전반적인 고객 상호작용을 볼 수 있다. 또한 데이터를 신속하게 처리하면서 빠르게 실행할 수 있는 인사이트를 확보해 더 높은 가치의 업무에 집중할 수 있다.

데이터는 인공지능을 구성하는 데 필수적이지만 비용 감소, 리스크 감소, 매출 등의 명확하게 정의된 비즈니스 문제가 없다면 의미가 없다. 인공지능의 가장 흥미로운 점은 인공지능이 '업무'를 높은 효율성으로 자동화할 수 있으면서 머신러닝을 통해 '생각'하고 '학습'하며 전략을 짜고 디자인하고 패턴을 인식해 '의사결정'을 한다는 것이다. 인간의 뇌와 비슷하게 느껴지는가? 이는 머신러닝의 가장 중요한 방법 중 하나인 딥러닝이 인간의 뇌 구조와 기능을 모델링한 신경망 개념에 기반했기 때문이다.

린 AI 자동화 등급

최근 테슬라의 야망으로 인해 자율주행차 산업 역시나 많은 관심을 받고 있다. 테슬라 외에도 대형 자동차 제조사, 스타트업, 빅테크 기업 모두가 안전한 자율주행차를 준비하고 있다.

인공지능과 자율주행 기술이 어디까지 왔고, 앞으로는 어디로 향해야 하는지 인식하기 위해 미국 자동차 공학회Society of Automotive Engineers(SAE)는 자율주행 등급을 만들었다. 이 등급은 자동차 산업이 자율주행 능력을 결정하고 분류하도록 도와준다.

표 2-1 SAE 자율주행 등급

레벨 0	자동화 없음. 운전자가 보조 없이 방향 조절과 속도 조절(가속과 감속)을 직접 수행한다. 수반되는 조치 없이 드라이버에게 주의를 주는 시스템이 포함된다.
레벨 1	제한적인 운전자 보조. 조향장치와 가속/감속장치를 특정 상황에서 조절하는 시스템. 동시에 조작하지 않는다.
레벨 2	조향장치와 가속/감속장치를 동시에 조절하는 운전자 보조 시스템. 운전자의 조작 부담을 감소시키지만, 상시 주의력을 유지할 필요가 있다.
레벨 3	고속도로 주행과 같은 특정 상황에서 차량이 스스로 주행. 자율주행 모드일 경우 운전자는 아무것도 하지 않아도 된다. 하지만 시스템이 한계를 벗어나는 상황의 경우 반드시 운전자가 주행해야 한다.
레벨 4	대부분의 시간을 차량이 스스로 주행. 특정 상황에서만 운전자의 주행이 필요하다.
레벨 5	완전 자율주행. 레벨 5 차량은 모든 상황에서 상시 자율주행이 가능하므로 수동 조작이 불필요하다.

이 책에서는 SAE 자율주행 등급과 유사한 '린 AI 자동화 등급'을 제안한다. 이 등급은 마케팅 자동화와 마케팅 자동화 솔루션의 평가를 목적으로 한다.

표 2-2 린 AI 자동화 등급

레벨 0	자동화 없음. 마케터는 자동화 기능이 없는 CRM과 기본 도구(대시보드나 비즈니스 인텔리전스 시스템)를 이용해 업무를 수행한다.
레벨 1	추천 자동화. 마케터는 마케팅 성과를 최적화하기 위해 마케터가 정의한 규칙에 따라 추천하는 시스템 기능을 활용한다. 채널별 마케팅 비용을 조정하는 추천 시스템이 있는 대시보드를 포함한다. 마케터가 반드시 추천된 변경 사항을 수정해야 반영된다.
레벨 2	규칙 기반 자동화. 레벨 2의 규칙 기반 자동화는 레벨 1에서 마케터가 지정한 규칙을 이용해 마케터의 개입이나 승인 없이 마케팅 캠페인을 자동으로 조정한다(일반적으로 앱 혹은 API를 통해 조정). 이런 시스템은 사용자가 직접 규칙을 입력한다. 동적인 시작 상황은 일 단위, 주 단위 혹은 분 단위로 변경되며 규칙 기반 시스템은 시장 변화에 따라 유연하게 변경되지 않으며 융통성이 없다.
레벨 3	연산 자동화. 시스템은 머신러닝을 마케팅 자동화와 결합한 통계분석을 기반으로 관찰하고 학습하고 성과를 개선한다. 목표 설정이나 디지털 캠페인을 위한 시간 혹은 지역 같은 상위 매개변수 외에는 사용자의 개입이 불필요하다.
레벨 4	인사이트 자동화. 시스템은 사용자 상호작용, 콘텐츠, 행동, 성능 데이터 등의 맥락적 의미를 이해하고 다양한 채널에 맞는 1:1 마케팅 메시지를 개인화하며 운영자를 위한 최적의 성능을 유지한다.
레벨 5	완전 자동화. 시스템은 통찰력 있는 자동화 능력을 보유하며 마케팅 팀의 계속적인 개입 없이 테스트와 광고 소재, 타깃 매개변수 등을 직접 생성한다.

다음 장에서는 마케팅 자동화 솔루션에 [표 2-2]의 등급이 어떻게 적용되는지 알아보며 전체적인 세부 항목을 살펴본다. 대다수의 그로스 팀은 레벨 0에서 레벨 2로 나아가기 위한 방법을 찾는 단계다. 가장 큰 도전 과제와 기회는 레벨 2에서 레벨 5로 나아가 인공지능의 초능력을 완전히 습득하고 사용자 유치 3.0의 세계로 확장하는 것이다.

Part II

사용자 유치 3.0

2부에서는 사용자 유치 3.0에 대해 설명한다. 먼저 사용자 유치 1.0부터 간단히 알아보자. 각기 다른 서버에 분산돼 정리되지 않은 데이터를 기반으로 고객을 유치하는 단계다. 이 단계에서의 사용자 유치는 데이터가 충분하지 않으며 어느 정도의 성과를 거둘 수 있는지도 확신할 수 없다. 다음 단계인 사용자 유치 2.0은 클라우드 및 데이터 처리 기능을 활용해 여러 곳에 분산된 고객 데이터를 하나의 고객 데이터 플랫폼으로 통합할 수 있다. 페이스북, 구글, 스냅챗 등 주요 채널에 양질의 데이터를 제공하면서 인공지능과 자동화를 활용해 주요 광고를 노출하고 예산을 최적화하고 목표를 달성할 수 있다.

이제 사용자 유치 3.0을 살펴볼 차례다. 3장에서는 인공지능을 사용하여 고객 데이터를 효과적으로 활용하는 방법에 대해 알아본다. 예산을 최적화하고 성과를 달성하기 위해 실시간 데이터를 활용한다면 유료 고객을 유치하는 전반적인 업무를 관리할 수 있다. 인공지능을 활용하면 사람이 일일이 개입하지 않고도 린 팀을 효과적으로 운영할 수 있다.

이후의 장에서는 자동화가 어떤 작업에 필요한지(4장), 인공지능 프레임워크의 개요가 무엇인지(5장), 한정된 리소스 안에서 어떤 것을 만들고 구매해야 하는지(6장) 살펴볼 예정이다. 각 장을 학습한 후에는, 정량적 성과의 측정을 위한 도구 활용법을 안내하는 3부로 넘어갈 수 있다.

사용자 유치 3.0

CHAPTER 3

사용자 유치 3.0이란

이제 주요 디지털 미디어 업체는 광고 효과를 높이기 위해 새로운 알고리즘 활용과 데이터 처리 속도의 증가 및 클라우드에 수집된 데이터를 기반으로 인공지능을 활용할 수 있다. 인공지능은 모든 마케팅 영역에 적용할 수 있지만 이번 장에서는 신규 사용자 유치 및 매출 확대에 집중한다. 대부분의 스타트업이 필요 이상의 돈을 지출하는 영역이다. 사용자 유치 3.0은 비즈니스를 성장시키는 데 가장 큰 영향을 미치며 향후 더 큰 규모의 투자를 유치하는 데에도 도움을 준다.

규모와 학습의 새로운 개념

사용자 유치 3.0에서 다루는 규모 개념은 대단위 생산을 통해 원가를 절감하고 생산을 최적화하는 전통적인 개념에만 그치지 않는다. 회사가 축적하거나 접근할 수 있는 데이터양의 규모, 이 데이터를 통해 추출할 수 있는 결괏값의 규모, 새로운 실험의 리스크를 줄이기 위한 규모, 협업 생태계의 크기와 가치에 관한 규모, 앞선 요소들을 기반으로 산출해낼 새로운 아이디어의 규모, 예상치 못한 충격과 위험을 줄이는 데 필요한 규모 등의 개념으로 확장된다.

경험이 누적되면서 일어나는 학습은 비즈니스에서 언제나 중요한 요소였다. 브루스 헨더슨Bruce Henderson이 50년 전에 관찰했던 바와 같이,[1] 일반적으로 기업은 누적된 경험을 통해 한계 생산 비용을 최대한 줄일 수 있다. 전통적인 의미에서의

---

[1] 자세한 사항은 다음을 참고. *https://www.bcg.com/en-us/publications/1968/business-unit-strategy-growth-experience-curve*

학습은 제품 하나를 얼마나 효율적으로 저렴하게 생산하는지에 초점을 맞췄다. 정적이면서도 많은 시간이 필요한 방식이었다. 이제는 신기술과 방대한 데이터를 활용해 **동적으로** 학습하는 능력과 새롭게 주어진 과제를 해결할 능력을 기르기 위한 조직적 역량이 중요하다.

오늘날에는 인공지능, 센서, 디지털 플랫폼이 등장하면서 효과 좋은 학습 **기회**가 늘어났다. 그러나 BCG에 따르면 지금부터 중요한 **경쟁 요소**는 학습 자체가 아니라 학습 속도이다. 역동적으로 변화하고 불확실성이 가득한 비즈니스 환경에서 기업들은 상황을 예측하고 그에 맞춰 대응하기보다는 변화하는 상황을 감지하고 그 상황에 적응하는 데 집중해야 한다. 기업은 더 많은 영역에 인공지능을 적용 및 확장해 인공지능의 학습 능력을 높이고, 이를 활용해 더 많은 고객에게서 데이터를 얻는다. 이렇게 얻은 데이터는 다시 학습 능력을 높이는 데 사용된다. 이것이 바로 데이터 플라이휠 효과다.

단순히 '기존의 정적인 프로세스를 개선하는 것'과 '조직 전체가 지속적으로 새로운 것을 학습하는 것' 사이에는 엄청난 차이가 있다. 성공적인 학습 결과를 도출하기 위해서는 단순히 업무나 시스템에 인공지능을 접목하는 것 이상의 작업이 필요하다. 구체적으로는 다음과 같다.

- 학습과 관련된 모든 기술적 측면을 고려한 디지털 과제를 목표로 정해야 한다. 이 디지털 과제는 센서, 플랫폼, 알고리즘, 데이터 및 자동화된 의사결정 등을 포함한다.
- 디지털 과제를 인공지능의 학습 구조에 접목한다면 인공지능은 수직적이고 느린 의사결정이 아닌 데이터 속도에 걸맞은 빠른 학습을 이어갈 수 있다.
- 고객 인사이트를 얻을 수 있는 비즈니스 모델을 개발해야 한다. 실시간으로 변화하며 개인화된 고객 인사이트를 반영할 수 있어야 한다.

과거의 마케팅 담당자는 접근할 수 있는 사용자 데이터가 제한적이었지만 최근 기업이 직접 수집할 수 있는 사용자 데이터는 단순히 사용자의 이름이나 인구통계학적 정보에 그치지 않는다. 사용자 참여도engagement, 유지retention,[2] 수익화 등

---

2 옮긴이_ 이탈하지 않고 남은 고객의 수를 뜻한다.

과거와는 비교할 수 없을 만큼 다양한 사용자 데이터를 수집한다. 기업은 다양한 데이터를 기반으로 잠재 고객을 발굴하고 구매 전환율을 높일 수 있는 고객 세그먼트를 구축한다. 또한, 우수하고 풍부한 사용자 데이터를 수집하고 처리하는 게 가능해지면서 미디어 파트너 사는 머신러닝을 통해 정교한 모델링을 구축한다. 이전과는 다른 새로운 인사이트를 도출할 수 있게 된 것이다. 이는 더 나은 광고 타기팅으로 이어진다. 불과 몇 년 전만 해도 불가능했던 일이다.

> **아직도 5년 전처럼 수동적인 방식으로 광고 캠페인을 구성한다면 '사용자 유치 게임'에서 빠르게 도태될 수밖에 없다.**

아직도 5년 전처럼 수동적인 방식으로 광고 캠페인을 구성한다면 '사용자 유치 게임'에서 빠르게 도태될 수밖에 없다. 과거처럼 광고 담당자가 일일이 모든 작업을 진행하는 수동적인 업무 처리 방식은 머신러닝을 통한 새로운 방식보다 효율이 떨어지며 실수human error하기 쉽다.

인공지능과 사용자 유치

프로그래매틱 광고를 사용하는 구글, 페이스북 등의 미디어 플랫폼이 사용자 유치를 위해 인공지능의 적용 속도를 높이는 것은 근본적인 모바일 마케팅 방식의 변화를 의미한다. 마케팅 담당자는 구글과 페이스북의 어느 위치에 어떤 방식으로 광고할 것인지 결정하는 데 공을 들이지 않아도 된다. 예산과 견적 정도만 정해두면 알고리즘이 알아서 광고를 최적화한다. 출중한 그로스 마케터는 인공지능을 활용해 사용자 유치 실적을 크게 늘릴 수 있다. IMVU, 넷플릭스, 리프트Lyft는 인공지능을 활용해 사용자 유치를 전면에 내세우며 실용성 있는 인사이트[3]를 발휘하는 대표적인 기업들이다. 이들은 사람에 대한 의존을 최소화하고 인공지능을 활용해 실제 유료 사용자를 유치하는 데 앞장서고 있다.

----

3 실용성 있는 인사이트는 데이터 분석 및 빅데이터 분야에서 사용하는 용어다. 미래에 대한 충분한 정보를 제공해 결정 권자가 명확한 선택을 할 수 있도록 하는 인사이트를 뜻한다.

인공지능을 활용할 시기가 왔다

신기술을 평가하는 가장 좋은 방법은 그 기술이 비즈니스나 산업 내에서 실제로 활용되는지 파악하는 것이다. 좋은 사용자 경험이란 각 사용자의 니즈에 맞춰 개인화된 경험을 의미한다. 이와 마찬가지로 인공지능 솔루션을 자사의 목적과 목표, 필요에 맞춰 유연하게 적용할 수 있는 스타트업이 사용자 유치에 성공한다. 성공한 스타트업은 비즈니스 목표를 얼마나 효과적으로 달성하는지 측정하기 위한 올바른 기준과 핵심 성과 지표key performance indicator(KPI)의 중요성을 이해한다. KPI 항목으로는 대표적으로 사용자 유치 비용customer acquisition cost(CAC), 광고 비용 대비 매출return on ad spend(ROAS), 일일 활성 사용자 수daily active user(DAU), 월간 활성 사용자 수monthly active user(MAU), 유지율, 이탈률churn rate 등이 있다.

인공지능 기반 기술은 사람이 수동으로 설정해야 하는 광고 캠페인의 취약점을 보완해 효율적으로 목표를 달성할 수 있도록 돕는다. 이를 위해서는 데이터 기반의 고객 타기팅부터 판매 기여도를 끌어올리고 광고 캠페인 성능을 끌어올리기 위한 확산 작업까지 매우 복잡하고 총체적인 크로스 채널 접근cross-channel approach[4] 방식이 필요하다. 이 과정은 불확실성과 리스크를 수반한다.

앞으로는 사용자 여정을 조정하거나 변경하고 개인화하는 등 사용자 유치와 관련된 업무를 인공지능과 머신러닝에 의존할 수 있다. 대시보드로 상황을 점검하는 과거의 업무수행 방식으로는 해낼 수 없던 일이다. 다양한 타깃과 광고로 구성된 복잡한 크로스 채널 캠페인 관리에 인공지능을 활용한다면 평균 이상의 성과를 거둘 수 있다.

대부분의 회사가 안정적인 한두 개의 플랫폼에만 역량을 집중하고 나머지 플랫폼은 간과하는 경향이 있다. 각 대형 플랫폼은 서로 다른 장점을 가진다는 사실을 명심해야 한다.

- 스냅챗의 사용자는 젊은 층으로 구성된다.

....

4 옮긴이_ 온/오프라인 채널의 구분 없이 사용자에게 동일한 프로모션 및 서비스 등의 사용자 경험을 제공하는 방식이다.

- 핀터레스트는 여성 사용자의 비율이 더 높다.
- 링크드인은 주로 비즈니스 목적으로 이용된다.
- 인스타그램의 핵심 사용자는 참여도가 높으며 플랫폼 내에서의 상호작용이 활발하다. 고객에게 제품을 인지시키고 잠재 고객을 구축하기 좋은 환경이다.
- 검색은 퍼널상 하단에 존재한다.
- 광고 구매 플랫폼demand–side platform(DSP)[5]은 광고주가 설정한 타깃에 가장 적합한 광고 인벤토리를 골라 사용자에게 노출해 광고의 효율을 끌어올리는 방식이다.

전략을 세울 때는 앞서 나열한 요소를 모두 고려해야 한다. 구글이나 페이스북처럼 시장을 독점하고 있는 플랫폼에만 의존할 때 발생할 수 있는 위험을 줄여야 한다. 사용자 유치를 위해서는 다양한 플랫폼을 활용하기를 추천한다.

대부분의 스타트업은 시야가 좁고 알고리즘의 동작 및 변화에 대한 이해가 부족하다. 모든 예산을 구글, 페이스북이라는 블랙박스[6]에 사용한다. 상상해보자. 모든 예산을 구글이나 페이스북에 사용하는 상황에서 신규 사용자 유치에 중대한 영향을 줄 수 있는 알고리즘 변화가 예고 없이 찾아온다면 어떻게 될까?

새로운 채널을 테스트하는 데 사용자 유치에 할당된 예산의 5~10%를 사용해야 한다. 잠재 고객을 유치하기 위한 플랫폼 포트폴리오를 구성하면 다양한 사용자를 시스템에 통합할 수 있다. 인공지능까지 접목하면 다양한 플랫폼에서 유입된 고객에 대한 리타기팅을 손쉽게 관리할 수 있다.

한 달 동안 진행되는 캠페인 내에서도 서로 다른 네트워크에서의 입찰가 변화는 뚜렷하다(물론 계절에 따라서도 달라질 수 있지만). 맞춤화된 인공지능을 사용하지 않으면 지속적으로 변화하는 잠재 고객을 파악하고 리타기팅을 수행하는 데 최적의 예산을 편성하기 어렵다. 지속적으로 변화하는 크로스 채널의 최적화를 위해 각 채널의 예산 편성 및 자동화에 초점을 맞춰 인공지능을 훈련시킬 수 있다. 인공지능은 온종일 쉬지 않고 데이터를 처리, 분석, 예측하는 일을 한다.

. . . .

5 광고 구매 플랫폼은 디지털 광고 인벤토리의 구매자가 하나의 인터페이스를 통해 다양한 광고 교환 및 데이터 교환을 관리할 수 있는 시스템이다. 온라인 광고를 게재하기 위한 실시간 입찰은 애드 익스체인지(ad exchange) 내에서 이루어진다. 마케팅 담당자는 배너의 입찰가를 포함해 잠재 고객의 타기팅 광고를 위한 데이터 가격을 관리할 수 있다.

6 옮긴이_ 소비자가 구매에 이르기까지 어떤 영향을 받았는지 확인할 수 없는 미지의 영역을 의미한다.

사용자 유치 담당자나 그로스 마케팅 담당자는 실수할 수 있고, 하던 일이 바뀔 수 있으며, 잠을 자야 하고 휴식도 취해야 한다. 데이터가 쌓일수록 인공지능의 알고리즘은 더 강화되고 시간이 지날수록 인공지능의 성능은 향상된다. 이런 측면에서, 인간이 인공지능을 넘어서는 것은 불가능에 가깝다.

따라서 광고 캠페인을 최적화하고 광고 제작 및 전략을 수립하기 위해 알고리즘을 어떻게 훈련할 수 있을지를 반드시 알아야 한다. 데이터를 활용한 결과물을 얻기 위해서는 단조로운 일과 계산을 기계에 넘길 수 있어야 한다. 지금부터 IMVU와 스타트업이 이런 일을 어떻게 성공적으로 진행해 수익을 창출하고 있는지 살펴보자.

IMVU는 CAC와 ROAS의 KPI 기준이 엄격한 편이다. 인공지능을 통해 크로스 채널의 효율성을 높여 KPI를 극적으로 개선하는 성과를 거두었다. 채널별 CAC와 ROAS는 매달 달라지지만, 인공지능을 활용해 목표를 관리한 결과 채널별로 효과적인 리소스 분배가 이루어졌고 주요 성능 지표에서 성과를 유지할 수 있었다. 인공지능이 다른 채널에서 잠재 고객을 발굴해내면서 인앱 구매in-app purchase에 대한 리타기팅 비율이 크게 증가했다.

사용자 유치 3.0의 미래는 인공지능에 있다. 인공지능은 채널별 예산을 능동적으로 분배하고 광고의 불필요한 요소를 제거한다. 인사이트를 가시화할 수 있으며 마케팅 플랫폼에서 진행하는 복잡한 캠페인을 세심하게 조정하고, 자동화를 통해 필요한 조치를 취할 수 있다. 특히 개개인의 임의적인 작업을 최소화하려는 린 팀이라면 이를 더욱 효과적으로 활용할 수 있다.

지금까지 사용자 유치 3.0을 알아봤다. 이제 린 AI의 가장 근본적인 측면인 자동화를 알아보자.

CHAPTER 4

수동화 대 자동화

광고 캠페인 최적화를 자동화하지 않고 일일이 수동으로 진행한다면 신규 고객을 유치해야 하는 업계에서 뒤처지거나 퇴출당할 것이다.

머신러닝은 인공지능의 종류 중 하나로, 통계적인 학습을 통해 꾸준히 자신의 성능을 향상할 수 있다. 머신러닝은 데이터 수집량이 증가할수록 더욱더 정확하게 예측할 수밖에 없는 알고리즘의 산물이다. 페이스북, 구글, 그 밖의 주요 미디어 플랫폼이 자동화에 더 유리한 이유다. 사용자 유치를 위한 예산이 많을수록 더 많은 데이터를 확보할 수 있고, 기계는 확보한 데이터로 빠르게 학습하고 훈련하면서 성공적으로 목표를 달성할 수 있다.

당신은 왜 자동화할 수 있는 요소를 찾는가? 인재 채용과 신규 사용자 유치는 스타트업의 가장 큰 과제다. 가장 좋은 해결 방법은 결과와 타협하지 않고 린 그로스 팀을 어떻게 운영할지 파악하는 것이다.

디지털 마케팅 영역에서의 인공지능

지난 30년 동안 디지털 마케팅은 광고 혁신을 주도했다. 1990년대 초반만 해도 디지털 미디어는 하이퍼텍스트, 오픈소스 웹 서버, 조잡한 수준의 브라우저로 출발했다. 하지만 지금은 전 세계의 마케터가 가장 공들이는 분야가 되었다. 1994년 최초의 상업 배너가 웹에 걸렸고, 1996년까지 디지털 마케팅 산업은 2억 6,700만 달러의 규모로 성장했으며 이후에도 추세는 꺾이지 않았다. 2017년 전 세계의 디지털 광고 산업은 880억 달러였다. 이는 전년 대비 21%나 증가한 수치다.

오늘날 마케팅 담당자는 광고 네트워크와 광고 솔루션 제공 업체를 통해 검색, 디스플레이, 비디오, 모바일 등 다양한 광고 기법을 활용할 수 있다. 고객 데이터, 광고 기법의 정교화, 컴퓨터 성능의 발전으로 디지털 채널에 투자하는 예산은 이전보다 증가했다. 광고 채널 투자의 목표는 광고주에게 더 나은 결과를 제공하고, 소비자에게 더욱 개인화되고 밀접한 경험을 제공하는 것이다.

마케팅 담당자가 고려할 수 있는 디지털 미디어 선택지는 무수히 많다. 그만큼 선택할 수 있는 옵션과 데이터가 많아졌고, 더욱 정교한 접근 방식이 필요해졌다. 디지털 미디어에 지출하는 비용이 증가하면서 규모가 큰 회사는 디지털 광고 대행사에 업무를 맡기고 여력을 '오프라인' 미디어에 쏟았다. 기업에 의뢰받은 대행사, 작은 규모의 광고주는 비즈니스 인텔리전스 도구인 대시보드를 택했다. 대시보드는 디지털 미디어 채널의 수가 증가하는 사이 광고 예산 지출을 분석하고 최적화하는 과정을 도왔다.

이 가운데 발전한 클라우드 컴퓨팅, 인공지능 그리고 머신러닝은 디지털 마케팅 담당자에게 새로운 기회를 제공했다. 이제 대시보드 분석이나 리포팅, 최적화를 위한 수동 작업에 더는 노력을 기울이지 않아도 된다. 발전된 기술을 이용해 미디어 광고 지출의 효과와 효율을 개선하고 사용자의 행동 패턴을 기반으로 새로운 인사이트를 얻을 수 있으며, 인사이트를 바탕으로 새롭고 개인화된 광고도 만들수 있다.

주요 플랫폼들은 광고주에게 효과적인 광고 솔루션을 제공하기 위해 지난 수년간 자체적인 타기팅 알고리즘, 데이터 기반 타기팅, 머신러닝을 꾸준히 개선하려고 노력했다. 플랫폼 측면에서 보면 매우 훌륭한 일이지만 플랫폼 간 지출을 최적화해 다양한 목표를 달성할 수 있도록 분석 및 보고해야 하는 마케팅 담당자나 대행사에게는 달가운 일이 아니었다.

2015년까지 아마존 웹 서비스Amazon Web Services(AWS)나 구글 클라우드 플랫폼Google Cloud Platform(GCP), 마이크로소프트 애저Microsoft Azure처럼 저렴하고 강력한 클라우드 컴퓨팅 인프라를 기반으로 신경언어 프로그래밍Neuro-Linguistic

Programming(NLP),**¹** 신경망,**²** 머신러닝 같은 기술이 발전했다. 이와 발맞춰 디지털 미디어 광고 구매는 단순 전자 거래에서 API를 통해 상호작용이 가능한 높은 확장성을 가진 비즈니스로 진화했다.

이제 디지털 미디어와 마케팅 전략의 방향을 바꿀 준비를 해야 한다. 디지털 미디어와 마케팅은 이전과 비교할 수 없이 직관적이고 전략적이며 고도로 자동화되는 방향으로 탈바꿈하고 있다.

모든 장래성과 가능성을 놓고 볼 때, 자동화와 인공지능이 디지털 마케팅에 실제로 적용된다면 바뀌는 것은 무엇일까? 혁신에 적합한 다양한 분야를 살펴보자.

미디어 구매 자동화

머신러닝은 데이터의 양이 많을수록 더 정확한 예측이 가능하다. 구글이나 페이스북과 같은 주요 마케팅 플랫폼들은 머신러닝을 활용하여 소비자들에게 보다 관련성이 높은 광고를 제공하고, 광고의 퍼포먼스를 향상시켜 광고주들이 더 큰 비용을 지불하도록 한다.

머신러닝 기술이 발전하면서 머신러닝 기술만을 전문적으로 다루는 소프트웨어 회사가 생겨났다. 미디어 광고주는 머신러닝 전문 회사의 솔루션 패키지를 이용해 시간을 절약할 수 있게 됐다. 광고주가 직접 솔루션 소프트웨어를 개발하고 유지하기 위해서는 큰 비용이 필요하지만, 서드 파티third party 솔루션을 활용하면 큰 비용을 들이지 않고도 머신러닝 알고리즘을 통해 미디어 광고 예산을 효율적으로 편성할 수 있다. 더 나은 광고 소재를 찾고, 다양한 고객에게 광고를 내보낼 수 있도록 입찰 전략을 조정하고 예산을 배정하며, 사람의 직접적인 개입 없이도 성능을 지속적으로 개선할 수 있다.

----

1 NLP는 성공 전략을 분석해 이를 모델링하고 이를 다시 개별적인 목표에 적용하는 심리학적 접근 방식이다. 경험을 통해 배운 생각, 언어 및 행동 패턴을 특정 결과에 연결한다.

2 신경망은 인간의 뇌가 작동하는 방식을 모방한 알고리즘이다. 인간이 어떤 판단을 내리기 위해 다양한 정보값을 활용하듯 다양한 데이터를 기반으로 정보를 처리하기 위해 등장한 방식이다.

이런 머신러닝 시스템은 [표 2-2] 린 AI 자동화 등급의 레벨 3에 해당하는 과정이다. 수동 예산 최적화나 규칙 기반 자동화보다 높은 단계다. 머신러닝을 활용하면 일상적인 작업에 드는 시간을 줄이고, 전략 수립 및 광고 소재 발굴, 고객 세분화 등의 업무를 자유롭게 할 수 있다.

크로스 채널 마케팅 오케스트레이션

구매 자동화에서 한 단계 더 나아가면, 다양한 디지털 마케팅 플랫폼을 아우르는 복잡한 시스템으로 확장해볼 수 있다. 구글이나 페이스북, 트위터, 스냅챗 같은 주요 마케팅 플랫폼은 다른 기능과 API를 제공한다. 제공하는 기능은 마케팅 목표에 따라 적합하거나 그렇지 않을 수 있다.

오케스트레이션orchestration은 마케팅 솔루션 자동화의 핵심 요소이다. 마케팅 퍼널, 고객의 동선, 생애 주기life cycle를 고려하므로 자동 입찰 관리 수준을 훨씬 뛰어넘는다. 마케팅 플랫폼에 따라 잠재 고객이나 사용자를 대상으로 제품의 인지도를 높이거나, 앱 설치 유도 혹은 수익을 끌어내는 데 유용할 수 있다.

자동화의 이점을 인공지능으로 극대화하기 위해서는 고객 여정customer journey을 고려해야 한다. 이를 통해 제대로 된 마케팅과 업무의 조정이 이루어질 수 있다. 다음은 인공지능과 자동화로 최적화할 수 있는 업무 영역이다.

- 고객 세분화와 타기팅
- 제품 구매에 이르는 고객 여정을 파악하기 위한 다양한 채널에서의 고객 행동 예측
- 크로스 셀링cross-selling3이나 업셀링upselling4을 위한 미세한 조정 및 보완
- 광고의 노출 비율 및 횟수에 기반해 고객 참여를 증진할 수 있는 적합한 채널 파악
- 성능 분석에 대한 정확도 향상
- 부정 거래 탐지 및 보안

----

3 옮긴이_ 제품을 추가 구매하도록 유도하는 행위를 뜻한다.
4 옮긴이_ 수익성 높은 판매를 위해 고객이 고급 제품으로 업그레이드하거나 추가 품목을 구매하도록 동기를 부여하는 판매 방식을 뜻한다.

최근 마케팅 자동화 레벨 3과 레벨 4에서 가능한 크로스 채널 마케팅 오케스트레이션이 떠오르면서 접근성 또한 높아졌다. 이미 **'단일 채널** 마케팅'에서는 일반적으로 활용할 수 있는 기능이며 다양한 메이저 마케팅 플랫폼 업체에서도 이 기능을 제공하고 있다.

마케팅 영역에서의 가상 비서

마케팅 영역에서 아마존 알렉사와 같은 음성 기반의 '가상 비서intelligent assistant'는 성장 가능성이 크고 연구가 필요한 분야다. 대부분의 가상 비서는 고객이 직접 사용하거나 고객에게 서비스를 제공하는 앱을 위해 설계됐다. 마케팅 담당자는 직관적인 음성 인터페이스로 디지털 미디어를 다루고 트렌드를 조사하며 조정하는 업무에 새로운 방식으로 접근할 수 있다. 일반적인 사용자 인터페이스user interface(UI)나 대시보드 리포트로는 복잡한 업무가 가상 비서를 활용하면 쉬워진다. 실제로 마케팅 가상 비서 기술은 마케팅 자동화 레벨 4와 레벨 5에 해당하는 선도적인 기술이다.

콘텐츠 제작 및 배포

오늘날 이용할 수 있는 디지털 콘텐츠 양은 상상을 초월한다. 2019년 발표된 한 통계에 따르면 인스타그램에서만 하루에 9,500만 개 이상의 이미지가 생성되며, 전 세계적으로 매초 약 72,000GB의 트래픽이 발생한다.

데이터 담당자는 고객이 좋아하는 콘텐츠와 잠재 고객이 공감할 콘텐츠가 무엇인지 판단하기 위해 많은 양의 콘텐츠를 분석한다. 인공지능 역시나, 고객이 무엇에 시간을 쏟고 무엇에 적극적으로 참여하는지 알아내기 위해 콘텐츠를 분석할 수 있다. 마케팅 담당자는 인공지능의 결과를 통해 효과가 높은 광고 매체를 선별하면 된다. 인공지능을 활용해 얻은 인사이트는 콘텐츠 개발, 마케팅, 광고 홍보 영역에서 큰 힘을 발휘해 좋은 결과를 가져올 수 있다.

고객 지원 및 서비스

고객이 서비스를 받을 때 상담 인력보다 챗봇을 먼저 만나는 일이 흔해졌다. 가트너Gartner의 조사에 따르면 85%의 고객 지원이 사람의 개입 없이 이루어진다. 채팅 기반 인터페이스는 고객 서비스, 마케팅, 쇼핑을 비롯한 수많은 영역에서 적용되고 있다. 이 방식은 기업과 고객 모두에 효율적이다. 문자 메시지부터 페이스북 메신저까지 여러 채팅 인터페이스에 상용화된 솔루션을 연결하면 쉽게 자동화할 수 있다. 특히 양이 많고 구조화된 반복적인 서비스 문의는 채팅 형태로 쉽게 자동화할 수 있다.

인공지능을 활용한 고객 서비스는 기업뿐 아니라 고객에게도 효율적이다. 채팅 형태의 인터페이스는 손쉽게 접근할 수 있으며 즉각적인 대답을 받을 수 있다. 서비스를 받기 위해 전화를 하는 상황을 가정해보자. 안내에 따라 원하는 상담 번호를 누르고 상담원이 받을 때까지 기다려야 한다. 이메일도 마찬가지다. 상담원을 통해 문제를 해결하거나 답변을 받기 위해서는 오랜 시간이 든다. 인공지능 기반의 챗봇을 활용하면 고객의 시간을 아낄 수 있다.

고객 지원 업무를 인공지능이 수행하면 회사에 이익을 주는 것은 물론 고객에게도 좋은 경험을 제공할 수 있다. IBM은 1조 3,000억 달러를 투자해 매년 2,650억 건의 고객 문의를 처리해왔다. 챗봇을 사용한다면 고객 지원 비용을 절감할 수 있다. 챗봇은 일상적으로 반복되는 질문의 80%를 빠른 속도로 대응할 수 있으며 상담원은 챗봇이 처리하기 힘든 복잡한 업무에 집중할 수 있다.

고객에게 더 나은 경험을 제공하기 위해 채팅 기반의 고객 서비스 및 지원 채널을 CRM 시스템과 통합할 수도 있다. VIP 고객에게 일반 고객보다 더 빠른 서비스를 제공하거나 더 이상 구매 활동이 없는 고객의 행동 패턴을 분석해 새로운 구매 기회나 업그레이드 등을 제공하면서 지속적인 참여를 독려할 수 있다.

채팅 기반 서비스와 지원 인터페이스를 통해 취합된 고객 데이터는 인공지능 마케팅 자동화의 훌륭한 소스다.

고객 세그먼트 개발 및 관리

지금 이 순간에도 엄청난 양의 데이터가 인터넷을 통해 수집되고 있다. 그 양은 예측이 불가능할 정도다.[5] 대표적인 플랫폼 기업인 아마존, 마이크로소프트, 구글, 페이스북에만 약 1,200TB의 데이터가 저장되어 있다. 방대한 양의 고객 데이터가 수면 아래에 존재한다. 이러한 데이터는 고객 니즈 예측, 개인 맞춤형 광고, 구매 옵션, 콘텐츠 및 서비스 반영 등 고객 경험을 향상시키기 위해 언제든 사용될 수 있다.

마케팅 담당자는 인공지능으로 방대한 데이터를 분석해 고객 세그먼트 모델을 만들 수 있다. 기업은 서드 파티 데이터를 이용해 가계 수입, 우편번호, 행동 양식 등 수만 가지의 속성을 바탕으로 고객 데이터를 분류하고 강화할 수 있다. 이런 데이터가 고객과의 상호작용, 구매, 제품 사용, 지원 및 서비스 등 실시간으로 누적되는 데이터와 결합한다면 한 단계 더 앞으로 나아갈 수 있다.

고객 세그먼트를 제공하는 회사는 인공지능을 활용해 시시각각 변하는 고객 유형을 지속적으로 업데이트할 수 있다. 광고 캠페인은 업데이트된 데이터를 통해 고객 여정 전반에 효과적인 방식으로 전달된다.

인사이트 도출

인공지능은 고객의 행동과 관련된 데이터를 세밀하게 분석한 뒤 다음 행동을 높은 확률로 예측한다.

광고 플랫폼이 신규 고객을 타기팅해 잠재 고객으로 전환하는 과정은 다음과 같다. 먼저 광고 플랫폼은 대규모 데이터와 머신러닝을 활용해 유사한 행동 패턴을 가진 사람을 클러스터로 분류한다. 각 클러스터는 행동 패턴이나 동기 및 니즈가 유사하다고 예측할 수 있는 집단이다. 클러스터 1에 속한 대부분의 사람이 A-B-C로 행동한다면, 클러스터 1에 새롭게 속하는 사람 역시나 A-B 이후 C라

---

5 자세한 내용은 'The Internet in Real Time(실시간 인터넷)'을 참고. *https://www.webfx.com/internet-real-time*

는 행동을 할 가능성이 크다.

인공지능 기반 시스템은 잠재 고객의 행동을 관찰해 관심사를 파악하고 특정 제품을 선호하는 이유를 파악할 수 있다. 계속 발전하는 고객의 행동과 관심사에 맞춰 인공지능 시스템도 같이 고도화된다. 인공지능은 마케팅 전략, 광고 소재, 구매 기회 제공 등 많은 영역에서 새로운 인사이트를 제공하고, 인사이트를 현실에 반영하고, 현실에 반영된 결과를 다시 인공지능이 학습하는 순환 구조를 만들어 낸다.

광고 소재 도출

오늘날 인공지능의 가장 매력적인 측면은 마케팅 기술과의 교차점이다. 이 교차점은 잠재적으로 문제를 가져올 수 있는 위험한 방식이다. 바로 자연어 생성이다. 인공지능이 인간처럼 말하고 쓸 수 있게 코딩하는 자연어 연구는 오랫동안 계속됐다. 특히 최근 몇 년은 신경망 관련 연구가 발전하면서 자연어 생성 기술 역시나 급속히 성장했다.

자연어 생성 기술을 마케팅 영역에 적용하면 인공지능이 마케팅 문구를 분석한 것을 토대로 브랜드의 '목소리'를 여러 형태로 만들어낼 수 있다. 약간의 학습이 필요한 영역이지만 오늘날의 기술로 충분히 구현할 수 있다.

자연어 생성 모델은 더욱 정교해지고 있다. 인공지능 및 AGI를 연구하는 기업인 오픈AI^OpenAI는 GPT2라는 대규모 자연어 생성 모델의 코드 공개를 거부한 적이 있다. 자연어 생성 모델이 '가짜뉴스' 등에 오남용될 수 있다고 우려했기 때문이다.

인공지능으로 만들어내는 '딥페이크^deepfake' 비디오는 실제인지 합성인지 구분할 수 없는 단계에 이르렀다. 딥페이크는 머신러닝을 활용해 실제의 이미지를 기존의 비디오에 합성하는 기술이다. 마케팅에도 적용할 수 있다. 광고 콘텐츠에 개인의 얼굴을 합성해 개인화하는 마케팅 방식이 실제로도 활용되고 있다. 하지만 가짜뉴스나 리벤지 포르노처럼 사회에 부정적인 영향을 끼치는 방식으로 활용될 수 있으므로 주의해야 한다. 악의적인 의도를 가진 사람 또는 국가가 이용한다면 충분히 무서운 무기가 될 수 있다. 딥페이크 같은 기술은 늘 오남용의 위험이 있다.

그로스 마케팅 분야에서의 인공지능의 활용 범위는 점점 더 확대되는 추세다. 어떤 요소가 마케팅 결과에 영향을 끼치는지 파악하는 것이 중요하다. 예를 들어 광고 카탈로그 및 고객 서비스에 대한 고객의 반응을 기반으로 인공신경망^{artificial} neural network(ANN)을 훈련해 여러 종류의 유사한 결과물을 생성하는 것은 흥미로운 시도이다. 그러나 괜찮은 결과물을 얻기 위한 비용과 수고, 들이는 시간을 무시할 수 없다.

> **그로스 마케팅 분야에서의 인공지능의 활용 범위는 점점 더 확대되는 추세다. 어떤 요소가 마케팅 결과에 영향을 끼치는지 파악하는 것이 중요하다.**

앞서 강조한 것처럼 인공지능을 활용하면 즉각적인 마케팅 효과를 거둘 수 있다. 대표적인 항목은 다음과 같다.

- 고객 세그먼트 개발 및 관리
- 미디어 구매 자동화
- 크로스 채널 마케팅 오케스트레이션
- 인사이트 도출

네 가지 요소는 독립적으로 작용하는 것이 아니라 서로 밀접하게 얽혀 있다. 인공지능의 활용 여부와 무관하게 광고의 효율성을 제고하는 데 아주 중요한 부분이다. 바로 다음에 설명할 '고객 생애 주기 프레임'에서도 똑같이 적용할 수 있다. 네 가지 요소에 인공지능을 적용하면 비용은 커지겠지만, 장기적으로 봤을 때 시간과 리소스 활용 면에서 득이 될 가능성이 크다. 마케팅에 인공지능을 활용하는 것은 리스크를 갖지만 동시에 더 큰 보상을 얻을 가능성도 커진다.

최소한의 투자, 고객 생애 주기 관리

많은 회사가 고객 생애 주기의 중요성을 간과한다. 기존 고객을 유지하면서 업셀링할 기회를 찾는 것보다는 신규 고객을 유치하는 데 집중한다. 그로스 마케팅 측면에서 보면 비용이 많이 들어 지속하기 어려운 방식이다. 이유는 다음과 같다.

- 신규 고객의 유치에는 기존 고객의 유지보다 적게는 5배, 많게는 25배의 비용이 든다.[6]
- 베인앤컴퍼니Bain & Company의 연구[7]에 따르면 기존 고객은 신규 고객보다 67%나 더 많은 돈을 쓴다.
- 클릭제트ClickZ의 보고서[8]에 따르면 신규 고객의 구매 확률은 5~20%에 불과하지만, 기존 고객의 구매 확률은 60~70%에 달한다.

고객의 생애 주기를 고려한 마케팅은 신중하게 접근해야 한다. 단순히 효율성의 측면을 넘어 고객의 생애 주기 전체를 바라볼 수 있는 인사이트가 생기기 때문에 집중이 필요하다. 그 결과로 고객은 더 나은 사용자 경험을 제공받고 기업은 고객과 의미 있는 관계를 형성한다.

그림 4-1 일반적인 구매 퍼널

---

6 자세한 내용은 『하버드 비즈니스 리뷰(Harvard Business Review)』의 「The Value of Keeping the Right Customers(올바른 고객을 지키는 것의 중요성)」를 참고. *https://hbr.org/2014/10/the-value-of-keeping-the-right-customers*

7 자세한 내용은 「The Value of Online Customer Loyalty and How You Can Capture It(온라인 고객의 충성도의 중요성과 그들을 사로잡는 방법)」을 참고. *https://media.bain.com/Images/Value_online_customer_loyalty_you_capture.pdf*

8 자세한 내용은 클릭제트의 「Are ecommerce customer retention strategies improving?(이커머스 고객 유지 전략이 개선되고 있나요?)」을 참고. *https://www.clickz.com/are-ecommerce-customer-retention-strategies-improving/105454*

[그림 4-1]은 일반적인 구매 퍼널이다. 이 경로가 고객의 생애 주기에 어떻게 적용될 수 있는지 생각해보자.

그림 4-2 생애 주기 마케팅의 단계

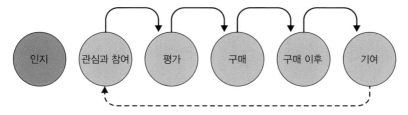

잠재 고객을 구매로 이끌 콘텐츠를 만들기 위한 방법 중 하나로 제품 구매 퍼널 개념을 활용할 수 있다. 이 책의 10장, 11장에서는 구매 퍼널의 상단에 해당하는 부분을 자세히 알아본다. 그에 앞서 [그림 4-2]를 통해 생애 주기 마케팅의 전반적인 내용을 살펴보자.

인지

인지는 제품 구매 퍼널의 첫 단계에 존재한다. 고객은 모르는 제품을 구매하지 않는다. 기업은 TV, 광고판, 소셜 미디어, 대중 매체로 제품의 인지도를 높이려 한다. 제품 관련 콘텐츠, 소셜 미디어 게시물, 팟캐스트 등의 고객 참여를 이끄는 콘텐츠는 제품 혹은 서비스에 **관심을 가져야 하는 이유**를 효과적으로 전달한다.

여기서 인지는 처음 제품을 접하는 고객에게만 국한되는 것이 아니며, 구매에 이르기까지의 모든 과정에서 고려돼야 한다는 점을 주목해야 한다. 잠재 고객은 다양한 경로를 통해 제품 정보를 스스로 찾으며 자신만의 방식으로 제품을 이해한다. 만약 제품을 잘못 이해한다면 구매 전환율은 현저히 떨어지며, 이는 마케팅 비용이 증가하거나 잠재 고객을 잃는 결과로 이어질 수 있다.

마케팅 퍼널에서 제품을 인지시키는 것은 중요하다. 그러나 이것이 시작점일 뿐이라는 사실을 잊어서는 안 된다. 인지 단계에서의 잠재 고객이 실제 구매 고객이 되도록 유도해야 한다.

관심과 참여

잠재 고객이 제품이나 서비스를 인지했다면, 다음으로는 제품에 지속적인 관심을 갖도록 만들어야 한다. 이 단계의 고객은 일상 속에서 제품이나 서비스가 어떻게 사용될지를 상상한다.

고객의 관심과 참여를 유도하는 단계에서는 제품의 핵심을 구체적으로 전달해야 한다. 고객이 제품 구매를 신중하게 고려할 수 있도록 광고 소재와 콘텐츠를 개발한다. 이때 '제품이 제공하려는 핵심 기능은 무엇인가?', '다른 대체재와 비교했을 때 우리 제품은 어떤 우위를 가지는가?', '우리가 파는 제품 또는 서비스를 지금 당장 구매해야 할 이유는 무엇인가?' 등을 자문할 수 있다.

할인 쿠폰이나 프로모션 같은 전략은 당장의 고객 참여와 관심을 이끌 수는 있지만, 해당 단계에서 가격 경쟁력만으로 고객의 마음을 움직이기는 어렵다. 고객이 체감할 수 있는 이익을 설명하는 데 집중해야 한다.

평가

평가 단계는 제품 구매 퍼널의 가장 끝에 위치한다. 잠재 고객은 구매하고자 하는 제품을 다른 제품과 비교하거나 확신을 얻기 위해 제품 리뷰나 댓글을 평가 단계에서 확인한다. 이 단계의 마케팅 콘텐츠는 자세하고 구체적일수록 좋다. 자사 제품과 타사 제품의 차이점을 설명하면 한결 수월하게 제품을 구매하도록 이끌 수 있다.

추가 혜택과 제품 보증은 구매 결정의 마지막 허들을 뛰어넘는 역할을 한다. 구매를 유도하는 요소(배너, 버튼, 링크 등)가 무엇인지 테스트해보고 고객 생애 가치customer lifetime value(LTV)에 미치는 영향을 확인해보자.

구매

구매는 군이 설명하지 않아도 될 만큼 명확한 단계다. 쉽게 구매하도록 만드는 것은 가장 중요한 포인트다. '왜 **지금 당장** 구매해야 하는가'에 대한 답을 줄 수 있어야 한다.

구매는 끝이 아니다. 생애 주기 마케팅의 다음 단계로 넘어가는 하나의 과정일 뿐이다. 종종 구매 이후 단계가 더 까다로울 때가 있다.

구매 이후

구매 이후의 단계는 기술 혁신을 도입할 수 있는 마케팅 영역이다. 이미 구매한 고객에게 유용한 마케팅 콘텐츠를 만드는 것은 어렵다. 특히 제품 및 서비스의 수명이나 용도가 제한적일 때는 더 신중해야 한다. 뉴스레터는 가장 일반적으로 사용되는 구매 이후 마케팅 도구이다.

구매 이후의 단계에서도 인공지능은 굉장히 다양하게 활용될 수 있다. 불과 몇 년 전만 해도 구매한 고객에게는 직접 요청한 경우에만 이메일을 발송했다. 오늘날에는 인공지능이 엄청난 양의 구매 데이터를 바탕으로 정교한 고객 세그먼트와 타기팅 정보를 미디어 파트너에게 제공할 수 있으며, 앱, 소셜 미디어, 웹 등 다양한 채널을 통해 고객의 관심을 지속적으로 유지하고 마케팅 활동을 펼칠 수 있다.

기여

VIP 고객을 제품이나 서비스의 적극적인 대변자로 만드는 것은 고객과 회사의 깊은 관계를 유지하는 것은 물론 제품 개선에도 큰 도움이 된다. 자발적이고 적극적인 고객의 홍보에 의존하는 마케팅 전략을 취하는 회사는 이를 수행할 만한 충성 고객을 찾아다닌다. 이런 방식의 마케팅에 능통한 브랜드는 로열티 프로그램을 운영하며, 고객이 피드백을 제공하거나 포커스 그룹에 참여할 경우 그에 상응하는 보상을 제공한다. 충성도 높은 고객은 이 과정에서 회사와 깊은 관계를 맺고 있다고 생각하게 된다.

IMVU 그로스 팀의 자동화 전략

IMVU의 그로스 팀은 다수의 사용자 유치 매니저, 에이전시 및 컨설턴트로 구성되어 있다. 모바일, 검색 광고, 검색 엔진 최적화search engine optimization (SEO), 디스플레이 광고, 제휴 광고, CRM, 리타기팅을 포함한 다양한 채널의 예산을 관리한다. IMVU의 가장 큰 리스크는 그로스 팀 자체가 구성원 개개인의 역량에 크게 의존한다는 점이다. 특정 구성원이 이탈했을 때 팀 자체가 큰 영향을 받는다.

IMVU가 새 구성원을 채용하고 교육하면서 얻은 중요한 인사이트는 다음과 같다. 사용자 유치를 위한 캠페인을 관리하고 최적화하는 것과 관련된 많은 작업은 입찰가, 예산, 광고 소재 변경, A/B 테스트 실행, 데이터 분석 및 보고와 같은 지루하고 반복적인 작업이라는 것이다. 이러한 작업의 대부분은 데이터와 로직을 기반으로 하므로, 머신러닝 등의 자동화 기술을 활용하면 더 나은 결과를 만들어낼 수 있는 업무다. IMVU는 자동화가 일종의 돌파구가 될 수 있다는 사실을 깨닫고 린 팀을 운영하는 동시에 많은 업무를 자동화해 효과적으로 효율성을 제고하면서 회사를 성장시켰다.

자동화 시스템을 도입하기 위해 판단해야 할 사항은 다음과 같다.

- 예산을 가장 많이 쏟는 채널에서 최적화를 위해 반복적으로 하는 일이 무엇인가?
- 업무를 진행하는 데 얼마만큼의 시간이 필요한가?
- 소요 시간, 예산, 성능에 미치는 영향 순으로 업무를 나열할 수 있는가?
- 시간, 복잡성, 영향도를 고려해 각 업무의 우선순위를 매길 수 있는가?
- 이를 바탕으로 자동화와 머신러닝이 활용될 수 있는 영역을 구분할 수 있는가?

다섯 가지 사항을 IMVU의 그로스 팀에 적용해본 결과 ROI 향상에 크게 기여할 수 있는 페이스북과 구글에 집중하자는 결론이 나왔다. 다행스러운 것은 두 채널 모두 인공지능과 자동화에 적극적으로 투자하고 있다는 점이다. 따라서 그로스 팀이 수동으로 진행했던 업무를 비교적 쉽게 새로운 솔루션으로 전환할 수 있었다.

머신러닝이 인공지능의 한 종류라는 것을 기억해야 한다. 컴퓨터 시스템은 통계적 방식의 학습으로 성능을 점진적으로 향상할 수 있다. 바꿔 말하자면, 머신러닝은 수집된 데이터의 양이 증가할수록 더 정확한 예측을 할 수 있는 알고리즘이라는 뜻이다. 이는 페이스북이나 구글 같은 주요 미디어 플랫폼이 사용자 유치 캠페인을 자동화하는 데 적합한 이유다. 유료 사용자 유치를 위해 많은 예산을 쓸수록 더 많은 데이터를 얻을 수 있으며 해당 데이터를 바탕으로 기계는 빠르게 학습하여 목표를 달성할 수 있다.

2018년 페이스북과 구글은 유니버설 앱Universal app 캠페인으로 머신러닝 알고리즘을 처음 소개했다. 해당 알고리즘을 기반으로 광고주는 사용자에게 노출되는 광고를 쉽게 관리할 수 있으며 목표에 따라 광고 범위를 확대할 수 있었다. 복잡하고 많은 시간이 소요되는 작업은 머신러닝이 수행하고, 광고주는 광고 최적화를 위한 목표(CPI, CAC, ROAS)와 예산, 입찰가, 광고 소재에만 집중할 수 있다. 유니버설 앱 캠페인 알고리즘은 점진적인 데이터 수집으로 KPI(CPI, CAC, ROAS, LTV)를 달성하고 더 스마트하고 정확한 형태의 개인화된 광고를 제공할 수 있다. 페이스북이나 구글 같은 회사는 머신러닝의 역량을 끌어올리기 위해 더 많은 R&D 예산을 투입할 것이다. 다만 긍정적인 선순환이나 알고리즘 개선을 위해 광고주가 어느 정도까지 데이터를 제공해야 하는지는 아직 불분명하다.

자동화 적용을 위한 비즈니스 사례

스타트업의 리소스는 한정적이다. 비즈니스 목표에 따른 비용 편익 분석cost-benefit analysis을 기반으로 프로젝트의 우선순위를 정할 수 있는 사례를 찾아야 한다. 신기술을 도입하기 위한 적절한 데이터와 비용을 산출하기란 쉽지 않다. 먼저 린 팀 구성원이 직접 하기 어렵지만, 인공지능이나 머신러닝으로는 해결할 수 있는 문제가 무엇인지부터 파악해야 한다. IMVU은 다양한 채널에 배분된 사용자 유치 예산을 효과적으로 사용할 수 있는 방안을 우선적으로 탐색했다. 이어서 적합한 잠재 고객 세그먼트나 광고 소재, 입찰가나 예산 규모 등을 A/B 테스트로 빠르게 확인했다. 신규 사용자 유치 예산을 절감하고 캠페인 담당자 채용을 줄여 ROI를 향상시켰다.

> 스타트업의 리소스는 한정적이다. 비즈니스 목표에 따른 비용 편익 분석을 기반으로 프로젝트의 우선순위를 정할 수 있는 사례를 찾아야 한다.

ROI는 비용 편익 분석으로 산출할 수 있다. 사례마다 계산에 포함해야 할 항목이 달라지는데, 비용은 다음과 같은 내용을 포함한다.

- 프로젝트를 진행하기 위해 소요되는 회사 내부In-house 리소스(기술, 데이터, 인프라, 사용자 유치 캠페인 담당 인력이나 컨설턴트, 대행사 등): 예를 들어 회사 내부 리소스 비용 연 10만 달러
- 인공지능 및 머신러닝 기술을 사용하기 위한 서드 파티 플랫폼 사용료(광고 분석, 미디어 구매, CRM) 등: 예를 들어 서드 파티 솔루션 사용료 연 20만 달러

편익은 다음과 같다.

- CAC 또는 ROAS 개선: 신규 고객 한 명을 유치하기 위해 20달러를 사용할 때 CAC를 20% 개선한다면 사용자 유치 한 건당 4달러를 절감하는 효과가 있다. 단위를 늘려 신규 고객을 10만 명 유치한다면 40만 달러의 예산을 절감할 수 있다.
- 인건비 절감: 사용자 유치 담당자나 대행사, 컨설턴트가 수행했던 업무를 인공지능이나 머신러닝으로 자동화한다면 인건비를 절감할 수 있다. 미국 내 사용자 유치 관리자의 평균 급여(2019년 링크드인 기준)를 바탕으로 개선했을 때 한 명의 채용을 줄인다면 연간 약 7만 달러의 예산 절감 효과가 발생한다.

ROI는 편익을 비용으로 나누는 것이다. 그 결과는 백분율로 표시할 수 있다.

ROI 계산 공식은 다음과 같다.

$$ROI = \frac{(현재의\ 투자\ 가치 - 투자\ 비용)}{투자\ 비용}$$

'현재의 투자 가치'는 투자에서 얻을 수 있는 편익을 의미한다. ROI 계산 결과는 백분율 형태이므로 서로 다른 유형의 투자를 쉽게 비교할 수 있다. ROI를 계산하는 예를 들어보자면 다음과 같다.

$$ROI = \frac{(\$470,000 - \$300,000)}{\$300,000 = 57\%}$$

3~5년 정도의 장기적 관점에서 ROI를 산정하는 것이 좋다. ROI 지표를 유지하면서 그로스 팀이 더 나은 효율성과 성과를 내는 데 목표를 두어야 한다. 인공지능과 머신러닝을 통한 자동화 시스템은 지속적인 조정과 훈련을 필요로 한다. 만

일의 사태에 대한 위험을 고려해 ROI를 계산하는 것이 좋다. 일반적으로 비용의 15% 정도를 추가하는 방식으로 계산한다.

지금까지 고객 생애 주기 마케팅과 자동화에 대한 기본적인 내용을 살펴봤다. 다음 장에서는 인공지능을 이용한 마케팅 자동화의 구조에 대해 알아보자.

CHAPTER 5

인공지능 프레임워크

인공지능은 이전에는 상상도 하지 못했던 방식으로 비즈니스에 접근해 기존의 관행적인 비즈니스 과정을 바꿔놓음으로써 더 많은 기회를 찾고 성과를 얻게 해줄 것이다. 효율성 측면만 놓고 봐도 큰 성과를 가져다주지만, 오늘날의 지능형 알고리즘은 여기서 그치지 않는다. 고객 및 잠재 고객의 관심과 참여를 유도하고, 완전히 새로운 경험을 제공하며, 이전까지는 고려하지 않았던 새로운 형태의 비즈니스를 만드는 데 도움을 주기도 한다. 인공지능을 비전의 중심에 둔 회사라면 충분히 실현 가능한 일이다.

마케팅 자동화를 위해 인공지능을 접목시킬 때는 프레임워크framework 개념을 심고 가는 것이 좋다. 프레임워크의 기본 요소는 다음과 같다.

- **고객 여정**, 경험, 생애 주기에 대한 이해
- 고객의 생애 주기에 최적화된 **광고 소재나 콘텐츠**, 광고 소재나 구매 혜택 등의 내용은 생애 주기의 단계에 맞게 제공돼야 함
- 고객 여정을 파악하고, 행동 코호트를 타깃 세그먼트로 세분화할 **데이터**
- 광고 캠페인 제작 및 오케스트레이션을 목적으로 선호하는 마케팅 채널(페이스북, 인스타그램, 구글, 스냅챗, 이메일 서비스 제공자 등)에 대한 **API 기반 접근**
- 광고 리포팅 및 실시간 최적화를 위해 활용할 수 있는 **피드백 루프**,[1] 서드 파티의 분석 도구나 플랫폼 자체의 기능으로 운영될 수 있음
- **최적화 작업**, 시스템에 입력된 피드백을 기반으로 성능을 개선할 수 있는 최적화 알고리즘

사용자 유치 업무의 자동화를 위한 인공지능을 구축하려는 기업은 위의 여섯 항

---

1 옮긴이_ 서비스나 제품 개선을 위해 고객이나 최종 사용자에게 수집한 피드백을 사용하는 작업을 뜻한다.

목을 점검해야 한다. 서드 파티 솔루션을 사용할 경우에도, 솔루션이 총체적인 자동화 기능을 제공하는지를 평가하는 기준으로 삼을 수 있다. 이제 실제 비즈니스에 적용할 수 있는 구체적인 인공지능 활용법을 알아보자.

오늘날 디지털 환경에서는 인공지능의 많은 기능이 마케팅에서 핵심적으로 활용된다. 인공지능은 사람이 직접 처리하는 것보다 더 빠르고 정확하게 작동한다. 종종 완전히 새로운 방식을 창조해내기도 한다.

아마존의 창립자 제프 베조스_{Jeff Bezos}는 종종 '10년 후 세상이 어떻게 변할 것인지'에 대한 질문을 받는다. 멋진 통찰력을 과시하는 답변을 할 수도 있지만, 그는 '미래는 예측할 수 없다'고 답한다. 반대로 '10년 뒤에도 **바뀌지 않을 것**은 무엇인가'를 생각하고 비즈니스에 어떤 영향을 끼칠 수 있는지를 고민하라고 조언한다. 제프 베조스는 이렇게 말한다. "당신이 지금 모든 에너지를 쏟을 만큼 확신을 가진 일은 10년 후에도 당신에게 수익을 가져다줄 것이다."

인공지능과 머신러닝을 마케팅에 도입하기에 적절한 시기가 왔다. 현재의 비즈니스 활동과 기능, 과정이 당장 사라지는 것은 아니다. 하지만 과거 방식을 답습할 날은 얼마 남지 않았다. 지금 당신이 인공지능을 활용해 일을 하고 있다면 10년 후에도 인공지능은 여전히 당신에게 수익을 가져다줄 것이다.

마케팅 목적의 머신러닝 기능 분류

머신러닝과 인공지능 연구는 광범위하게 진행되고 있다. 인공지능의 효과적인 학습을 돕는 알고리즘 개발 방식을 다음과 같이 몇 가지로 추릴 수 있다. 우선 학습 알고리즘을 이해한 뒤, 인공지능 기반의 마케팅에 어떻게 적용될 수 있는지 살펴보자.

지도 학습 알고리즘

지도 학습 알고리즘_{supervised learning algorithm}은 적절하게 라벨링된 데이터셋을 이용해 예측 모델을 만들어내는 훈련 방식이다. 함수에 입력된 변수가 개별적인 출력값을 가지므로 새로운 데이터를 분류하거나 라벨링하는 데 적합하다. 일반적으로 사용되는 지도 학습 알고리즘으로는 스팸 메일 분류가 있다. 입력 변수에서 나온 개별적인 출력 변수로 '스팸' 메일과 '스팸이 아닌' 메일을 분류하는 것이다. 자주 사용되는 지도 학습 알고리즘의 활용에는 회귀 분석이 있다. 훈련 데이터가 입력 변수가 되며 연속적인 출력 변수로 변환하는 데 사용한다. 연속적인 형태의 출력 변수는 특정 범위 내에서 정확한 예측을 나타내는 숫자, 값, 양, 사이즈 등이 될 수 있다.

비지도 학습 알고리즘

비지도 학습 알고리즘unsupervised learning algorithm은 식별할 수 없는 비정제 데이터를 이용하며, 데이터의 기본 구조를 발견하는 데 유용하다. 비슷한 데이터를 묶어 클러스터로 만들거나 부정 거래 같은 비정상적인 데이터 이동 정보를 감지하며, 데이터 간 상관관계를 발견하기 위해 사용된다(어떤 종류의 제품이 어느 위치의 선반에 비치될 때 많이 팔리는지 알아내는 것을 상관관계의 예시로 볼 수 있다). 그 밖에도 주어진 데이터셋에서 특징의 수를 줄이거나 추가 분석을 위해 데이터셋을 작은 단위로 나눌 때에도 사용될 수 있다.

준지도 학습 알고리즘

준지도 학습 알고리즘semi-supervised learning algorithm은 라벨링된 데이터와 그렇지 않은 데이터의 조합으로 알고리즘을 훈련하는 방식이다. 일반적으로는 결과 정보를 가진 적은 양의 라벨링된 데이터에 의존하지만 훨씬 많은 양의 비정제 데이터를 함께 사용한다. 라벨링된 데이터가 충분하지 않아 정확한 모델을 만들 수 없을 때 활용할 수 있으며 이를 통해 훈련 데이터의 양을 늘릴 수 있다.

강화 학습

강화 학습reinforcement learning은 가장 최근에 나온 머신러닝 방식으로, 목표를 달성하기 위해 시행착오를 거치면서 학습하는 것이다. 기계는 다양한 시도를 거듭하고 도움이 되는 결과가 나오면 보상을, 그렇지 않으면 불이익을 받는 방식으로 훈련받는다. 구글의 알파고AlphaGo 역시나 강화 학습 알고리즘을 사용해 세계 최고의 바둑 기사들을 이길 수 있었다.

딥러닝

딥러닝deep learning은 인공지능 기반의 앱 개발 분야에서 완전히 새로운 접근법을 만들어냈다. 딥러닝은 데이터 과학 분야에서 가장 빠르게 발전한 기술로, ANN을 기반으로 지도 학습, 비지도 학습, 준지도 학습을 포함한 다양한 학습 방식을 아우르고 있다. 여기서 '딥deep'은 데이터가 변환되는 레이어의 숫자를 의미한다. 특정 모델에서는 변환되는 데이터의 양이 고정되지만, 반복 신경망으로 알려진 모델의 경우 변환되는 데이터의 양이 무한하다. 딥러닝은 데이터 과학 분야에서 가장 흥미로운 이슈이기도 하다. 새로운 약물 구조 개발, 바이오 정보과학, 소셜 네트워크 필터링, 음성인식, 컴퓨터 비전, 자연어 처리, 기계 번역, 오디오 인식, 재료 검사, 의료 이미지 분석, 보드게임 프로그램 등 다양한 영역에서 성공적으로 활용되며 많은 분야에서 전문가보다 훨씬 나은 결과물을 도출한다.

그림 5-1 머신러닝의 다양한 방식

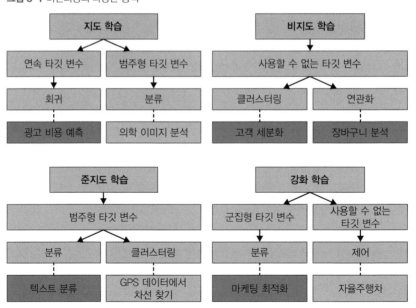

[그림 5-1]에서 볼 수 있듯이, 머신러닝의 다양한 접근 방식을 마케팅 자동화 애플리케이션에 적용할 수 있다. 알고리즘이 학습할 수 있는 데이터양이 증가한 덕분에, 각 애플리케이션은 사람에게 의존하던 기존의 업무 방식에서 완전히 벗어날 수 있게 되었다.

딥러닝은 앞서 소개한 주요 머신러닝 방식을 모두 아우를 수 있다. 복잡한 계산이 필요한 경우에는 머신러닝의 주요 방식들을 통합하여 사용할 수도 있다.

지도 학습 알고리즘의 유형

[그림 5-1]에서 볼 수 있듯이, 지도 학습 알고리즘은 광고 가격 및 예상 수익을 예측하는 등 마케팅 측면에서 유용하게 활용된다. 지도 학습 알고리즘에는 다양한 접근 방식이 있다. 지금부터 대표적인 지도 학습 알고리즘 네 가지를 살펴보자.

선형 회귀

회귀분석이란 시스템 내 입력과 출력 간의 관계를 보여주는 것이다. 선형 회귀linear regression는 선형 관계를 이용해 X 값에서 **Y** 값을 예측하는 가장 간단한 형태로 회귀분석의 가장 일반적인 유형이다. 이를 활용하면 서로 다른 마케팅 활동이 어떠한 연관성을 가지는지를 확인할 수 있다. 선형 회귀 방식은 클릭 수나 구매 전환율을 높이는 요인 예측 등 특정 결과에 대한 '인과성'을 파악하는 데 유용하다.

여기서 한 가지 기억해야 할 것이 있다. 선형 회귀로 모델링을 할 때는 섬세한 조정 과정이 필요하다. 신뢰할 수 있는 결과를 얻기 위해서는 X 값과 Y 값 사이의 명백한 상관관계가 존재해야 한다. 선형 기반의 예측에 적합한 데이터가 아니라면, 데이터는 자연스러운 선을 만들어내지 못한다. 이때는 선형 회귀 방식을 사용할 필요가 없다.

로지스틱 회귀

로지스틱 회귀^{logistic regression}는 데이터셋의 분류, 라벨링, 정렬에 주로 사용한다. 정규 선형 회귀와 유사하지만 변수 간의 관계를 이해해 인사이트를 얻는 것이 목적이다. 하나 또는 다수의 독립변수와 이진수나 이분법적 형태로 도출되는 종속변수 간의 관계를 바탕으로 한다.

로지스틱 회귀는 선형 회귀처럼 최적의 선을 그리기 위한 정규 최소제곱법을 사용하지 않는다. 선형 회귀는 독립변수에서 종속 변숫값을 예측하는 데 사용하지만, 로지스틱 회귀에서의 Y 값, 즉 종속변수는 보통 0이나 1이다. 선형 회귀의 최적값이 선상에 나열되는 것과는 분명한 차이가 있다.

특정 요인에 기인한 사용자의 반응을 예측할 수 있는 로지스틱 회귀는 시장조사 도구로서 중요한 역할을 한다. 예를 들어, 고객의 건강 상태를 통해 제품 구매 여부를 예측할 수 있다.

로지스틱 회귀에서 종속변수는 범주형 데이터 형태를 취해야 한다. 대부분의 사람들은 로지스틱 회귀를 어렵고 시간이 많이 드는 방식이라고 생각한다. 따라서 분석 및 해석 결과를 쉽고 명확하게 전달해주는 인텔렉투스 스태티스틱^{Intellectus} ^{Statistics} 같은 통계 분석 도구를 사용하는 것이 좋다.

k-최근접 이웃 알고리즘

_k_-최근접 이웃 알고리즘^{k-nearest neighbor algorithm} $(k-\mathrm{NN})$은 모든 사례가 유사한 측정값을 가진다는 가정하에 수치적 결과를 예측하는 알고리즘이다. 모수의 특성을 사용하지 않고도 과거 연구의 동일한 변수에 대한 사람들의 반응을 토대로 미래를 예측할 수 있다.

$k-\mathrm{NN}$은 사용자 유치 전략이 효과적인지 판단하는 데 사용된다. 고객의 이웃이 구매할 만한 제품 정보를 바탕으로 고객의 신제품 반응을 예측할 수 있으며, 기존 고객과 신규 고객의 반응을 비교해보는 것도 가능하다.

서포트 벡터 머신

마케팅에서는 미래나 시스템에 대한 올바른 예측이 항상 필요하다. 서포트 벡터 머신support vector machine(SVM)이 그 역할을 한다. SVM은 일종의 지도 학습 모델이다. N 방향 공간(여기서 N은 특성의 수를 의미)에서 초평면을 찾고 데이터 지점을 개별적으로 분류한다. 데이터 마이닝, 지능형 소프트웨어 에이전트, 대량 생산 모델, 자동화 모델과 같이 새로운 환경에 대한 결과를 예측할 때 SVM는 매우 중요하다.

비지도 학습 알고리즘의 유형

여기서 설명할 비지도 학습 알고리즘의 유형은 단 하나, k-평균이다.

k-평균 알고리즘

k-평균 알고리즘k-means clustering algorithm은 **n**개의 관측값을 **k**개의 클러스터로 나눌 때 사용된다. 관측값은 클러스터 내에서 서로 가까운 거리를 유지하며, 보로노이 셀Voronoi cell 형태로 구획화가 이루어진다. 클러스터링은 유사한 특성을 가진 데이터 및 모집단을 묶어 몇 개의 그룹으로 나누는 것을 의미한다. 이렇게 분류된 클러스터는 서로 다른 특성을 가진다. **k** 변수를 사용해 데이터를 그룹 내 배치하는 것이 k-평균 알고리즘의 목적이다. 각 데이터는 서로 다른 특성을 가진 **k** 그룹에 할당된다.

k-평균 알고리즘은 마케팅 영역에서 활발하게 활용된다. 이를 활용하는 분야에는 문서 분류, 배송 경로 최적화, 범죄 지역 식별, 고객 세분화, 가상 스포츠 통계 분석, 보험 사기 탐지, 승차 공유 데이터 분석, 사이버 범죄 분석, 통화 기록 분석, IT 경고 자동 클러스터링 등이 있다.

지도 또는 비지도 형태를 취할 수 있는 학습 알고리즘

학습 알고리즘은 지도 또는 비지도 형태를 취할 수 있다. 일반적으로 자주 활용되는 학습 알고리즘을 살펴보겠다.

결정 트리

결정 트리decision tree는 나뭇가지 형태의 모델을 사용해 결론을 도출하는 의사결정의 한 형태이다(그림 5-2 참고). 결정 트리는 예상 수익, 필요한 장비나 리소스에 소요되는 비용을 예측하고 판단하거나 조건부 제어문을 적용해 알고리즘을 가시화하는 데 효과적이다. 순서도flowchart와 마찬가지로 각 노드가 실험에서 변수 역할을 한다. 가지는 실행 결과를, 노드의 끝단은 분류 결과를 의미한다. 결정 트리는 의사결정 분석에서 필수이며 전략을 세워 목표를 달성하는 데 중요하다.

그림 5-2 순서도 기호를 사용한 결정 트리 다이어그램 예시

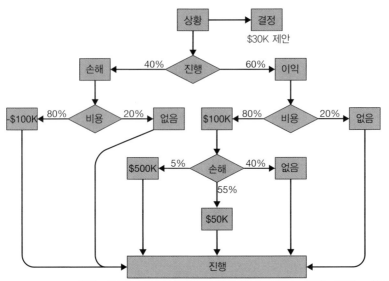

-50K + 40% x (80% x -100K) + 60% x (80% x 100K + 55% x 50K) = -$2.5K

시장과 경쟁 업체와 고객을 분석해 얻은 데이터는 반드시 비즈니스에 활용돼야 한다. 데이터를 활용해 올바른 결론을 얻기까지 예상보다 오랜 시간이 걸려 일정이 지연될 수도 있다. 비즈니스에서 발생하는 문제의 원인 진단과 해결책 제시를 위해서는 많은 시간이 필요하다. 결정 트리로 문제를 도식화하고 단순화한다면 더 효율적으로 문제를 해결할 수 있다.

나이브 베이즈

나이브 베이즈Naive Bayes는 사용 영역에 따라 다양한 방식으로 설명할 수 있다. 머신러닝에서는 단순한 확률 분류기[2]의 한 계열로 본다. 베이즈 정리Bayes' theorem[3]를 기반으로 하며 결과에 영향을 주는 요소는 서로 독립적이어야 한다는 것을 전제로 한다. 1950년대의 광범위한 연구 이후, 텍스트 분석 영역에서 가장 대중적으로 사용되는 기법이다. 텍스트 분석은 단어 사용의 빈도를 기반으로 특정 문서가 어떤 범주에 속하는지 판단하는 방식이다. 스팸 메일인지 아닌지, 정치인지 스포츠인지, 과거인지 현재인지, 미혼인지 기혼인지를 판별한다.

학습 영역에서는 예측치 및 특징을 포함한 매개변수를 사용한다. 연령, 국적, 직업 같은 특정한 매개변수를 기준으로 고객을 분류할 수 있으며, 이를 통해 고객에 대한 추가적인 인사이트를 얻을 수 있다.

랜덤 포레스트

의사결정의 최종 결론을 도출하고 정확하게 예측하기 위해서는 하나의 결정 트리보다는 복수의 결정 트리를 사용하는 것이 더 효과적이다. 회귀, 분류 등의 분석 작업을 하기 위해 랜덤 포레스트random forest를 자주 사용하며, 평균 예측치나 데이터 분류 양식을 도출해낼 수 있다(그림 5-3 참고).

---

2 머신러닝에서의 확률 분류 방식은 단순히 입력값이 속할 수 있는 확률적으로 가장 높은 클래스만을 예측하는 것에 그치지 않고, 그 입력값이 속할 수 있는 확률의 분포를 산출해낼 수 있다.

3 확률 이론과 통계학에서 베이즈 정리는 특정 이벤트에 대한 관련 조건을 바탕으로 새로운 이벤트에서의 확률을 계산하는 데 사용된다.

그림 5-3 랜덤 포레스트를 간략하게 설명한 다이어그램[4]

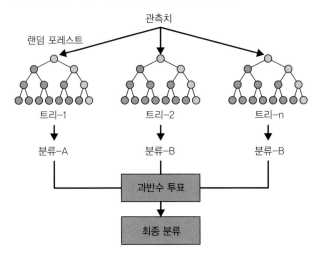

미래를 예측하기 위해 머신러닝을 사용하는 수많은 회사가 여러 개의 결정 트리를 이용해 더 넓은 범위의 데이터를 분석하는 랜덤 포레스트 알고리즘을 활용한다. 분석 과정에서 새로운 결정 트리를 추가로 만들어낼 수 있어 의사결정 과정을 복잡하게 만들 수 있다. 전문가들은 바로 이 점 때문에 랜덤 포레스트 알고리즘이 '확률론적 예측' 및 '확률론적 차별성'을 가진다고 본다.

고객 성장 전략이나 제품의 품질을 평가하는 데에도 활용된다. 예를 들어 와인의 품질을 정하기 위해 알코올 함량, 이산화황 농도, 수소 농도 지수, 산도, 당 함량 등이나 제품의 속성 혹은 고객의 관심사, 고객의 니즈에 대한 충족 원인이 변수가 될 수 있다.

---

4 자세한 내용은 윌 쾨르센(Will Koehrsen)의 블로그 「Random Forest Simple Explanation(랜덤 포레스트에 대한 간단한 설명)」을 참고. *https://medium.com/@williamkoehrsen/random-forest-simple-explanation-377895a60d2d*

비즈니스 환경에서는 랜덤 포레스트 내 각 트리의 랜덤 부분집합random subset[5]에 주목해 가장 가능성 높은 결과를 도출한다. 랜덤 포레스트의 다양한 평가 방식은 비즈니스의 성공 여부를 예측하는 데 의미 있는 지표로 활용될 수 있다.

> **NOTE_** 랜덤 포레스트 알고리즘으로 학습을 시작하기 전에 먼저 예측 데이터를 분리하는 것이 중요하다. 따라서 특정 양의 훈련 데이터로 학습을 진행한 후 예측 데이터를 적용할 것을 권장한다.

데이터의 중요성

데이터는 알고리즘의 동력이며 인공지능을 작동시키는 연료다. 결함이 있는 데이터로 기계를 훈련하면 가치 없는 데이터 결과가 나온다. 실제로 데이터 과학자와 인공지능 개발자들은 데이터를 실제로 사용할 수 있도록 정제하는 데 많은 시간을 쏟는다.

데이터는 알고리즘의 동력이며 인공지능을 작동시키는 연료다.

정제된 데이터를 얻는 가장 좋은 방법은 주요 데이터 소스에 적합한 API를 연결하고, 인공지능과 통신할 수 있도록 만드는 것이다. IMVU는 '아테나 프라임Athena Prime'이라는 자체적인 인공지능과 각 데이터 소스를 API로 연결했다. 상세한 데이터 소스는 다음과 같다.

- 앱스플라이어AppsFlyer는 모바일 광고 및 마케팅 분석을 위한 플랫폼이다. 모바일 환경에서 진행하는 사용자 유치 캠페인의 성과를 정확하게 측정하는 도구 역할을 한다. 모바일 캠페인은 구글, 페이스북, 스냅챗, 애플 검색, 인스타그램, 리프트오프Liftoff, 인모비InMobi 등 다양한 파트너와 진행한다. 앱스플라이어는 기타 광고 분석 솔루션과 마찬가지로 주요 모바일 광고 파트너 및 네트워크와 통합된 형태이다. 따라서 앱스플라이어 내에서 모든 광고 캠페인의 진행 상황을 원활하게 트래킹할 수 있다. 그 밖에도 신규 구매자, 발생 수익, 고객 참여도 등, 고객 접점touchpoint에서 발생한 CRM 데이터를 저장할 수 있다. 그중 의미 있는 데이터를 다시 광고

---

5 랜덤 부분집합이란 결정 트리에서 각 노드를 가지 형태로 분리할 때 임의의 부분집합을 선택하는 것을 의미한다. 랜덤 포레스트는 부트스트랩 기법, 랜덤 부분집합, 예측을 위한 평균 투표율 활용하는 의사결정 트리로 구성된 앙상블 모델이다.

파트너에게 전달해 유사한 성격의 사용자 세그먼트를 각기 다른 파트너 네트워크로 구축할 수 있다.

- 린플럼은 마케팅 자동화 및 CRM 플랫폼이다. 백엔드 데이터베이스에 있는 크로스 플랫폼 데이터를 전달받아 온보딩onboarding, 리타기팅, 유지 캠페인을 사용자 맞춤형으로 적용하도록 돕는다. 고객의 참여도 및 서비스 체류 시간, 수익성을 개선하는 효과가 있다. 신규 사용자가 LTV가 높은 유사한 성향의 사용자 여정을 따르도록 하는 것이 IMVU의 목표다. 이를 위해 신규 사용자의 행동 패턴을 원하는 방향에 맞게 유도할 수 있다.

- 유료 사용자 유치를 위한 모든 채널(구글, 페이스북, 스냅챗, 애플 검색, 인스타그램, 리프트오프, 인모비 등)은 서로 연결되어 데이터를 주고받을 수 있기 때문에 예산, 입찰가, 광고 목표를 조정하고 최적화하는 데 용이하다.

- 광고 창작물은 IMVU 마케팅 팀에서 직접 제작한다. 어떤 광고가 실제 시장에서 효과적인지를 실시간으로 분석해 판단하고 이를 다시 광고 제작에 반영한다. 제작된 광고 소재는 각 마케팅 채널에서 자동으로 배포될 수 있다.

앞서 설명한 모든 데이터는 IMVU의 인공지능인 아테나 프라임으로 전송된다. 아테나 프라임은 이전까지 사람이 직접 관리했던 분야인 타기팅을 위한 고객 세그먼트, 프로모션 채널, 광고 소재 등을 모두 맡아 관리한다. 아테나 프라임은 가장 효율적인 방식으로 마케팅 성과를 이끌어 낼 수 있다.

아테나 프라임을 활용하기 위해서는 광고 캠페인에 대한 비즈니스 요구 사항을 정의하는 것부터 시작해야 한다. 마케팅 목표, 캠페인에서 사용할 광고 소재, 예산이나 캠페인 일정 같은 요소가 비즈니스 요구 사항이 될 수 있다. 요구 사항은 매개 변수로써 UI 또는 API 형태로 아테나 프라임에 입력되고, 시스템은 입력된 값을 바탕으로 어떤 방식이나 순서로 데이터를 처리해야 하는지 명령을 내린다.

그 밖에도 서비스형 소프트웨어software as a service (SaaS) 플랫폼으로서 디지털 미디어 캠페인의 주요 구성 요소를 다음과 같이 도출할 수 있다.

- 타깃 선택 및 광고 노출 위치와 관련된 비즈니스 요구 사항(캠페인 구성)
- 성능 최적화(캠페인 세부 오케스트레이션은 [그림 5-4] 참고)
- 비즈니스 성과 보고(비즈니스 목표 달성, 캠페인 내 전체 잠재 고객에 대한 실적 통계, 콘텐츠 및 광고 실적에 대한 인사이트)

[그림 5-4]는 인공지능을 활용한 마케팅의 전반적인 내용을 소개한다. 그림 안의 흰색 글씨는 각 과정에서 활용할 수 있는 머신러닝 알고리즘을 설명한다.

그림 5-4 인공지능 프레임워크

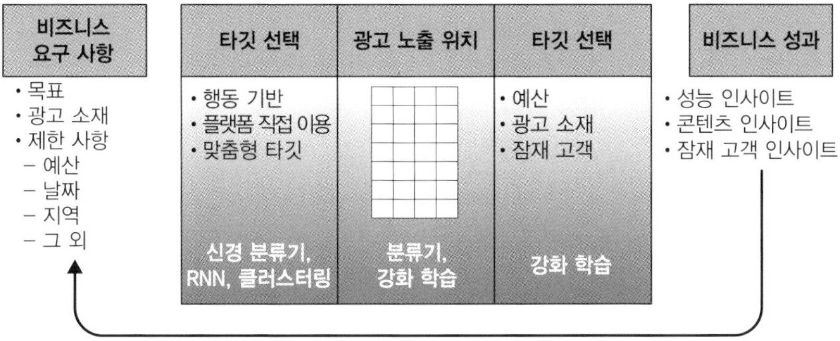

비즈니스 요구 사항	타깃 선택	광고 노출 위치	타깃 선택	비즈니스 성과

• 목표
• 광고 소재
• 제한 사항
   – 예산
   – 날짜
   – 지역
   – 그 외
	• 행동 기반
	• 플랫폼 직접 이용
	• 맞춤형 타깃
			• 예산
			• 광고 소재
			• 잠재 고객
				• 성능 인사이트
				• 콘텐츠 인사이트
				• 잠재 고객 인사이트

	신경 분류기, RNN, 클러스터링	분류기, 강화 학습	강화 학습	

타깃 선택

아테나 프라임은 타깃 선택을 위해 자연어 처리, 신경망, 딥러닝 모델 등을 사용한다. 이를 통해 광고 카피 및 랜딩 페이지를 분석하고, 광고 채널에서 고객의 관심을 기반으로 변수를 도출한다. 이는 광고의 연관도 및 성능을 올리는 일련의 과정이다. '아테나 센스$^{\text{Athena Sense}}$'라고도 부른다. 단편적인 타기팅 광고 수준에 그치지 않고 맥락이나 수백 개의 관심 기반 정보, 즉 타기팅 변수를 사람의 개입 없이도 광고에 지속적으로 반영할 수 있다. 만약 세부적인 타기팅 정보 설정을 관련 담당자나 대행사가 직접 진행한다면 엄청난 업무량이 뒤따를 것이다.

고객의 관심사와 관련한 타기팅 변수는 광고 플랫폼이나 파트너 채널에서 API로 전달받는다. 관심, 행동, 인구통계학적 변수는 플랫폼에서 UI로 직접 설정한 타기팅 변수와 동일하다.

그림 5-5 페이스북 UI 내 타기팅 변수

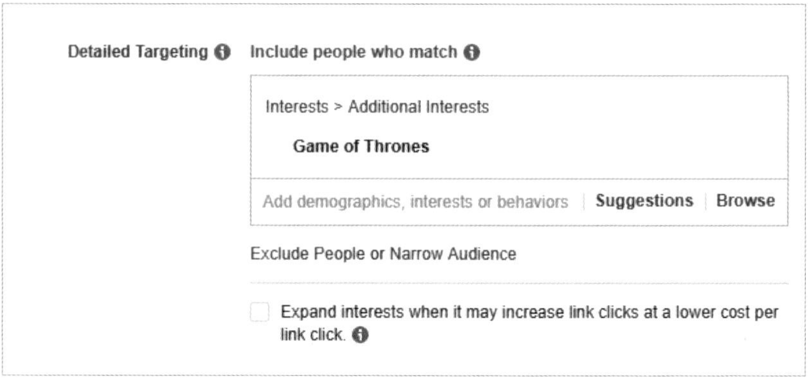

예를 들어 아테나 센스는 특정 광고가 '왕좌의 게임Game of Thrones'이라는 키워드를 참조한다는 것을 구별할 수 있다. [그림 5-5]는 타기팅 변수가 페이스북 인터페이스 내에서 어떻게 활용되는지 보여준다.

이전에는 마케팅 담당자나 대행사가 수많은 마케팅 채널의 UI에서 일일이 타기팅 변수를 설정했지만, 아테나 프라임은 이 작업을 자동으로 처리할 수 있다. 시간 절약은 물론 성능 향상에 도움이 되며 지출한 마케팅 비용보다 더 큰 수익을 안겨준다.

아테나 프라임의 또 다른 흥미로운 점은 광고 콘텐츠와 랜딩 페이지에서 의미와 맥락을 도출해 얻은 의미 있는 인사이트를 마케팅 파트너 사에 제공한다는 점이다. 페이스북이나 구글 같은 플랫폼의 타기팅 성능은 강화되고, 광고주에게는 광고 성능 향상 및 ROI 실적 개선이라는 긍정적 효과를 가져다준다.

퍼스트 파티 데이터와 CRM 데이터

퍼스트 파티 데이터first party data와 CRM 데이터는 광고주의 자체적인 데이터 시스템을 통해 수집된다. IMVU는 린플럼을 통해 수집한 데이터를 분류해 효율적인 타기팅을 진행한다. 다양한 마케팅 플랫폼과 채널에서 잠재 고객은 시시각각 바뀐다. 아테나 프라임은 갱신된 데이터를 토대로 특정 대상을 타기팅 대상에 포함할지 여부를 판단한다. 이 과정에서 마케팅 자동화 업체(대표적으로 넥터9Nectar9)

는 잠재 고객의 개인식별정보personally identifiable information (PII)가 노출되지 않도록 리버스 엔지니어링reverse engineering6 기술로 보안 체계를 갖춘다.

맞춤 타깃

맞춤 타깃은 다양한 플랫폼에서 다양한 방식으로 생성할 수 있다. 보통 플랫폼이 보유한 직접 데이터 및 CRM 데이터를 토대로 '유사look-alike 타깃'이 만들어지는데, 인구통계학, 행동 패턴, 관심 기반 정보를 포함할 수 있다. 맞춤 타깃은 플랫폼 및 채널 공급자가 제공하는 UI로 직접 만들거나 API를 호출해 생성할 수 있다. 맞춤 타깃의 PII는 리버스 엔지니어링으로 안전하게 보호할 수 있다.

광고 노출 위치 선정

광고 소재나 콘텐츠가 다양한 채널에서 노출되도록 캠페인을 구성하는 기능이다. 이 단계에서는 다른 내용은 고려하지 않고, 광고를 어디에 노출시키는 것이 타당한지의 여부만 판단한다.

탐색 및 최적화

아테나 프라임의 마지막 구성 요소는 실적에 따라 광고 캠페인을 조정하는 최적화 엔진이다. 채널 전반에서 발생한 광고 실적을 주시하고 최적의 효율을 낼 수 있는 방식으로 예산을 배정한다. 특정 잠재 고객 세그먼트에 배정된 예산을 다른 곳에 사용하기 위해 축소하고, 효율이 높은 고객 세그먼트에 더 많은 예산을 사용하도록 배정하고, 각 채널에 배정된 예산을 목표 대비 실적에 따라 변경할 수 있다. 단, 어떤 경우에도 예산 최적화는 개별 사용자에 근거해 진행되지 않는다.

---

6 옮긴이_ 제품의 완성 순서를 역으로 추적하고 분석하면서 제품의 제조 과정과 성능을 파악해 기술 향상과 창조를 추구하는 행위를 뜻한다.

IMVU 고객 여정에서의 인공지능 적용

IMVU는 데이터 팀과 함께 일련의 고객 행동을 분석해 집중해야 할 고객이 누구이며 구매로 전환할 수 있는 방법은 무엇일지 파악한다. 신규 고객의 인앱 구매가 일주일 내에 발생하면 높은 LTV를 실현할 수 있는 중요한 지표가 된다. IMVU 내에서 다양한 기능을 이용한 사용자의 경우에는 구매까지 이어질 가능성이 크다고 해석할 수 있다. IMVU의 목표는 LTV를 늘리고 구매를 점진적으로 높일 수 있는 방법을 찾아내는 것이었다(LTV는 7장에서 자세히 살펴본다).

위의 인사이트를 실제로 적용해보기 위해 고객을 다음의 세 그룹으로 나눴다.

- 앱은 설치했지만 회원 가입은 하지 않은 고객
- 앱을 사용한지 일주일이 지나지 않은 고객
- 더 이상 추가 구매를 하지 않는 고객

마케팅 팀은 각 고객 그룹에 적합한 광고를 제작해 노출했다. [그림 5-6]은 단계별로 IMVU가 달성했던 성과다.

그림 5-6 IMVU 사용자 여정에서 서로 다른 고객층을 위한 날짜별 광고

마케팅 자동화

IMVU의 인공지능 플랫폼은 광고를 다양한 채널에 자동으로 배포하고 세부 조정하는 역할을 한다. 각 채널의 광고는 최적의 결과를 얻기 위해 끊임없이 동기화된다.

혼재된 잠재 고객, 다양한 광고 채널 및 소재 간의 역학적 관계를 분석해 정교한

캠페인을 만들어내기란 결코 쉬운 일이 아니지만, 인공지능을 활용하면 각기 다른 생애 주기 단계의 코호트^{cohort}를 정의할 수 있다.

인공지능으로 실시한 수많은 코호트 실험을 기반으로 생애 주기 내 모든 잠재 고객에게 수익을 이끌어내는 캠페인이 가능해졌다. 실제로 인공지능을 캠페인에 활용한 결과 CAC 및 ROI 실적이 3.5배나 향상됐다.

반복적인 테스트

전체 사용자 여정에 노출되는 광고 메시지를 대규모로 테스트하고 학습화해 최적화 단계에 이르는 길은 쉽지 않지만, 인공지능 마케팅 자동화 엔진으로 실현 가능성을 높일 수는 있다. 인공지능은 광고 소재, 잠재 고객, 메시지 등의 효과를 검증하기 위해 빠른 속도로 테스트하고 반복한다. 그 결과 고객의 생애 주기 단계에 따라 적합한 광고와 메시지를 노출할 수 있고, 이는 자연스럽게 LTV 향상으로 이어진다. 실제로 오케스트레이션과 자동화 엔진을 사용한 경우 그렇지 않은 경우보다 인앱 구매률이 46%나 높았다.

인공지능

비즈니스에 인공지능을 적용해 대규모 실험을 수행했을 때, 의미 있는 최적화와 성과를 어떻게 이끌어내는지 살펴보자.

IMVU는 전체적인 전략 수립을 시작으로 달성 목표, 광고 소재, 캠페인의 제한 사항을 설정했다. 다음 단계에서는 오랜 시간 축적한 맞춤형 잠재 고객 정보와 함께 퍼스트 파티 데이터 및 CRM 정보를 활용해 고객 세그먼트 데이터를 도출했다. 이제 인공지능 영역이다. 인공지능은 크로스 채널을 통해 제공하는 광고 메시지, 고객 세그먼트 데이터를 탐색, 관찰, 최적화하는 과정을 거치며 적합한 비즈니스 결과물을 도출한다. 이 과정에서 IMVU는 더 많은 잠재 고객과 광고 소재 인사이트를 발견했으며 전체 운영 방식도 개선할 수 있었다. [그림 5-7]은 각 고객 세그먼트에 다양한 변수를 테스트하는 IMVU의 예시다.

그림 5-7 각 고객 세그먼트에 다양한 광고 변수를 테스트하는 IMVU의 예시

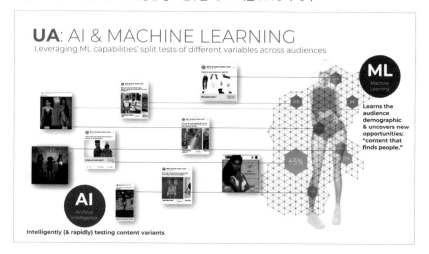

빠른 테스트

인공지능이 크로스 채널을 세부적으로 조율하고 테스트함에 따라, 뒤에서는 어떤 일이 진행될까? 각 디지털 채널에서 다른 변수를 대입해 테스트를 진행하는 것을 상상해볼 수 있다. 콘텐츠와 잠재 고객을 빠르게 진단해 타깃 대상에게 적합한 콘텐츠를 맥락에 맞게 전달하는 일도 이루어질 것이다.

이는 성능은 물론 효율성 측면에서도 훨씬 개선된 결과를 만들어내고, 가장 성과가 좋은 광고 소재와 고객 분류를 바탕으로 새로운 인사이트를 얻을 수 있다.

발견점

IMVU는 지난 6개월 내 인앱 구매를 했으나, 최근 한 달 동안 인앱 구매가 없던 고객군에게 효과적으로 작동하는 두 가지 콘텐츠를 찾아냈다.

- IMVU는 사용자가 직접 만든 콘텐츠로 운영되는 플랫폼이다(유튜브, 사운드 클라우드와 유사한 형태). IMVU에서 영향력 있는 사용자가 만든 콘텐츠를 강조해 노출할 경우 비슷한 영향력을 가진 사용자가 새로운 콘텐츠를 업로드한다는 것을 발견했다.
- 주간 콘테스트에 참여할 경우 무료 크레딧을 제공하는 이벤트를 진행해 구매 이력이 없는 사용자의 참여와 구매를 유도할 수 있었다(그림 5-8 참고).

[그림 5-9]처럼 IMVU 최초 사용 시 제공되는 무료 크레딧은 충분한 사용 동기를 제공했다. 무료 크레딧 정책을 통해 사용자의 지속적인 참여와 LTV의 향상을 유도할 수 있다.

그림 5-8 IMVU의 주간 콘테스트 페이스북 광고 예시

그림 5-9 무료 크레딧 사용을 상기시키기 위한 리타기팅 광고 예시

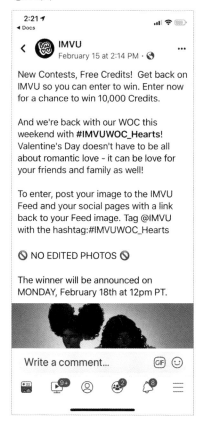

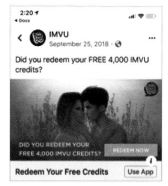

하나로 통합하기

성장을 확장하는 것은 쉽지 않다. 먼저 사용자 여정의 각 단계에 위치한 사용자 집단을 테스트하며 LTV를 극대화할 수 있는 로드맵을 정의해야 한다. 마케팅의 성과를 향상시키기 위해서는 인공지능을 활용해야 한다. 인공지능을 활용하면 크

로스 채널에서 제공되는 광고와 고객 세그먼트 모델을 자동으로 연결할 수 있으며, 데이터를 기반으로 그동안 사람이 할 수 없었던 업무까지 해낼 수 있다.

지금까지 마케팅 영역에서의 인공지능 활용과 고객 생애 주기 마케팅에 대한 내용을 살펴봤다. 다음 장에서는 스타트업의 성장을 가속하는 솔루션을 탐색해 보자.

CHAPTER 6

직접 구축 대 서드 파티 활용

모든 스타트업의 그로스 팀은 가능한 한 적은 리소스로 신규 고객을 유치하고 매출을 늘려야 한다는 과제를 안고 있다. 기존의 규격화된 서비스인 SaaS는 사용자 유치, 참여 확대, 서비스 이용 유지 및 수익화에 활용할 수 있는 매우 강력한 도구다.

스타트업은 인공지능 기능을 직접 구축할지 아니면 서드 파티를 활용할지 고민한다. 모든 회사가 가진 고민이겠지만 리소스 제약이 큰 스타트업에게는 더 중요한 문제다. 잘못된 선택을 할 경우, 스타트업의 생존을 좌우하는 심각한 문제가 될 수 있다.

그로스 팀은 가장 먼저 제품에 대한 상세 요구 사항을 문서로 정리해야 한다. 일반적으로 이를 제품 요구 문서product requirements document(PRD)라고 한다. 모든 요구 사항을 PRD에 명확하게 설명할 수 있어야 하며, 제품 로드맵 관점에서 '지능형 머신intelligent machine' 활용이 적합한 비즈니스 사례를 명시해야 한다. PRD를 통해서 제품이 나아가야 하는 방향을 이해하고 우선순위에 따라 먼저 해야 할 일을 결정할 수 있다. 일반적으로 PRD에 포함되는 항목은 다음과 같다.

- 비즈니스 및 기술적 관점에서의 프로젝트 목적 및 범위
- 예상되는 비즈니스 성과의 정량화된 지표(예: ROI 10% 향상)
- 그로스 팀에게 도움을 줄 수 있는 활용 시나리오
- 제약 사항(예: 예산, 기간, 이용 가능한 개발 리소스, 전문가)
- 그 밖의 의존성을 지닌 요소
- 상세한 업무 절차, 일정, 마일스톤[1]

....

1 옮긴이_ 프로젝트 성공을 위해 반드시 거쳐야 하는 중요한 지점을 뜻한다.

- 성능 평가 지표 및 평가 계획
- 요구 사항의 상세 항목
  - 기능적인 요구 사항: 제품이 어떤 기능을 할 수 있는가?
  - 사용성 측면의 요구 사항: 제품이 어떻게 사용될 수 있는가?
  - 기술적인 요구 사항: 데이터, 보안, 네트워크, 통합 등은 어떠한가?
  - 지원 측면의 요구 사항: 제품 지원을 위한 리소스에는 무엇이 있는가?
  - 상호작용 관점의 요구 사항: 제품이 다른 시스템과 어떻게 연동될 수 있는가?

비즈니스와 기술 양측의 내용을 균형 있게 다루기 위해 PRD는 그로스 팀과 제품 개발 팀 간의 긴밀한 협업을 통해 정의되어야 한다. 제품 개발 초기 단계부터 경영진의 지원을 받는 경우, 인공지능 관련 프로젝트의 성공 가능성이 커진다. 탑다운식top-down 지원으로 다양한 분야의 전문가 도움은 물론 다른 팀과도 눈높이를 맞출 수 있다.

PRD가 완성되면 데이터 및 엔지니어 부서와 같은 주요 기술 관계자에게 내용을 공유해야 한다. 직접 인공지능을 구축할지 서드 파티를 활용할지 결정하기 위해 개발 기간, 비용, 스킬셋, 필요한 추가 연구 등의 기준을 함께 설정한다. 기술 관계자는 장기적 측면의 확장성과 현재의 비즈니스 요구 사항을 충족시킬 방안을 마련해야 한다. 스타트업이 가진 리소스와 역량은 저마다 다르며 나름의 강점과 약점이 있으므로 정해진 답은 없다. 이번 장에서는 결정 전에 염두해야 할 장단점을 포함해 인공지능을 직접 구축할지 아니면 서드 파티를 활용할지에 대한 분석 체계를 설명한다.

직접 구축과 서드 파티 활용 분석하기

인공지능의 직접 구축과 서드 파티 활용 중 당신의 스타트업에 맞는 선택은 무엇일지 분석하기 위해 거쳐야 하는 단계를 살펴보자.

문제 정의

첫 번째 단계에서는 해결해야 할 문제가 무엇인지 명확하게 정의해야 한다. 누구나 겪을 수 있는 공통 문제인지 아니면 당신 회사만의 특수한 문제인지를 먼저 확인하자.

예를 들어 신규 고객을 확보하기 위해 더 스마트한 방식이 필요한 것은 공통 문제이지만 대다수의 스타트업은 문제 해결을 위해 인공지능을 활용하지 않는다. 일반적으로 사용자 유치를 담당하는 매니저, 컨설턴트, 대행사를 고용해 데이터를 분석하고 캠페인을 최적화한다. 많은 비용이 필요한 것은 물론이고 리스크도 높은 방식이다.

우선 다른 스타트업의 문제 해결 방식을 살펴보고 활용할 수 있는 서드 파티 솔루션이 있는지 찾아보자. 당신의 스타트업에 한정된 문제라면 서드 파티 솔루션으로는 문제를 해결하기 어렵다. 문제를 명확하게 정의했더라도 서드 파티 솔루션 입장에서는 예외적인 경우이므로, 문제 해결이 어려울 수 있다. 이 경우 자체적인 인공지능 구축을 뒷받침하는 근거가 될 수 있다.

대부분의 스타트업은 인공지능을 자체적으로 구축하는 것을 선호하지 않는다. 복잡한 인공지능 프로젝트를 직접 개발하고 지원하기에는 가용 리소스가 충분하지 않기 때문이다. 스타트업은 한정된 기술과 데이터 관련 리소스를 핵심 제품에 집중해 사용해야 한다. 문제를 해결할 수 있는 솔루션과 리소스를 가진 SasS 파트너를 찾는 것이 실현 가능한 대안일 수 있다.

IMVU는 그로스 팀을 위한 인공지능 SaaS 플랫폼을 개발하는 스타트업인 넥터9과 파트너 관계를 맺고 아테나 프라임을 활용했다. 넥터9 역시 인공지능 분야의 스타트업이 공통적으로 마주하는 난제에 빠져 있었다. 유료 미디어 채널에서 플랫폼이 제대로 구동하는지 테스트할 만큼의 충분한 데이터가 없었다.

이 지점이 바로 IMVU와 넥터9이 서로 원원할 수 있는 이유였다. IMVU는 사용자 유치를 위한 충분한 예산을 가졌다. 구글, 페이스북, 프로그래매틱, 애플 검색 등 주요 미디어 채널에 예산을 투자해 사용자 유치 활동을 하고 얻은 데이터양은 아테나 프라임을 훈련시킬 수 있을 만큼 충분했다. 넥터9의 제품 로드맵에 IMVU의 데이터는 영향력을 발휘했고, 아테나 프라임을 IMVU를 넘어 다른 파트너도 활용할 수 있는 플랫폼으로 완성시키는 데 도움을 줬다.

예산

다음 단계는 예산 분석이다. 프로젝트 진행을 위한 예산이 확보됐는지 살펴봐야 한다. 예산을 초과했을 때를 대비한 추가 리소스는 어떠한가? 대부분의 스타트업은 인공지능을 직접 구축할 만큼의 충분한 예산을 확보하지 않는다. 이때 서드 파티의 SaaS 도구를 사용하면 월간이나 연간 단위의 정기 결제로 예산 문제를 쉽게 해결할 수 있다.

이 문제는 집을 살 것인지, 빌릴 것인지를 결정하는 것과 유사하다. 계약금을 지불할만큼의 충분한 예산이 없다면 임대를 선택할 수밖에 없다. 문제 해결을 위해 자체 솔루션 개발 여부를 결정할 때는 선불 비용을 포함해 솔루션에 대한 호스팅과 유지 관리와 관련된 장기적 관점에서의 기술 부채를 고려해야 한다.

일정

이제 일정을 고려해보자. 우선 해결해야 할 문제가 스타트업의 생존을 결정할 만큼 중대한 것인지, 개선 여지가 있는지 살펴본다. 당장 해결할 수 없다면 스타트업에 어떤 영향을 줄 문제인지 확인해보자. 비즈니스 성과에 영향을 주는지의 여부는 반드시 확인해야 한다. 당장 해결할 수 있는 문제라면 쉽게 결정할 수 있다. 서드 파티 솔루션으로 해결할 수 있다면 활용하는 것이 최선의 방법이다. 서드 파티 솔루션으로 해결되지 않는 경우라면, 최대한 빠른 시일 내에 자체적인 인공지능을 구축해야 한다.

지금까지 설명한 모든 단계는 리스크를 수반한다. 모든 것을 고려해야만 직접 구축과 구매 중 무엇을 선택할지 최종적으로 결정할 수 있다. 이제 올바른 결정을 위해 검토해야 할 리스크에는 어떤 것들이 있는지 확인해보자.

직접 구축에 따른 리스크

인공지능 개발의 최종 목적은 고객 성장이다. 그로스 팀은 인공지능으로 고객의 성장을 가속할 수 있다. 인공지능은 고객 성장을 위한 도구 및 예산과 리소스를 효율적으로 결정할 수 있도록 데이터 기반의 솔루션을 제공한다. 자체적으로 소프트웨어를 구축하는 데는 기회 비용, 품질 문제, 기술 부채 등의 리스크가 뒤따른다. 기억해야 할 사항은 다음과 같다.

마케팅 목적의 인공지능이 회사의 핵심 역량이 될 수 있는가?

많은 스타트업은 마케팅 목적의 인공지능이 그들의 주요 제품이 아니라면, 인공지능을 핵심 역량으로 생각하지 않는다. 인공지능 활용에는 큰 비용이 요구된다. 데이터 과학자 및 머신러닝 엔지니어로 구성된 팀과 데이터 인프라를 구축하면서 모든 리소스를 유지하고 관리하는 데 필요한 비용이 상당하기 때문이다. 실제로 핵심 제품을 개발하고 지원하려면 반드시 내부 리소스 사용을 우선해야 한다. 가용 리소스가 있더라도, 인공지능을 직접 구축하는 것은 굉장한 작업이다. 하지만 회사의 핵심 역량에만 집중하고 문제 해결을 등한시한다면 더 나은 제품을 제공할 수 없을 것이다.

얼마나 자주 업데이트해야 하는가?

인공지능 프로젝트를 유지 및 관리하기 위한 리소스를 확보하는 것은 매우 중요하다. 머신러닝은 학습용 데이터에 문제가 없는지 계속해서 점검해야 하며, 알고리즘은 신규 고객을 확보하기 위한 비용이 효율적으로 사용되고 있는지 검증해야 한다. 인공지능을 구축한 뒤에도 지속적인 업데이트가 필요하므로, 핵심 제품을 개발할 시간을 빼앗길 수도 있다. 그럴 만한 가치가 있는지부터 생각해보자. 인공지능 프로젝트의 유지 및 보수를 내부 리소스의 높은 우선순위로 여기는 것은 매우 도전적인 일이다. 비즈니스 측면에서도 기술 리소스를 인공지능 프로젝트에 할당하는 것은 그리 달갑지 않은 일이다. 단, 인공지능 분야는 지속적으로 혁신하며 빠르게 발전하고 있다. 해당 분야에서 뒤처지지 않도록 연구와 실험에 최선을 다하는 전문가 팀을 구성하고 내부 리소스 혹은 외부 리소스를 활용해서라도 인공지능 기반의 경쟁력을 갖춰야만 한다.

기회비용은 어떤가?

스타트업이 마주하는 트레이드오프^{tradeoff}는 다음과 같다. 예를 들어 A와 B라는 프로젝트가 있다고 가정해보자. 진행 일정을 고려해 프로젝트에 필요한 리소스의 기회비용을 비교할 수 있다. 인공지능을 직접 구축하고 관리하는 데 필요한 시간과 비용(데이터 과학자, 엔지니어, QA 담당자, 그 외 필요한 인력의 임금)을 핵심 제품의 사용자 경험 개선에 활용하는 것과 비교해볼 수 있다. 대부분의 스타트업 종사자는 핵심 제품에 집중하고 싶어 한다. 자체적인 **인공지능 구축은 다른 프로젝트의 희생**으로 이어져 팀원의 사기를 저하시키거나 생산성 저하로 기술 혁신을 지연시킬 수 있다. 또 다른 측면의 비용을 생각해보자. 머신러닝 등의 필수적인 인공지능 솔루션 적용을 뒤로 미룰 경우 그로스 팀이 예산을 효율적으로 사용하지 못한다. 조직의 성장 관점에서 서드파티 솔루션 구매와 자체 구축의 비용 구조가 어떤지 신중하게 고려해야 한다. 조직의 성장 관점에서 가장 효과적이고 책임감 있으며, 성공적인 결정을 내리기 위함이다.

기술 부채

기술 부채^{technical debt}는 소프트웨어 개발 분야에서 사용되는 개념으로, 장기적으로 필요한 솔루션을 적용하는 대신 당장 쉽게 적용할 수 있는 코드를 사용해 발생하는 추가 개발 비용을 의미한다. 기술 부채는 일정과 예산에 제약을 둬 의도적으로 발생시킬 수 있지만, 잘못된 계획과 설계로 인해 생기기도 한다. 인공지능 솔루션을 자체적으로 구축해 유지하는 것은 큰 비용이 드는 장기적인 일이다. 또한 품질, 성능, 시간 측면에서의 손실로도 이어질 수 있다. 정해진 시간에 프로젝트를 완료해야 하는 압박이 있는 스타트업의 경우, 기술 부채는 소프트웨어 개발에 큰 영향을 주는 문제다.

규모의 경제를 실현할 수 있는가?

인공지능 솔루션 구축을 위한 자원 측면에서 불리한 점은 없는지 살펴보자.

서버 및 데이터의 저장 공간 사용 비용, 데이터 과학자 및 엔지니어 고용 비용 등이 예상치 못하게 발생할 수 있다. 많은 고객을 대상으로 한 서비스는 소프트웨어 운영 및 유지 비용이 오히려 축소된다. 규모의 경제의 혜택을 받는 회사는 스스로 규모를 만들려는 회사보다 제품 및 서비스 관련 비용 부담이 적다. 만약 서드 파티에 규모의 경제가 적용되고 인공지능 자체 구축의 불이익이 크다면 서드 파티 솔루션 구매가 해답일 수 있다. 하지만 구매에 따른 리스크를 평가해보는 것이 우선되어야 한다. 규모의 경제 관점에서 장기적인 ROI를 살펴보는 것이 중요하다.

서드 파티 활용에 따른 리스크

인공지능 솔루션을 가진 대부분의 파트너 사는 무료 사용 기간free-trial이나 성능 검증 기간proof of concept(POC)을 제공한다. 따라서 회사의 데이터로 파트너의 솔루션을 평가해볼 수 있다. 하지만 인공지능 자체 구축과 서드 파티 활용 중 더 나은 선택을 하기 위해 일차적인 리스크가 무엇인지 우선 검토해야 한다. 평가판이나 데모 버전을 사용하기 전, 혹은 구체적인 견적을 받기 전에 진행하는 것이 좋다. 리스크 충격을 완화하기 위해서는 철저한 실사 과정을 거쳐야 한다.

데이터 접근 권한

서드 파티 솔루션을 구매할 때 필수적으로 고려해야 할 사항은 바로 데이터다. 특히 개인정보와 관련된 문제와 규제가 그 어느 때보다 중요하게 다루어지고 있다. 당신의 회사가 소유한 데이터를 서드 파티가 어떻게 사용할 수 있을지 점검해야 한다. 서드 파티가 데이터를 사용할 수 있다는 것은 당신의 데이터 사용 권한이 사라짐을 의미할 수도 있다. 중요한 고객 데이터나 비즈니스 인사이트를 줄 수 있는 데이터에 대한 접근 권한을 잃게 된다면 어떻겠는가? 회사 소유의 데이터를 서드 파티에 공유할 때는 개인정보와 관련된 규제를 반드시 준수해야 한다. 보안 사항을 철저하게 지키면 향후 일어날 수 있는 문제를 예방할 수 있다.

안전성에 대한 리스크

서드 파티가 충분한 보안 체계를 갖춰 해킹의 위험에서 안전한지 확인해야 한다. 기업의 소프트웨어는 해킹의 대상이 되기 쉬우며, 잘못하면 대규모 해킹으로 수백만 개의 사용자 계정이 유출될 수 있다. 보안 체계를 제대로 갖추고 있더라도 결함이 발생할 수 있다. 서드 파티 솔루션을 구매하기 전에 안정성에 대해 신중히 고민해야 한다.

문제를 면밀히 파악하는가?

또 다른 위험은 서드 파티 솔루션이 회사의 문제를 적절하게 해결해줄 수 있는지의 여부다. 많은 회사가 동일한 문제에 직면해 있고, 시장에는 선택 가능한 솔루션으로 가득찼다고 가정해보자. 당신의 회사만 가지고 있는 문제가 무엇인지를 서드 파티가 제대로 판단하지 못할 수도 있다. 예를 들어, 일부 회사가 향후 제공 기능에 대한 고객의 피드백을 충분히 수집하고 싶다고 해도 특정 고객이나 시장에 한정된 문제라면 서드 파티 솔루션에서는 이를 간과할 수 있다.

서드 파티 자체의 리스크

협업을 진행하려는 파트너의 시장성 점검도 필요하다. 시장의 침체나 비즈니스에 영향을 미칠 수 있는 기타 요인을 충분히 극복할 수 있는지 확인해야 한다. 예를 들어 자금이 충분하지 않은 파트너는 최악의 경우, 비즈니스가 중단되거나 인수될 수 있으며 이는 당신의 비즈니스에도 부정적인 영향을 미친다.

서비스형 머신러닝

서비스형 머신러닝machine learning as a service $(MLaaS)$[2] 또한 고려해볼 만하다. MLaaS는 클라우드 기반의 다양한 플랫폼을 포괄하는 개념이다. 예측을 기반으로 데이

---

2 자세한 내용은 올텍스소프트(AltexSoft)의 블로그 「Comparing Machine Learning as a Service(서비스형 머신러닝 비교하기)」를 참고. *https://www.altexsoft.com/blog/datascience/comparing-machine-learning-as-a-service-amazon-microsoft-azure-google-cloud-ai-ibm-watson*

터 처리, 모델 학습, 모델 평가 등 인프라 전반에서 일어나는 일을 수행한다. 아마존 머신러닝 서비스, 마이크로소프트 애저 머신러닝, 구글 클라우드 AI, IBM 왓슨은 클라우드 기반 MLaaS를 선도하면서 빠르게 모델을 학습시키고 배포한다. 각 솔루션은 알고리즘 자체의 성능은 물론 필요한 스킬이나 관리 측면에서 저마다 다른 장단점이 있다. 회사의 문제를 해결하기 위해서는 어떤 솔루션을 사용하더라도 추가적인 개발 리소스가 필요하다. 비즈니스 요구 사항에 완벽하게 부합하는 솔루션은 없으며 일부는 자체 수정이 필요하다.

MLaaS는 데이터 전문가로 구성된 데이터 팀이 회사 내부에 있어야 활용할 수 있는데, 대부분의 스타트업은 데이터 팀을 운영할 여유가 없다. 특히 페이스북이나 구글 등의 대기업이 데이터 전문가 인재를 채용하려고 적극적으로 경쟁하고 있으므로 회사 내부에 데이터 전문가를 두는 것은 임금 부담이 막대한 일이다.

직접 구축과 서드 파티 활용을 동시에 진행하기

다른 대안도 있다. 특정 사용에 한정된 복잡한 문제의 경우 인공지능 직접 구축과 서드 파티 활용을 동시에 진행하는 것이다. 문제를 빠르게 해결해야 하는 상황을 가정해보자.

100% 만족스럽진 않더라도 충분한 서드 파티 솔루션이 있다면, 복잡하고 자체적인 문제를 해결할 전용 솔루션이 구축될 때까지 서드 파티 솔루션을 사용해볼 수 있다. 예산이나 일정 측면에서 얻을 수 있는 이점을 확인해보자. 이 옵션의 경우에는 서드 파티 솔루션 구매와 관련된 계약 사항을 꼼꼼히 살펴봐야 한다. 월 단위 지불이 필요한지, 사용 기간은 어떠하며 취소와 관련된 조항은 없는지 확인해야 한다. 외부 공급업체의 제품 로드맵에 당신의 문제를 100% 해결해줄 수 있는 솔루션 개발 계획이 있는지도 확인해야 한다. 이 경우에는 인공지능을 직접 구축하기 위한 결정을 다시 평가할 수 있다.

스타트업의 목표는 현재는 물론 나중에 발생할 수도 있는 비용을 최소화하는 것이다. 그로스 팀이 수익을 창출하기 위해 필요한 것은 무엇인지 판단해야 한다.

빠른 시간 내 수익을 낼 수 있을 것으로 판단된다면 서드 파티 솔루션을 활용하는 것이 좋다. 내부 리소스가 충분하고 이를 활용해 빠르게 수익을 거둘 수 있다면 직접 구축하는 것을 추천한다. 직접 인공지능을 구축한 후에는 기대한 만큼의 수익을 내고 있는지 평가한다. 필요하다면 일부는 서드 파티 솔루션으로 교체하거나 직접 수정할 수 있다. 최적화 작업은 계속 반복되어야 한다.

인공지능 솔루션을 복잡하고 한정된 사례에 활용해야 하거나 솔루션이 확장될수록 경제성도 좋아지는 경우, 회사에 맞는 인프라를 구축하는 것이 장기적으로 올바른 결정일 수 있다. 서드 파티 솔루션을 구매한 경우에는 가격이 사용량에 비례해 증가하지 않을 수도 있다. 때로는, 서드 파티 솔루션을 활용하는 것이 장기적 관점에서 올바른 결정으로 판명되기도 한다. 중요한 것은 기업이 직면한 고유의 문제를 해결할 수 있는지 충분히 검토한 후에 솔루션을 구매해야 한다는 점이다.

모든 옵션을 재고 따지기

마케팅 자동화를 위해 인공지능을 구축하거나 로드맵을 완성하는 데 드는 비용, 리스크, 그 외 부담을 생각해보자. SaaS 파트너와 함께 협업하는 것에 비해 직접 구축하는 것의 장점이 크지 않을 수도 있다. 하지만, 서드 파티 솔루션이 생각지도 못했던 고객의 피드백이나 아이디어를 얻을 기회를 추가로 제공해줄 수도 있다. 일부 제품이나 비즈니스 모델이 독자적인 솔루션을 필요로 할 수 있지만, 유능한 파트너를 신중하게 선택해 인공지능 기반의 마케팅 자동화를 달성할 수 있다면 회사를 더 빠르게 성장시킬 수 있다.

어떤 결정을 내릴지와 상관없이, 우선 비즈니스 관점에서 지능형 머신을 도입하기 위해 알아야 할 지표에 대해 확실히 이해해야 한다. 다음 장에서 이에 대해 자세히 알아보자.

중요한 지표 찾기

3부는 성공에 필요한 올바른 지표를 선택하고 측정하는 세계로 우리를 안내한다. 7장에서는 장기적인 성장으로 이끄는 핵심 지표에 집중하는 데 도움을 주는 전반적인 내용을 설명한다. 8장에서는 인공지능을 강화하는 데 가장 큰 힘이 되는 도구인 창의적 자산을 탐색해보고 퍼포먼스에 미치는 영향을 이해한다. 9장에서는 비즈니스 KPI를 달성하기 위해, 고객 여정에 가장 큰 영향을 미치는 채널과 광고가 무엇인지 인공지능이 판단할 수 있게 해주는 크로스 채널 기여 지표를 살펴본다. 이 내용은 4부의 사용자 유치를 위한 올바른 접근법을 이해하는 데 발판이 될 것이다.

Part III

중요한 지표 찾기

CHAPTER 7

스타트업 성장을 위한 핵심 지표

인공지능과 머신러닝은 잠시 제쳐두고, 지능형 머신이 목표로 삼을 수 있는 명확한 성공 목표를 제시하기 위해서는 가장 중요한 성장 지표가 무엇인지를 파악해야 한다.

스타트업의 그로스 팀은 사용자 유치와 유지, 그리고 신규 고객이 마케팅 퍼널을 통과하면서 발생하는 신규 매출을 책임진다. KPI 달성을 기준으로 지표의 추세를 지속적으로 관찰하며 경향성을 살펴야 한다. 따라서 구체적인 지표를 정하는 것은 매우 중요하다.

마케팅 비용이 증가할수록 KPI 지표 간 상호 관계는 복잡해지기 때문에, 인공지능을 활용한 자동화만이 성장 가속화를 위한 완벽한 방법처럼 느껴진다. 이번 장에서는 유료 사용자 유치를 위한 예산을 인공지능으로 최적화할 때 가장 연관성이 높은 다섯 가지 핵심 지표를 살펴본다. 또한, 전체 마케팅 퍼널에서 목표를 달성하기 위한 A/B 테스트, 광고, 채널, 예산, 입찰 등 핵심 도구의 최적화 방법을 함께 알아본다. 이런 KPI는 높은 빈도로 데이터 포인트가 충분히 발생하는 지점 사이에 있으며, 고객 확보 및 성장 목표의 일관된 범위 내에 있다.

핵심 지표를 활용하면 기업 내 모든 사람이 지표에 대해 쉽게 이해할 수 있다. 투자자 역시 유사한 상황의 스타트업을 비교하기에 수월하다.

사용자 유치 비용

사용자 유치 비용customer acquisition cost(CAC)은 신규 고객을 확보하는 데 필요한 비용을 측정하는 값이다. CAC가 고객의 LTV보다 현저히 낮아야 비즈니스 수익을 낼 수 있으므로 CAC는 수익성을 판단하는 데 매우 중요한 지표가 된다. LTV로 스타트업의 자금 고갈률을 관리하면서 효과적인 신규 고객 확보 비용을 파악하면 CAC는 그 값을 활용해 올바른 사용자 유치 전략을 세울 수 있다.

CAC를 계산하는 가장 쉬운 방법은 [그림 7-1]처럼 특정 기간 코호트를 선택한 후 그 기간에 확보한 고객 수로 사용자 유치 비용을 나누는 것이다. 예를 들어 20명의 고객을 모집하는 데 1천 달러를 썼다면 CAC는 50달러가 된다.

그림 7-1 CAC 계산식

$$CAC = \frac{\text{신규 사용자 유치에 투자된 비용}}{\text{신규 고객 수}}$$

CAC가 낮다는 것은 비용 면에서 봤을 때 더 효율적으로 신규 고객을 획득할 수 있다는 뜻이다. CAC를 낮출 기회를 찾는 데 집중해야 한다. 스타트업의 경우, 시간이 지날수록 브랜드 인지도가 상승하고 제대로 된 사용자 유치 전략을 찾아 집중할 수 있어 CAC가 낮아진다. 이는 비즈니스 모델과 산업 혹은 기업의 종류에 따라 다르다. 예를 들어 예측할 수 있는 매출 흐름을 가진 고객 구독 모델이라면 저렴한 가격의 제품을 판매하는 비즈니스보다 CAC가 높을 것이다.

모든 그로스 팀은 인공지능을 활용한 데이터로 명확한 CAC 목표 지점을 설정해야 한다. 이를 통해 최고의 유료 고객 유형과 일치하는 새로운 세그먼트 후보를 타기팅하고 훈련해 CAC 목표에 도달하도록 인공지능을 최적화해야 한다.

고객 유지율

고객 유지율은 주어진 기간 이상 머무르는 고객의 비율을 뜻한다. 사용자를 오래 머물게 하는 것은 장기간의 관리가 필요한 비즈니스, 특히 넷플릭스나 페이스북처럼 사용자가 제품에 참여하는 구독이나 광고 비즈니스 모델에서 매우 중요한 성장 지표가 된다. 서비스에 오래 머무는 고객은 제품에서 가치를 찾을 확률이 높

고 친구에게 이야기할 가능성도 높아 고객 충성도나 자연 성장의 좋은 지표가 될 수 있다.[1]

공식은 조금 복잡하다. 한 가지 방법은 [그림 7-2]처럼 주어진 기간의 마지막 날을 기준으로 전체 고객 수에서 신규 고객 수를 빼고 해당 기간의 첫날 고객 수로 나누는 것이다.

유지율은 일별, 주별, 월별 코호트를 기준으로 쉽게 계산할 수 있다. 특정 날짜(혹은 기간)에 가입한 사람이 N일 이후 여전히 서비스를 사용하는지 확인하면 된다. 예를 들어 이번 달에 100명의 고객으로 시작해 신규 고객이 20명, 이탈 고객이 40명이라고 하자. 계산식에 따라 월말 전체 고객 80명을 100명으로 나누면 유지율은 80%가 된다. 80%의 고객을 지켜냈다는 뜻이다.

그림 7-2 유지율 계산식

$$\text{유지율} \ = \ \frac{\text{기간의 첫날 사용자} - \text{기간의 마지막 날 사용자}}{\text{기간의 첫날 사용자}}$$

우리의 목표는 고객 유지율을 가능한 한 높게, 고객 이탈률은 가능한 한 낮게 유지하는 것이다. 인공지능과 머신러닝을 활용해 데이터 기반의 개인화와 추천 시스템을 강화하고 고객이 제품을 계속 사용할 수 있도록 제품 가치를 강화해야 한다. 유지율을 제대로 관리하지 못하면 제품에 큰 문제가 될 수 있다. 사용자를 특정 코호트로 나누어 유지율을 분석해야 한다. 예를 들어 등록 일자별 모바일 사용자 그룹을 추적해 언제부터 앱을 사용하지 않았는지 파악한다면 사용자의 이탈 원인을 밝혀낼 수 있다. 이때 유지율을 측정하는 가장 쉽고 빠른 방법은 사용자 유치 코호트를 활용하는 것이다.

사용자 유치 코호트를 활용하면 사용자의 앱 사용 시기에 따른 구체적인 코호트별 유지와 함께 정확하게 하루(혹은 주간이나 월간) 몇 명의 사용자가 이탈했는

---

[1] 고객 유지율에 관한 세일즈포스닷컴(salesforce)의 「How to Calculate and Improve Customer Retention Rate(고객 유지율의 계산과 향상법)」를 참고. *https://www.salesforce.com/products/service-cloud/best-practices/customer-retention-rate*

지를 알 수 있다. 예를 들어 [그림 7-3]의 코호트 차트를 보면 12월 1일 13,464명의 신규 사용자가 가입했고 다음 날 첫날의 57%(7,675명)가 계속 사용하는 것을 파악할 수 있다. 이틀 후 첫날 가입한 인원의 39.5%의 사용자가 여전히 사용하며 3일이 지나면 12월 1일 코호트의 유지율은 33.6%(4,524명)로 떨어진다.

그림 7-3 코호트 데이터를 표시하는 가장 일반적인 예시

SEGMENT	USERS	DAY 0	DAY 1	DAY 2	DAY 3	DAY 4	DAY 5	DAY 6	DAY 7	DAY 8	DAY 9	DAY 10
∨ ● All users	317,332	100.0%	49.2%	34.1%	26.1%	21.1%	18.4%	17.1%	15.9%	14.0%	12.1%	10.6%
Dec 04	11,979	*100.0%										
Dec 03	11,475	100.0%	*57.0%									
Dec 02	12,464	100.0%	53.9%	*41.8%								
Dec 01	13,464	100.0%	57.0%	39.5%	*33.6%							
Nov 30	9,466	100.0%	62.1%	42.6%	32.1%	*28.4%						
Nov 29	6,467	100.0%	42.9%	42.5%	32.5%	25.7%	*22.8%					
Nov 28	7,468	100.0%	27.5%	28.8%	30.5%	24.3%	19.2%	*18.2%				
Nov 27	12,464	100.0%	32.5%	19.9%	23.0%	25.2%	20.1%	16.9%	*16.1%			
Nov 26	11,480	100.0%	57.0%	25.2%	16.3%	19.5%	22.8%	19.5%	16.2%	*15.9%		

DAU/MAU 수치는 성장에 따라 크게 왜곡되기 때문에 코호트 분석이 필수적이다. 앱이 빠르게 성장하는 경우, 신규 가입에 의해 기존 사용자의 DAU/MAU 수치 하락 부분이 가려질 수 있다. 따라서 DAU/MAU만 확인한다면 치명적인 유지 이슈를 놓칠 수도 있다.

유지에 영향을 주는 행동을 찾는 일은 사용자 참여도를 높이는 행동을 이해하는 데에도 도움을 준다. 성장으로 이어지는 행동을 발견하기 위한 테스트를 시작하면 각 행동에 구체적인 수치를 부여해야 한다. 사용자의 특정 행동과 유지 사이의 관계를 관찰해 장기적인 사용과 상관관계가 있는 주요 동작이나 행동을 식별하고, 앱이나 제품을 계속해서 사용하도록 만드는 순간을 찾을 수 있다. 페이스북은 처음 가입한 후 열흘 동안 일곱 명 이상의 친구를 추가한 사용자가 서비스를 장기

간 이용할 가능성이 크다는 사실을 발견했다. 반대로 생각하면 일곱 명의 친구를 추가하지 않은 사용자는 이탈할 가능성이 높다는 뜻이다. 페이스북의 경우, 일정 기간 동안 일곱 명 이상의 친구를 추가한다는 구체적인 행동이 유지와 높은 상관관계를 가지는 것이다.

제품의 핵심 가치가 무엇이든 상관없이, 가장 훌륭한 성장 요인은 사용자에게 가치를 발견하는 순간을 제공하는 일이다. 이것이 없다면 유지는 쉽지 않으며, 성장 역시 어렵다. 평범한 회사는 성장에만 집중한다. 앞서가는 회사는 사용자 참여와 고착도stickiness, 유지를 통해 지속 가능한 성장에 집중한다. 일간 혹은 월간 활성 사용자에 집중하는 대부분의 그로스 팀은 유지와 후속 이벤트 데이터를 인공지능 머신에 전달하고 알고리즘을 훈련시켜 기존 사용자를 유지한다. 동시에 서비스에 매력을 느끼는 신규 사용자를 확보하기 위해 유지와 상관관계가 높은 사용자 세그먼트를 목표로 최적화할 수 있다.

고객 생애 가치

고객 생애 가치customer lifetime value(LTV)는 꾸준히 방문하는 고객이 발생시키는 매출을 의미한다. 비즈니스 초기 단계에는 LTV를 예측하기가 아주 어렵지만, 합리적인 데이터셋을 확보한 후에는 예측을 시작할 수 있다. 모든 스타트업은 LTV를 파악할 수 있어야 한다. 현금 고갈 속도burn rate[2]를 낮추면서 신규 고객을 확보하기 위한 이상적인 CAC가 무엇인지 결정하는 데 LTV가 도움이 되기 때문이다. 고객의 생애 수익이 클수록 고객 확보를 위한 투자 비용은 더 많아지고 투자금 회수까지 더 오랜 시간이 걸릴 수 있다. 고객이 지속적으로 제품을 구입하거나 기업이 광고 매출로 수익을 창출할수록 생애 가치는 더욱 커진다.

LTV를 계산하기 위해서는 [그림 7-4]처럼 평균 구매 금액을 계산하고 평균 구매 빈도를 곱해 고객 가치를 얻어야 한다. 구해진 고객 가치를 고객 평균 유지 기간과 곱하면 LTV를 구할 수 있다. 예를 들어 유료 구독 비즈니스로 고객에게 매달

----

2 고갈 속도는 기업, 특히 벤처 캐피털이 자금을 소모하는 속도를 의미한다.

평균 10달러의 수익을 얻고 그 고객을 10개월간 유지할 수 있다면 LTV는 100달러(10달러×10개월)가 된다.

그림 7-4 LTV 계산식

$$\text{LTV} = \frac{\text{평균 전환}}{\text{가치}} \times \text{기간당 평균 전환 수} \times \frac{\text{사용자 평균}}{\text{유지 기간}}$$

LTV는 제품, 브랜드, 사용자 경험의 품질을 평가하는 데 도움을 주므로 반드시 파악해야 한다. 제품에 만족하지 못한 고객에게서 매출을 발생시키는 일은 쉽지 않으며 이는 LTV의 상승과 하락으로 파악할 수 있다.

광고 비용 대비 매출

모든 퍼포먼스 마케팅performance marketing 지출 기준은 실질적인 금전적 수입을 만들어내는 것이다. 마케팅 지출 비용은 인건비 다음으로 스타트업이 가장 크게 투자하는 부분이며, 모든 그로스 팀은 수익 창출을 기대한다. 광고 비용 대비 매출return on ad spend(ROAS)은 그로스 팀이 마케팅 대비 수익을 계산해 지출 효율을 구하는 것으로, 사용자 유치 예산을 얼마나 잘 사용하고 있는지 판단하는 기준이 되는 중요한 KPI다.

공식은 [그림 7-5]와 같이 단순하다. 캠페인으로 발생한 매출을 캠페인에 지출한 비용으로 나누면 ROAS 값을 얻는다. 만약 15만 달러를 캠페인에 사용해서 30만 달러의 판매가 일어났다면 ROAS는 2달러다. 1달러를 지출할 때마다 2달러를 번 것이다. 닐슨Nielsen의 연구에 따르면 평균 광고 투자 대비 수익은 2.87:1로, 1달러를 지출할 때마다 얻는 평균 수익은 2.87달러이다. 단, 좋은 ROAS는 적어도 1:1 이상이어야만 한다(기업이 속한 산업군에 따라 더 높을 수도 있다).

그림 7-5 ROAS 계산식

$$\text{ROAS} = \frac{\text{캠페인 수익}}{\text{캠페인 비용}}$$

ROAS와 ROI의 가장 큰 차이점은 무엇일까? ROAS는 얻은 수익에 대한 지출 비율을 뜻하고, ROI는 지출 후 얻은 수익 총액을 뜻한다는 점이다. ROI의 유일한 목적은 신규 고객 확보의 수익성에 초점을 맞춰 캠페인의 투자 가치 여부를 판단하는 것이다.

전환율

전환율conversion rate은 사용자에게 기대하는 제품 구매 등의 행동을 캠페인을 통해 유도하는 데 성공했는지를 측정하는 지표다. 고객 마케팅 퍼널의 각 단계에서 원하는 행동을 추적하는 데 사용한다. 캠페인 초기의 좋은 퍼포먼스 지표이기는 하지만, 그로스 팀이 챙기는 가장 중요한 지표는 아니다.

전환율을 계산하는 수식은 [그림 7-6]처럼 전환에 달성한 수치를 동일 기간 동안 전환으로 추적된 전체 상호작용 수치로 나눈 값이다. 예를 들어 8,000번의 상호작용 중 400번의 전환을 기록했다면 전환율은 400을 8,000으로 나눈 값인 5%가 된다.

그림 7-6 전환율 계산식

$$전환율 \ = \ \frac{기대\ 행동을\ 수행한\ 사용자}{기대\ 행동을\ 수행할\ 가능성이\ 있었던\ 사용자}$$

좋은 전환율은 무엇일까? 전환율은 캠페인, 채널, 혜택 그리고 비즈니스 종류 등의 다양한 요인에 따라 다르게 나타난다. 궁극적으로 좋은 전환율은 훌륭한 ROI를 제공하는 것이다. 전환율이 높다는 것은 광고 캠페인이 마케팅 퍼널을 통해 방문자를 유도하는 데 효과적이라는 뜻이다. 마케터는 전환율에 영향을 미치는 여러 요소의 최적화 방법을 찾아야 한다. 다양한 A/B 테스트를 할 때, 사용자에게 가장 잘 전달되는 전환율 관련 변수를 찾기 위해 전환율 추적은 항상 필요하다.

전환율 개선을 최적화하는 다양한 도구가 존재한다.

여러 가지 혜택 및 가격 변화를 시험하거나 원하는 행동을 유도하는 데 불필요한 요소를 없애기 위해 단계를 최소화하는 등, 전환율 개선을 최적화하는 다양한 도구가 존재한다. 그로스 팀은 A/B 테스트를 통해 전환율 개선을 위한 최적화 기회를 찾기 위해 노력해야 한다.

그로스 팀의 상황판에는 올바른 방향으로 가는지 확신할 수 있도록 주간, 월간, 연간 진행 속도와 경향을 파악하는 다섯 가지 핵심 지표를 두어야 한다. 지표는 사용자 유치 전략이 잘 작동하고 있는지를 판단하는 데 도움을 준다. 고객이 오랜 기간 서비스를 이용하게 하고 수익 창출로 이어지는 적절한 고객군을 유치해 스타트업을 성장시키는 전략을 올바르게 실행하는지의 여부에 인공지능의 성공이 달려 있다.

허영 지표 주의하기

중요한 지표를 측정하는 방법을 결정할 때 허영 지표vanity metric를 주의해야 한다. 허영 지표는 비즈니스 성공과 관련이 **없는** 지표를 의미한다. 쉽게 바꾸거나 조작할 수 있는 허영 지표는 잘못된 의사결정으로 이끌 수 있다. 예를 들어 가입자 수 자체는 허영 지표로 볼 수 있다. 장기적으로 제품에 참여하고 서비스에 머물며 수익을 창출할 의미 있는 고객을 얻는 것과는 상관관계가 없기 때문이다. 허영 지표의 함정에 빠지지 않으려면 사용자 활동과 마일스톤을 단일 이벤트 흐름에 집중시키는 것이 좋다. 이벤트 흐름은 사람들이 제품에서 어떻게 이동하고 있는지에 대한 포괄적인 정보를 제공한다. 이를 통해 사용자의 행동을 분석하고 각 지표가 서로 어떻게 영향을 주는지 추적할 수 있다.

이벤트 흐름을 한번 만들어두면 [그림 7-7]과 같이 사용자가 서비스에서 소비하는 시간을 5분 단위로 나눈 활성 블록 수를 계산할 수 있으며, 사용자 행동에서 일련의 활동과 비활동의 간격을 찾을 수 있다. 이벤트 흐름은 고객이 실제로 어떤 행동을 하는지 이해하고, 성공 지표와 함께 사용자 행동에 대한 주요 질문의 답을 찾을 수 있는 손쉬운 방법이다.

그림 7-7 활동과 비활동의 5분 단위 활성 블록을 단순하게 표현한 다이어그램

궁극적으로, 장기적인 성장을 보여주는 핵심 지표에 초점을 맞추고 싶을 것이다. 당신의 스타트업에 통합된 성장 문화를 조성하는 가장 좋은 방법은 모든 팀이 공동의 목표로 삼을 만한 몇 가지 핵심 성장 지표를 갖추는 일이다.

궁극적으로, 장기적인 성장을 보여주는 핵심 지표에 초점을 맞추고 싶을 것이다.

모든 팀의 개별 목표는 앞서 나온 지표 중 하나로 연결된다. 모든 조직, 즉 전체 비즈니스가 인공지능을 활용해 성장을 주도할 수 있도록 방향성을 공유해야 한다.

다음 장에서는 인공지능을 강화에 힘을 실어주는 가장 큰 도구인 광고 자산을 살펴보고 광고가 퍼포먼스에 미치는 영향을 알아보겠다.

CHAPTER 8

광고 퍼포먼스

고객을 확보하고 유지하는 가장 좋은 방법은 적절한 고객에게 적절한 채널을 통해 적절한 시간에 정확한 광고 메시지를 전달하는 것이다.

인공지능은 데이터를 영리하게 사용해 광고 퍼포먼스를 완전히 새로운 차원으로 최적화한다. 광고 마케팅은 사용자 여정의 각 단계에서 마케팅 퍼널을 통해 타깃 고객에게 핵심 메시지를 전달하는 방법이다. 인공지능은 다양한 광고 소재에 접근해 알고리즘을 훈련하고 타깃 고객에게서 원하는 반응을 이끌어낼 수 있도록 특정 사용자 세그먼트에게 노출하기 알맞은 광고를 찾도록 돕는다. 다양한 광고 자산creative asset을 가질수록 인공지능이 학습하고 최적화할 기회도 많아진다. 이번 장에서는 광고가 인공지능의 일부분으로 어떻게 활용되고 측정되는지 설명한다.

광고 자산의 중요성

광고는 캠페인 퍼포먼스에 가장 큰 영향을 주는 요소다. 가능한 한 많은 위치에 개인화된 광고를 노출하려면 다양한 광고를 운용하는 것이 좋다. 많은 클릭을 유도할 수 있는 광고라면, 더 적은 돈으로도 주요 광고 플랫폼에서 타깃 고객에게 광고를 노출하고 깊은 인상을 남길 수 있다. 클릭률이 높다는 것은 당신의 광고와 타기팅이 긍정적인 사용자 경험을 만들고 있으며 올바른 방향으로 나아가고 있다는 좋은 '신호'이다. 광고의 질과 양 모두가 캠페인의 성패에 영향을 준다는 것을 반드시 기억해야 한다.

광고 전환율이 높을수록 입찰 전략에도 훨씬 더 적극적으로 대응할 수 있다. 다양한 광고 매체와의 교류에 적극적으로 나선다면, 프리미엄 광고 구좌를 확보할 수도 있다. 인공지능이 퍼포먼스에 기반해 세밀하게 입찰을 조정해 캠페인을 강화한다면 다른 회사와의 경쟁에서 좋은 성과를 얻을 수 있다.

광고는 캠페인 퍼포먼스에 가장 큰 영향을 주는 요소다.

퍼포먼스가 좋은 광고를 가지고 있다는 것은 마케터의 가장 큰 무기다. 그러나 많은 그로스 팀이 광고 퍼포먼스 이점을 효과적으로 활용하지 못한다. 성과를 내는 훌륭한 광고는 브랜드 인지도를 높이는 데 도움을 준다. 장기적으로 바라보자면, 치열한 경쟁 속에서도 더 많은 충성 고객을 확보하고 고객에게 메시지를 전달하는 힘을 가진다. 혁신적인 광고를 만들어내면 프로그래매틱 매체는 기술을 활용해 캠페인 범위를 더 확대할 수 있고, 마케터는 캠페인 효과를 높일 수 있다.

광고 캠페인 입력값

페이스북, 구글 등 주요 유료 채널은 인공지능을 활용해 구매 프로세스를 단순화하고 있다. 당신의 인공지능 역시나 다음의 다섯 가지 핵심 캠페인 입력값을 이용해 유료 사용자 확보 캠페인 최적화에 가장 먼저 집중해야 한다.

- 입찰
- 예산
- 타깃 고객
- 광고
- KPI 목표

인공지능은 기대하는 비즈니스 결과를 달성하기 위해 모든 입력값의 최적 변수와 조합을 실시간으로 찾는다. 고도화된 다차원 수학을 이용한 인공지능 알고리즘은 모든 입력값을 잘 이해할 수 있다. 하지만 연산이 기대와 같이 동작하려면 고객에게 적절한 광고가 표시되도록 다양한 광고 위치와 종류, 메시지, 포맷, 크기의 조합을 충분히 테스트해야 한다.

물론 모든 상황에 손쉽게 적용할 수 있는 접근법은 아니다. 인공지능은 데이터의 강력한 힘을 제공하는 동시에 A/B 테스트를 활용해 잠재 고객, 리타기팅, 재관여, 재구매 등 전체 사용자 여정의 각 단계에 연속성을 가지는 광고를 테스트한다. 테스트를 통해, 어떤 단계에서 어떤 광고를 사용자에게 제공할 때 가장 효과적인지를 알아낼 수 있다. 마구잡이로 요행을 바라는 것이라기보단 린 스타트업 실험을 계속 진행하는 것이다. 전체 사용자 여정을 통해 다양한 고객이나 채널, 국가 등에서 A/B 테스트를 지속적으로 수행하는 것이다. 이런 실험에서는 유료 사용자 유치 예산의 규모에 따라 수백만 개의 조합과 배열을 만들 수 있다.

전체 사용자 여정 전반에 방대한 양의 광고를 테스트하고 학습하고 최적화할 때 머신러닝 기술을 활용하지 못하는 것은 (시간과 노력의 대가 차원에서) 굉장히 실용적이지 못한 일이다. A/B 테스트는 머신러닝과 동일한 몇 가지 수학적 기술을 사용하지만, 머신러닝은 여러 가지 접근법을 조합해 인사이트를 얻을 수 있다. 동시에 진행하는 테스트의 수가 증가할수록 복잡해지고 다루기 어려워지는 수학에 머신러닝과 인공지능은 다차원을 부여한다.

인공지능은 핵심 채널에서 다양한 형태의 광고에 A/B 테스트를 수행하기 위한 모든 과정을 효율적으로 관리하는 이상적인 방법이다. 사람이 직접 수행하는 것에 비해 훨씬 빠른 속도로 학습하고 적응하며 반복한다. 더 효과적인 광고를 빠르게 판단하고 학습의 속도를 높이며 성장을 확대하기 위한 목표나 예산을 조정할 능력을 제공한다.

광고 교체 일정

광고는 항상 신선한 느낌을 유지하면서도 정기적으로 업데이트되어야 한다. 광고로부터 최고의 퍼포먼스를 끌어내려면 반복 프로세스를 만들고 끊임없이 최적화해야 한다. 인공지능은 사용자가 전체 생애 주기의 어느 단계에 있는지에 따라 적절한 광고와 메시지를 전달하고 자연스럽게 더 높은 생애 가치로 이어지도록 사용자의 행동을 유도한다.

광고 운영 과정에서 가장 중요한 부분은 선순환이다. 인공지능이 광고 퍼포먼스 데이터를 광고 팀에게 전달하면, 광고 팀은 정기적인 일정에 따라 더 발전된 광고를 만들어내고, 발전된 데이터가 다시 인공지능에 전달되는 선순환 사이클이 반복된다. 이때 사람이 관여한다. 퍼포먼스가 좋은 광고와 타깃 고객의 요인을 해석해 그것을 바탕으로 더 향상된 광고 접근법을 인공지능에 전달한다.

광고 제작 팀 활용하기

광고 개발 프로세스에서 전반적인 시스템과 업무가 자리 잡으면 프로세스는 전체 퍼포먼스에 영향을 미치는 경쟁 우위가 된다.

새로운 광고를 제안하는 전체 광고 개발 프로세스는 사람의 능력에 크게 의존하지만 인공지능을 통한 데이터 기반 인사이트 역시 필요하다. 브레인스토밍brainstorming과 아이디에이션ideation은 아직 인공지능이 대신하지 못하는 영역이다. 동적인 광고는 이미지와 경험을 조합해 보여줄 때는 좋은 선택이지만, 인공지능이 적절한 콘셉트를 선택하기는 어렵다. 또한 인공지능은 동적인 광고가 브랜딩에 미치는 영향을 파악할 수 없다. 좁은 의미에서의 인공지능이 규칙 기반이라면 주관적 미학이나 디테일을 판단해 광고 소재의 우위를 안정적으로 선택할 수 있기까지 아주 많은 시간이 걸릴 것이다. 스타트업은 광고가 전달되는 파이프라인에 투자해 인공지능을 성공적으로 구축해야 한다.

대부분의 스타트업은 광고 팀을 운영할 예산이 없기 때문에 광고 협력사나 프리랜서와 협력할 수밖에 없다. 필자 역시나 초반에는 프리랜서나 소규모 외부 업체와 협업하고, 이후에 유료 사용자 확보에 투입되는 예산 규모에 따라 회사 내부에 직접 소규모 광고 팀을 고용하는 데 주력하고 있다.

광고 개발 비용은 결국 사용자 확보 예산의 규모에 따라 사내에서 이 작업을 수행하는 것이 비용 효율적이라는 ROI를 나타내는 시점에 도달하기 때문에, 외부 업체와 계속 협력할지 아니면 이 기능을 사내에서 사용할지 결정하는 데 도움이 된다. IMVU에서는 내부의 광고 팀에 투자하고 캠페인 오케스트레이션과 관리에 인공지능을 활용했다. 이에 따라 사용자 유치 캠페인 전반에서 퍼포먼스를 크게 증가시킬 수 있었다.

광고 피로도

많은 예산을 투자한 광고일수록 더 빠르게 광고 피로도를 느낄 수 있다. 특히, 광고 개수가 제한된 경우에는 더욱 그렇다. 지속적으로 동일한 광고에 노출되면 사람들은 광고에 익숙해지고 영향력은 줄어드는데, 이를 포화상태라고 부른다. 결국 광고 효과의 **약화**로 이어진다.

광고 피로도 예측을 위해서는 구체적인 KPI 목표를 기준으로 광고의 퍼포먼스가 하락을 시작하기까지 소요되는 시간을 확인하는 것이 가장 좋다. 예를 들어 KPI가 ROI 지표라면 특정 기간 이후 퍼포먼스가 급격히 떨어지기 시작하는 시점을 눈여겨봐야 한다. 이 시기의 광고는 제대로 된 역할을 하지 못한다. 이때는 새로운 광고를 노출시켜 퍼포먼스 개선을 유도해야 한다.

고객이 광고 피로감을 느끼기 전에 새로운 광고로 교체해야 한다. 이를 위해 인공지능으로 더 많은 광고를 테스트한다. 예산에 따라 다르겠지만, 적어도 한 달에 일정 횟수 이상의 개선이나 변경을 해야 광고 피로도나 포화 상태를 효과적으로 피할 수 있다. 타깃 고객을 확대하거나 새로운 광고를 만드는 것은 광고에서 느끼는 피로감을 늦추는 방법 중 하나다. 새로운 광고 제작이 가장 효과가 좋다. 이를 위해 광고 퍼포먼스 데이터를 확인해 광고의 변경 빈도를 알아내는 것이 중요하다.

만들어야 하는 광고의 개수는 예산에 달렸다. 필자의 경험상 인공지능이 충분한 데이터로 확실한 결정을 내리기까지 필요한 예산은 광고당 하루 10달러 정도다. 매일 모든 채널에 500달러의 예산을 쓸 수 있다면 약 50개의 변경된 광고를 준비해 테스트하고 학습할 수 있다. 물론 예산의 숫자는 고객 타기팅과 생애 주기 마케팅이 세분화될수록 더 커질 수 있다.

사용자 유치를 높이는 세 가지 핵심 요소

훌륭한 광고는 무엇인지 알아보고, 인공지능을 통해 사용자 유치 퍼포먼스를 높이는 세 가지 핵심 요소를 살펴보자.

브랜드 인지도

잠재 고객에게 브랜드를 적절한 메시지와 함께 알맞은 시간에 지속적으로 노출하면 인지도를 쌓을 수 있다. 이 과정에서 브랜드는 고객에게 친근한 이미지와 높은 신뢰감을 주게 된다. 재치와 재미와 설득력을 가진 독창적인 광고는 다른 광고보다 돋보인다. 고객의 호감을 끌어내 사용자 여정의 퍼널에서 다음 단계로 나아갈 수 있도록 한다. 예를 들어, 설득력 있는 광고와 함께 특별한 할인이나 혜택이 제공된다면 구매로 이어지기 쉽다. 나아가 고객 리뷰와 인플루언서를 함께 활용해 '사회적 증명social proof'을 높이고 신뢰를 구축한다면 할인이나 혜택에 반응할 가능성이 낮은 고객에게도 어필할 수 있는 견고한 퍼널 광고 전략을 구축할 수 있다.

충성도

데이터 기반의 광고 메시지를 통해 마케팅 대상 제품에 대한 더 큰 관심을 끌어낼 수 있다. 오늘날에는 개인정보 보호가 중요하게 여겨지지만, 고객 입장에서는 자신의 개인정보를 활용해 채널 구분 없이 개인화된 광고를 지속적으로 받고 싶을 수도 있다. 사용자의 시간과 관심, 예산을 존중하며 사용자 경험을 제공한다면 충성도가 높은 고객을 얻을 수 있다. 아마존은 사용자 데이터를 활용해 훌륭한 개인화 광고를 노출했으며 더 많은 구매와 높은 충성도를 유도하는 프라임 멤버십을 만들었다.

더 많은 학습

광고의 다양한 방향성, 크기, 포맷(이미지 및 비디오), 광고 카피 변형, 행동 유도를 개발하는 데 리소스를 투자한다면, 최고의 퍼포먼스 광고를 찾도록 인공지능을 최적화할 수 있다. 이러한 과정을 통해 광고의 도달 범위와 성과를 극대화할 수 있다.

인공지능을 활용해 더 많은 A/B 테스트를 할수록 고객의 관심을 끌 만한 인사이트를 빠르게 찾을 수 있다. 이를 통해 연속성 있는 광고와 CTA로 사용자 규모를 성장시켜 구매 행동에 긍정적인 영향을 주는 동시에 ROI 또한 향상할 수 있다. IMVU는 광범위한 테스트를 통해 실제 고객의 앱 내 가상 세계 경험을 보여주는 사용자 제작 콘텐츠user-generated content (UGC) 광고가 일반 광고보다 훨씬 좋은 퍼포먼스를 낸다는 점을 발견했다. UGC 광고가 사용자의 기대에 부합하는 실제 게임 플레이 경험을 제공하며 IMVU에서만 가능한 경험을 보여주기 때문이다.

좋은 광고 사례

충성 고객 기반을 늘리기 위해서는 알맞은 대상에게 적절한 메시지와 디자인을 제공해야 한다. 도움이 되는 좋은 사례 몇 가지를 함께 살펴보자.

타깃 고객을 알아라

인공지능으로 광고를 운영하면 가장 큰 구매 가능성을 가진 고객을 특정할 수 있다. 데이터의 장점을 활용해 다양한 고객에게 메시지가 가장 잘 전달될 수 있는 연관 광고를 만들어야 한다. 가장 좋은 방법은 연속적으로 다양한 A/B 테스트를 수행해 사용자 여정의 각 단계에서 다른 고객에게 가장 설득력 있는 광고가 무엇일지를 파악하는 것이다.

KISS(단순하게 해, 멍청아keep it simple, stupid)

광고에 너무 많은 정보를 담으면 고객은 혼란을 느낀다. 적당량의 정보를 담아내야 한다. 가능한 한 많은 정보를 넣고 싶겠지만, 안타깝게도 단 한 번의 광고로 모든 가치 제안을 전달할 수는 없다. 정밀하고 정확하게 메시지를 전달하는 것이 최선이다. 연속성 있는 광고를 만들어 원하는 타깃 고객에게 전달하면 큰 차이를 만들 수 있다.

광고의 주된 목표는 타깃 고객의 눈길을 끌어 제품에 대해 더 알아보고 싶다는 생각이 들도록 하는 것이다. 바로 당장 구매를 만들려고 집착할 필요는 없다. 광고로 고객의 관심을 끈 뒤 제품이나 서비스, 프로모션을 알리거나 웹사이트나 모바일 앱의 상세 콘텐츠를 볼 수 있도록 유도해야 한다. 가치 제안을 쉽게 받아들일 수 있도록 하려면, 연속성 있는 시리즈 광고를 만들어 '부담 없는 콘텐츠'로 전달하는 편이 효과적이다.

보편적인 디스플레이 광고의 크기는 그리 크지 않다. 너무 많은 정보를 담으려 하다 보면 정신없고 혼란스러우며 읽기조차 어려워진다. 광고를 단순하고 이해하기 쉽게 유지하는 것이 중요하다. 메시지를 명확하고 빠르게 전달해야 한다. 시청자의 주의를 끌 수 있는 시간은 아주 짧고, 그 안에 시선을 집중시켜야만 한다. 두 번의 기회는 오지 않는다. 조그만 관심의 창을 유용하게 사용해보자.

설득력 있는 시각화와 카피 그리고 CTA를 사용하라

좋은 광고를 디자인할 때 가장 어려운 부분은 최고의 카피, 시각화, CTA 조합을 찾는 일이다. 당신은 당신의 광고가 다른 광고보다 돋보이기를 바란다. 다양한 광고 형식과 메시지, CTA, 이미지 혹은 비디오를 조합해 전체 사용자 여정의 각 단계에서 타깃 고객에게 가장 좋은 퍼포먼스를 만드는 광고는 무엇인지 A/B 테스트를 진행하는 것이 좋다. 그로스 마케터로서 우리의 업무는 고객에게 기대하는 행동이 무엇인지를 분명히 정의한 후, CTA를 통해 의도한 행동을 유도하는 것이다. 테스트에서 선정된 광고를 계속 수정하고 생산해내는 것이 중요하다. 테스트는 항상 진행 중이어야 하며 반복되어야 한다.

광고의 색상 계획은 브랜드 가이드라인은 물론, 사용자가 클릭해 도달하는 랜딩 페이지도 반영해야 한다. 광고에서 랜딩 페이지까지 매끄럽게 이어지는 통합된 경험을 주기 위해 광고의 룩 앤드 필look and feel은 일관되어야 한다. [그림 8-1]은 광고에서의 색상과 심리의 연관성을 잘 나타낸다.

눈에 쉽게 각인되려면 이미지는 단순해야 한다. 그저 공간만 차지하는 이미지를 사용해서는 안 된다. 카피의 내용이 시각화되어 제대로 전달되도록 해야 한다. 명확한 메시지를 전달하는 광고만이 방문자의 시선을 끌 수 있다.

그림 8-1 색상 감정 가이드라인

노란색
젊음. 낙관적. 종종 윈도
쇼퍼의 관심을 끌기 위해
사용한다.

빨간색
에너지. 심박수 증가.
긴급함 형성. 마감 세일에서
많이 활용한다.

파란색
믿음. 신뢰. 은행이나
비즈니스에서 많이
활용한다.

초록색
부유함. 눈이 처리하기에 가
장 쉬운 색상이므로 매장에
사용하면 편안함을 제공한다.

주황색
공격적. 구독, 구매, 판매 등
CTA에서 활용한다.

분홍색
로맨틱. 로맨틱한 상황을
대상으로 하는 마케팅에
활용한다.

검은색
강력함. 매끈함. 고급 제품
마케팅에 활용한다.

보라색
부드러움. 차분함.
미용이나 노화 방지
제품에 활용한다.

타이포그래피는 광고당 두 종류까지만 사용한다. 텍스트는 전체 광고의 3분의 1 이상을 차지하지 않도록 한다. 굵은 폰트는 중요한 정보에만 사용한다. 너무 많은 카피는 사용자를 압도해버려 사용자가 내용을 읽지 않고 넘기게 만든다. 야외 광고도 같은 이유로 단어를 여덟 개로 제한하는 것이 좋다.

좋은 모바일 광고 사례

전 세계인의 손에 들려 있는 38억 대가 넘는 스마트폰은 사람들이 정보를 찾고 소비하는 가장 주된 방식이다. 시스코^{Cisco}에 따르면 올해 78%의 모바일 데이터가 영상을 보기 위해 소비될 것이라고 한다. 이제 광고주는 정적인 모바일 경험에서 나아가 영상이 우선되는 접근법을 준비해야 한다. 다행히 좋은 모바일 광고와 영상 광고의 조건은 상대적으로 단순하며, 훌륭한 영상의 모바일 광고를 만들기 위한 수백 가지의 도구가 존재한다. 모바일 광고를 만들 때는 다음의 조건을 항상 염두에 두자.

표 8-1 모바일 광고 제작의 조건

핵심 요건	제안하는 개선안	최적화 열쇠
로고	주의를 끌기 위한 애니메이션을 제작한다.	3초 안에 사람들의 시선을 끈다.
전달하고자 하는 단순하고 명확한 메시지	단순한 애니메이션 혹은 슬라이드 쇼를 통해 더 많은 정보를 시각적으로 전달한다.	영상은 15초 이내로 제한한다.
강력한 CTA		• 사용자의 디바이스 사운드는 꺼져 있다고 가정한다. • 모바일 디바이스의 화면 영역을 최대한 활용하기 위해서는 1:1 비율로 찍거나 세로 비율에 신경써야 한다.

미래 광고 개발과 반복

신경망과 NLP의 진보는 인공지능이 훈련을 통해 해당 브랜드와 어울리는 광고 혹은 마케팅 카피를 작성하거나 소셜 미디어 작성 글의 해시태그를 추천할 수 있도록 만들었다.

인공지능은 이미 만들어진 라이브러리를 이용하거나, 브랜드의 마케팅 카피(더 구조화될수록 우수한) 샘플로 훈련해 흥미로운 결과를 얻을 수 있다. 이러한 방식은 아이디어를 도출하거나 광고 카피, 이메일 혹은 다른 마케팅 수단에서 변형 버전을 만들 때 유용하다.

고도로 체계화된 보고서 환경(예를 들어, 스포츠 보고서나 재정 보고서)을 운영하는 몇몇 기업은 특정 목적으로 훈련된 인공지능으로 보고서 제작 인원을 대체하려고 한다. 훈련된 인공지능은 전문가의 보고서와 구분하기 어려울 정도로 높은 품질의 보고서를 빠르게 생산해낼 수 있다.

실제 현장에서 사용할 만한 카피를 자동으로 생성하려면 많은 양의 훈련 데이터가 필요하므로 대부분의 스타트업이 당장 활용하기는 쉽지 않다. 물론 점점 더 발전하는 온라인 텍스트 생성기에서 아이디어와 영감을 얻을 수는 있겠지만, 인공지능이 사람의 창조성 없이 광고 제작을 완벽하게 자동화하는 세상은 아직 상상하기 어렵다. 광고는 여전히 인공지능보다 인간의 창의력이 월등히 앞선 영역이다. 일상적인 광고 업무는 인공지능이 대신할 수 있더라도, 전체 프로세스를 대신하는 일은 수년 내에는 없을 것이다.

다음 장에서는 크로스 채널의 기여도 영역을 탐색한다. 또한, 인공지능에 측정 기능을 제공하여 복잡한 전체 사용자 여정에서 원하는 비즈니스적 KPI 목표를 달성하는 데 큰 영향력을 발휘하는 채널 및 광고는 무엇인지를 알아본다.

CHAPTER 9

크로스 채널 기여도 분석

오늘날 데이터 기반 마케팅 업계에서는 크로스 채널 기여도 분석이 단연 화두다. 크로스 채널 기여도 분석은 도구를 이용해 하나 이상의 채널이나 고객 접점에 마케팅 비용을 할당하는 과학적 접근을 뜻한다. 그로스 팀이 어떤 마케팅 방식이 실제로 효과가 있는지 혹은 그렇지 않은지에 대한 인사이트를 얻기 위해 단순히 추정하는 방법 대신 이러한 접근법을 사용하는 것은 매우 중요한 역할을 한다. 각고객 접점에서의 채널별 기여도를 부정확하게 설정한다면 사용자를 획득하는 데도 좋지 않은 결과를 초래한다. 모든 그로스 팀은 새로운 고객을 얻기 위해 가장효과적인 캠페인이 무엇인지 알아야 한다. 많은 스타트업이 새로운 고객을 유치하기 위해 수많은 채널과 플랫폼을 통한 광고에 점점 더 의존하게 되면서, 신규고객을 확보하는 비용도 해마다 증가하고 있다. 일반적인 사용자 경험에서 누군가 소비자로 전환되는 데 필요한 상호작용은 5회, 15회 많게는 50회에 도달하기도 한다.

혼잡한 마케팅 환경complex marketing landscape이란 말은 사용자를 유치하기 위해 빠르게 변화하고 여러 단계를 거쳐 도달되는 다양한 채널과 매체의 조합에 대해 고려해야 한다는 뜻이다. 온라인과 오프라인 매체 모두에서 전체 ROI와 매체 조합의 영향을 정확하게 측정하기 위해선, 전체 사용자 경험의 관점에서 다양한 종류의 데이터를 수집하고 수집한 데이터를 바탕으로 사용자 유치에 가장 영향을 미친 것이 무엇인지 찾아내는 능력이 필요하다. 마케팅 기여도 분석은 그로스 팀이신규 고객을 얻고 앞으로의 성장을 위해 어디에 자원을 집중할지 현명하게 판단하기 위해 매우 중요한 역할을 한다. 이런 관점에서 이번 장에서는 당신의 사업에 적합한 마케팅을 찾아내는 데 도움을 줄 다양한 종류의 기여도 모델을 살펴볼 것이다.

혼잡한 마케팅 환경이란 말은 사용자를 유치하기 위해 빠르게 변화하고 여러 단계를 거쳐 도달되는 다양한 채널과 매체의 조합에 대해 고려해야 한다는 뜻이다.

마케팅 기여도 분석이란

마케팅 기여도 분석은 잠재 고객이 신규 고객이 되기까지 경험하는 경로에서 발생하는 다양한 상호작용과 접점의 가치를 평가하는 것을 의미한다. 이를테면 무료 버전을 이용하기 위해 회원 가입을 하거나 유료 구매가 일어나는 과정에서의 접점과 상호작용을 뜻한다. 기여도의 목적은 고객으로 전환되거나 마케팅 경로에서 다음 단계로 나아가기로 결정하는 데 어떤 채널과 광고가 역할을 했는지 판단하는 것이다. 오늘날 그로스 팀에서 주로 사용하는 몇 가지 기여도 방법으로는 퍼스트 터치first-touch, 라스트 터치last-touch, 멀티 터치multi-touch 기여도, 리프트 테스트 lift study, 시간 감소time decay 모델 등이 있다. 이 모델들을 통해 언제, 어디서, 어떻게 제품이나 브랜드가 사용자와 상호작용하는지에 대해 인사이트를 발견하고 그로스 팀이 마케팅 ROI를 개선하기 위해 각 고객의 구체적인 니즈에 타기팅 할 수 있도록 캠페인을 변경하고 맞춤화할 수 있다.

각 채널의 상호작용에 적절한 가중치가 매겨졌는지 파악하기 위해 고객 데이터를 조합하고 표준화하는 고급 마케팅 기여도 분석 프로그램을 활용할 수 있다. 예를 들어 고객이 비디오와 이메일 캠페인에 모두 노출되었고, 그중 이메일 프로모션을 본 직후에 소비자로 전환되었다고 가정하자. 마케터는 이메일 캠페인이 비디오 광고보다 더 큰 역할을 했다고 판단한다. 따라서 타기팅된 이메일 캠페인에 조금 더 많은 자원을 투입할 수 있다. 당신은 첫 번째 접점과 마지막 접점, 그 사이의 접점에서 모든 사용자의 경로를 따라다닐 도구가 필요하다. 효과적인 기여도 측정을 위해서는 세밀한 데이터를 얻는 것이 필요하며 고급 분석 플랫폼을 활용하면 많은 데이터 속에서 캠페인 최적화를 위한 사람이 볼 수 있는 형태의 인사이트를 정확하고 효과적으로 추출할 수 있다.

마케팅 기여도 분석 모델

사용자 레벨의 통계적인 분석을 통해 실시간 데이터를 바탕으로 마케팅 캠페인의 가치를 조정하는 데 공통적으로 활용할 수 있는 다양한 기여도 모델이 있다. 이는 다양한 마케팅 활동의 판매 효과를 정량화하기 위한 기업의 내부 자료라든지 판매 시점 관리point of sale(POS) 데이터와 같이 이미 수집된 데이터를 통합하는 마케팅 믹스 모델링과는 상반된 개념이다. 이러한 사용자 중심 접근법은 기여도 모델이 왜 전단 광고와 같은 전형적인 오프라인 캠페인보다 디지털 캠페인에 주로 적용되는지를 보여준다. 모든 스타트업 임직원이나 투자자는 그로스 팀이 자금을 어떻게 투자하는지에 대한 나은 인사이트를 통해 그들이 올바른 사용자 유치 전략을 수행하고 있다는 확신을 얻는 것이 중요하다. 대부분의 그로스 팀은 퍼스트 터치, 라스트 터치, 멀티 터치 방식의 모델을 활용한다.

퍼스트 터치/라스트 터치 기여도 모델

퍼스트 터치/라스트 터치 기여도 모델은 오늘날 가장 많이 쓰이는 일반적인 방법론이다. 이 모델들은 대부분의 사람들이 이해하고 적용하기 쉽지만 전체적인 고객 여정에서 명확한 관점을 제시하기에는 역부족이다. 이 모델들은 사용자가 관여하는 여정 중 처음 또는 마지막 접점과 같이 하나의 접점만이 전환에 기여한다고 가정한다.

라스트 터치 기여도의 대표적인 예로 고객으로 전환되기 직전의 마지막 마케팅 수단이 전환에 기여한다고 가정하는 라스트 클릭 모델last click model이 있다. 하지만 이렇게 단순한 접근법은 처음이든 마지막이든 하나의 접점(예를 들어 구글 검색 광고)이 새로운 소비자로 전환시키는 모든 기여도를 가져가게 되고 강한 편향을 일으켜 더 넓은 범위의 고객 여정과 마케팅 접점들은 무시하게 된다. 검색 광고 등 전형적인 마지막 채널로 인해 마케팅 퍼널이 닫히기 전에 소비자에게 영향을 끼치는 다른 접점이 과소평가됨으로써 거짓 양성false positive 혹은 거짓 음성false negative의 결과가 모두 가능하게 된다.

대표적인 사례로 모바일 기기를 통해서 몇 개의 배너와 비디오 광고를 먼저 보고, 최종적으로는 구글 검색 광고를 클릭해 구매가 일어난 이커머스 고객을 들 수 있다. 라스트 터치 기여도 모델에 따르면 모든 기여도는 구글 검색 광고가 가져가고 다른 광고의 역할은 무시된다. 스포츠에 비유하자면, 골을 넣은 사람에게 모든 기여도를 주고 그 골을 넣는 데 기여한 나머지 팀원에게는 하나도 주어지지 않는 셈이다. 새로운 고객을 얻기 위해 다수의 채널, 플랫폼, 매체 등을 통해 복합적으로 노력을 기울이는 비즈니스에는 라스트 터치 모델이 적합하지 않다.

멀티 터치 기여도 모델

현재 대부분의 미국 회사들은 멀티 터치 기여도 모델을 사용하고 있다. 멀티 터치 기여도 모델은 고객 구매와 같이 모두가 기대하는 결과로 이끄는 데는 다양한 접점이 기여한다고 생각하고, 기여도를 하나 이상의 채널 또는 접점에 할당하는 모델이다. 이커머스 사례로 다시 돌아가보면, 기여도는 마지막 구매에 영향을 끼치는 다양한 접점(배너, 비디오 광고, 구글 검색 광고)이 나눠 가진다. 골을 넣은 선수뿐만 아니라 골을 만들어 내는 데 기여한 모든 선수에게 기여도를 부여하는 것이다. 전반적인 고객 여정에서 이렇듯 전체적인 관점을 가지는 것은 더 정확한 모델을 만드는 데 도움을 준다. 얼마나 많은 가치를 각 채널이나 접점에 할당하느냐에 따라 다양한 멀티 터치 기여도 모델이 결정된다. 대체로 구매와 같은 최종적인 결과물까지의 경로 위에 놓여 있는 다양한 접점 간 기여도를 어떻게 나눌지에 따라 분류된다.

선형 기여도 모델

선형 기여도 모델은 고객을 마지막 결과로 이끈 모든 접점을 기록한다. 전환을 만든 각 접점은 동일한 양의 기여도를 가지며 모든 상호작용은 균등하게 평가된다. [그림 9-1]을 보면 사용자 여정의 다섯 개의 접점이 각각 20%의 기여도를 가져간다.

그림 9-1 선형 기여도의 예시

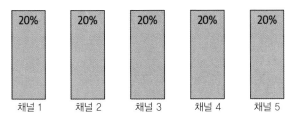

U형 기여도 모델

선형 기여도 모델과 달리 U형 기여도 모델은 마지막 결과로 가는 경로에서 특정한 몇 개의 접점이 더 영향력이 크다는 가정한다. 따라서 각 접점은 서로 다른 기여도를 갖는다. 구체적으로 말하자면, 처음과 마지막 접점이 나머지 접점에 비해 더 영향력이 크다고 가정한다. [그림 9-2]에서 처음과 마지막 접점은 40%의 기여도를 가져가고 나머지 20%를 남은 3개의 접점이 나눠 가진다.

그림 9-2 U형 기여도의 예시

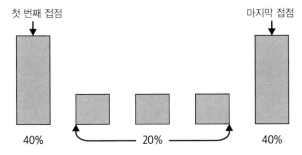

시간 감소 기여도 모델

시간 감소 기여도 모델 또한 각 접점의 기여도를 다르게 평가한다. 이 모델은 마지막 접점과 가까운 접점일수록 최종 결과에 더 많은 영향을 끼쳤을 것이라고 가정하고 더 많은 기여도를 부여한다. 이 모델은 퍼널의 마지막 단계에서의 전환이 목표인지 혹은 퍼널의 첫 단계에서의 인지가 목표인지에 따라 접점을 다르게 활용하기 위한 최선의 방법을 찾을 때 효과적이다. [그림 9-3]에서 각 채널은 마지막 결과에 가까워질수록 더 많은 기여도를 가진다.

그림 9-3 시간 감소 기여도의 예시

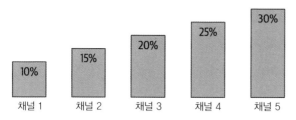

W형 기여도 모델

W형 기여도 모델은 U형 기여도 모델과 근본적으로 같은 아이디어를 바탕으로
한다. 그러나 주요한 접점을 하나 더 포함하는데 이를 '기회 단계'라고 부른다. W
형 모델은 처음, 중간, 마지막 접점이 다른 접점에 비해 더 많은 기여도를 가져간
다. [그림 9-4]에서 처음, 중간, 마지막 접점이 30%의 기여도를 가져가고 다른
두 개의 접점은 각각 5%의 기여도를 가진다.

그림 9-4 W형 기여도의 예시

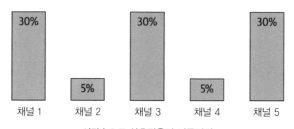

적합한 기여도 모델 선택하기

모든 마케팅 기여도 분석 모델에는 장점과 단점이 공존한다. 세상에 완벽한 기여
도 모델은 존재하지 않는다. 비즈니스에 가장 적합한 모델을 구축하고 이용할 수

있게 만드는 도구를 찾는 것이 중요하다. 적합한 기여도 모델을 판단하는 것은 모델 자체가 잘 작동하는지 여부와 함께 투자할 수 있는 자원의 양에 따라 달라질 수 있다. 이는 투자 자원이 당신의 스타트업이 가장 적합한 기여도 모델을 찾기 위해 다양한 기여도 모델을 시도할 수 있느냐를 결정하기 때문이다. 또한 제품의 구매 주기나 디지털 소매 채널, 온라인과 오프라인 복합 채널 등 다양한 요소를 고려해야 한다. 예를 들어 멀티 터치 기여도는 디지털 채널에서 더 잘 작동한다고 여겨지는 반면 마케팅 믹스 모델링은 오프라인 캠페인에 더 강력한 인사이트를 제공한다.

궁극적으로 멀티 채널 기여도 모델의 정교함을 결정하는 것은 관리와 활용을 위해 어떤 기여도 분석 도구를 사용할 수 있는지 여부다. 이는 모든 접점들이 연결된 전체 고객 여정에서 서로 다른 접점을 측정하고, 추적할 수 있어야 하기 때문이다.

마케팅 기여도 분석 도구

신뢰성 높은 인사이트를 얻기 위해 마케터는 온오프라인 캠페인의 적절한 최적화를 결정하기 위한 다양한 모델을 복합적으로 사용하고, 각 모델에서 도출된 데이터의 상관관계를 살펴봐야 한다.

이를 위해서는 온라인과 오프라인 마케팅 최적화에 대한 캠페인 내 인사이트를 제공할 수 있는 강력한 분석 플랫폼이 필요하다. 이런 플랫폼을 활용한다면 괄목할만한 이점을 가지게 된다.

마케팅 기여도 분석 도구나 소프트웨어를 선택할 때 마케터가 평가해야 하는 항목은 다음과 같다.

- 속도
- 정확도
- 브랜드와 퍼포먼스의 연결
- 크로스 채널 기반 인사이트 도출

기여도 모델을 선택할 때, 자문해볼 수 있는 질문은 다음과 같다.

- 온라인과 오프라인 매체뿐만 아니라 다양한 채널과 플랫폼 간의 사용자 여정을 추적할 수 있는가?
- 브랜드의 영향도를 가시적으로 확인할 수 있는가?
- 사용자 여정 중 광고의 영향을 가시적으로 확인할 수 있는가?
- 비디지털, 오프라인 마케팅에서 사용자 레벨의 인사이트를 얻을 수 있는가?
- 피할 수 없는 이벤트를 제외하고 마케팅 효과^{lift}만 측정할 수 있는가?
- 상관관계 편향을 피할 수 있는 실험 디자인을 사용할 수 있는가?
- 캠페인 도중 또는 캠페인 말미에만 최적화된 인사이트를 얻을 수 있는가?
- 캠페인에 영향을 끼치는 외부 요인에 대한 인사이트를 얻을 수 있는가?
- 정확한 데이터뿐만 아니라 품질 분석도 제공하는가?

오늘날 사용 가능한 일반적인 기여도 분석 도구는 다음과 같다.

- 애드저스트Adjust
- 앱스플라이어AppsFlyer
- 브랜치Branch
- 코차바Kochava
- 싱귤러Singular

마케팅 기여도 분석의 이점

그로스 팀에게 예산이 효율적으로 쓰이고 있는지에 대한 더 나은 인사이트를 가지는 것은 매우 중요하다. 그로스 팀의 과제는 데이터와 측정값들을 통합할 수 있는 적합한 도구를 찾는 데 투자하면서 단순한 모델에서 더 발전된 멀티 터치 모델로 전환하는 것이다.

발전된 기여도 모델, 특히 복합 모델의 경우에는 온라인과 오프라인의 다양한 데이터셋을 평가하기 때문에 많은 시간이나 자원을 필요로 한다. 가장 효율적인 기여도 모델은 새로운 고객을 유치하기 위해 시간과 돈, 자원을 배치하는 최고의 방향성을 제시할 수 있어야 한다. 전체적인 고객 여정을 깊이 이해할 수 있는 데이터를 현명하게 획득할수록, 긍정적인 ROI를 통한 고객 성장을 효율적으로 확장할 수 있다.

효율적인 마케팅 기여도 모델을 선택한다면 다음과 같은 이점을 얻을 수 있다.

최적화된 마케팅 비용

기여도 모델은 마케터에게 전체 고객 여정의 서로 다른 접점에서 마케팅 비용이 적절하게 사용되는지, LTV에 어떤 영향을 주는지에 대한 인사이트를 제공한다. 이는 그로스 팀이 서로 다른 성공 목표와 기준에 따라 예산을 최적화하고 조정하는 데 도움을 준다.

ROI 증대

효율적인 기여도 관리를 통해 마케터는 적시에 알맞은 고객에게 알맞은 메시지를 전달해 전환율을 높이고 마케팅 ROI를 증대한다.

개인화 향상

마케터는 전체 고객 여정에서 더 효율적으로 마케팅하기 위해 고객 개개인이 선호하는 메시지나 마케팅 채널을 이해하고 싶어 한다. 이때 기여도를 활용할 수 있다.

제품 기능 향상

개별 고객의 기여도는 마케터가 고객의 니즈를 이해하는 데 도움을 준다. 이는 고객이 원하는 기능에 초점을 맞춰서 제품을 업데이트하기 위해 활용된다.

최적화된 광고

기여도 모델은 언제 어떻게 사용자와 커뮤니케이션할지 결정하는 데 도움을 주며, 메시지나 시각적인 요소 등의 광고 요소를 평가할 수 있도록 한다.

사용자 중심 기여도 분석의 등장

모든 성장의 비용을 측정하고 매출에 대한 기여도를 판단하는 것은 필수적이다. 이는 기여도 데이터를 파고들고 분석하여 새로운 고객이 전체 고객 여정에서 당신의 브랜드와 어떻게 상호작용하는지 투명하게 파악하고, 이를 바탕으로 매출 성과를 최적화하기 위해 현재 진행 중인 프로그램, 캠페인, 접점, 채널 등을 조정하는 일련의 과정을 뜻한다. 앱스플라이어와 같이 멀티 터치 기여도를 제공하는 크로스 플랫폼 기술은 모든 채널과 플랫폼에서 나오는 방대한 데이터를 바탕으로 접점에 대한 전체적인 시각과 고객 개개인의 비전을 파악하는 사용자 중심 기여도를 제공한다. 다양한 접점에서 발생한 고객 참여 데이터를 활용하고 머신러닝 알고리즘을 적용하는 것은 단순히 고객의 의도를 이해하는 것뿐만 아니라 전체적인 관점에서의 의도를 재해석해 고객을 유치하는 데 새로운 기회를 제공한다.

사용자 중심 기여도 분석은 무엇인가

앞서 설명한 것처럼 데이터, 특히 전체 고객 여정을 아우르는 데이터는 인공지능을 작동시키는 연료다. 그로스 마케터의 관점에서 고객 여정은 앱을 다운로드하거나 구매가 일어나는 시점이 아니다. 그보다 훨씬 전인 비즈니스와 미래 고객 사이의 첫 번째 접점에서부터 고객 여정이 시작된다.

물론 비즈니스와 고객 사이의 상호작용 관점에서 보면 새로울 것이 없다. '광고에 쓰는 돈의 절반은 낭비되는데 문제는 어느 쪽의 반이 낭비되는지 모른다는 것'[1]이라는 말이 있듯이 과거의 마케터는 능력이 측정되고 평가되는 방식의 한계를 수용해야 했다. 반면 디지털 미디어는 마케팅 노력을 측정할 수 있다는 점에서 새로운 기준과 기대를 가져왔다.

퍼포먼스 마케터는 마케팅 효율성과 측정 가능성에서 인상적인 성과를 얻을 수 있지만, 디지털 영역 외에는 주요한 발전을 가져오지 못한다. 파편화된 모바일 생태계는 고객 여정의 처음과 끝을 더 이해하기 어렵게 만들었다. 무엇보다 중요한

---

1 데이비드 오길비(David Ogilvy)의 『나는 광고로 세상을 움직였다』(다산북스, 2012)에 나오는 구절

것은 스마트폰, 스마트 기기, 스마트 스피커, 그리고 스마트 TV까지 개인이 접근 가능한 채널이 폭발적으로 늘어났고, 사용자 여정은 점점 더 복잡해지고 있다는 사실이다.

포레스터Forrester의 2017년 리서치에 따르면 오늘날 온라인 구매의 65%는 둘 이상의 디바이스에서 진행된다.[2] 반면 2019년 이마케터eMarketer의 연구 결과에 따르면 사용자의 행동이 전체 디바이스, 채널, 플랫폼 중 어디에서 기인하는지 파악하는 기업은 전체 회사의 10% 미만에 불과하다.[3]

이는 마케터들에게 흥미로운 딜레마를 불러일으킨다. 고객은 계속해서 증가하는 채널과 접점을 통해 브랜드와 끊임없이 상호작용하면서 연결된 경험을 형성한다. 예를 들어 주요 쇼핑 브랜드에 대한 경험은 고객이 매일 마주하는 광고판, 온라인 카탈로그, 새로운 물건을 사기 위해 방문하는 가게, 모바일 앱의 쿠폰을 통해 형성된다.

반면에 기업은 이러한 연결된 행동의 **맥락**을 파악하는 데 어려움을 겪고 있다. 한 명의 고객을 한 사람으로 인식하기 보다는 하나의 개인에게서 분리된 몇 개의 자아로 보고 있다. 게다가 마케팅 팀과 광고 예산은 브랜드의 옴니 채널에 대한 도전을 약화하기보다는 강화하는 방향으로 구성된다. 이와 같이 고립된 접근으로 캠페인의 비효율, 중복 마케팅 투자, 광고 지출 낭비 등의 결과가 발생한다.

사용자 중심 기여도 분석은 접점이나 마케팅 상호작용을 연결해 기업과 잠재 고객 사이의 격차를 해소하려 한다. 이는 장치가 아닌 사람이 마케팅 채널에서의 개인의 데이터 접점들 사이에서 공통분모임을 이해하는 것을 바탕으로 한다. 결과적으로 사용자 중심 기여도 분석은 분리된 마케팅 상호작용을 고유한 사용자 프로필에 연결해주는 데 초점을 맞춰야 한다.

....

2 자세한 내용은 케이트 레겟(Kate Leggett)외 3명이 포레스터에 발표한 「Engagement Costs Continue To Rise Even With Digital(디지털과 함께 지속적으로 상승하는 참여 비용)」을 참고. *https://www.forrester.com/report/Engagement+Costs+Continue+To+Rise+Even+With+Digital+Heres+How+To+Fight+It/-/E-RES137864#*

3 자세한 내용은 로렌 피셔(Lauren Fisher)가 이마케터에 발표한 「Advancing Marketing Attribution(고급 마케팅 기여도)」을 참고. *https://www.emarketer.com/content/advancing-marketing-attribution*

사용자 중심 기여도 분석의 현주소

개념적으로는 단순해 보이지만 진정한 사용자 중심 기여도 분석에 도달한다는 것은 결코 쉽게 이룰 수 있는 일이 아니다. 정확하고 통일된 사용자 프로필을 생성하기 위해 기여도 분석 도구는 다음의 과제를 극복해야 한다.

특정 유입 경로 측정 불가

경로를 측정하기 위해 사용되는 기술과 방법론은 매체 간 심지어 매체 내에서도 매우 다양하지만, 집 밖이나 신문 광고 등의 일부 유입 경로와의 상호작용은 측정이 거의 불가능하다.

유입 경로 간의 연결점 분실

유입 경로를 측정할 수 있더라도, 채널에서 얻은 정보와 표준화된 사용자 프로필을 연결하는 것은 어려운 일이다. 개인이 브랜드의 PC 웹사이트와 모바일 앱을 열었을 때 (브랜드에 두 개의 사용자 프로필을 연결할 수 있는 기술력이 없는 한) 일반적으로는 별도의 사용자로 인식된다. 반대로 하나의 컴퓨터를 여러 명이 함께 사용한 경우에는 하나의 사용자 프로필에 여러 명의 데이터가 쌓이기도 한다.

데이터 결합 및 표준화

다양한 유입 경로에서 모인 데이터가 수집되면 이를 하나로 결합하고 표준화해야 한다.

동일한 채널에서의 서로 다른 광고 네트워크는 상호작용 구성 요소에[4] 다양한 정의를 사용할 수 있으며, 이 과제는 다양한 채널이 합쳐진 경우에는 더 어렵다. 예를 들어 모바일 기기의 마케팅 상호작용과 웹 또는 TV의 OTT 서비스 상호작용

---

[4] 다양한 매체에서의 광고 상호작용의 정의를 표준화할 때 기여도 제공처를 활용하는 방법은 모바일 마케터를 위한 「앱스플라이어 클릭과 조회수 표준화(AppsFlyer Clicks and Views Standardization)」 문서를 참고. *https://massets.appsflyer.com/wp-content/uploads/2019/07/25202627/AppsFlyer-Clicks-and-Views-Standardization-Document.pdf*

을[5] 비교해볼 수 있다. 마케팅 접점의 의미에 대한 깊은 맥락과 채널 중심적인 이해가 요구된다.

데이터와 개인정보 보호 관련 문제

사용자 중심 기여도 분석이 기술적으로 가능하다고 해서 모든 사용자가 전체 여정의 데이터를 제공하는 것에 동의하지는 않는다. 마케터는 엄격한 보안 기준과 프로토콜을 준수해 고객 데이터의 안전한 보관을 보장해야 한다. 또한 솔루션이 유럽 연합 일반 데이터 보호 규칙General Data Protection Regulation(GDPR)과 캘리포니아 프라이버시 보호법California Consumer Privacy Act(CCPA)을 준수하고 사용자의 철회 요청을 적용할 수 있는지 확인해야 한다.

지난 몇 년 사이 사용자 중심 기여도 분석 솔루션은 점점 더 강화되고 포괄적으로 발전했다. 유입 채널의 디지털화로 인해 마케터가 더 다양하고 깊이 있는 측정이 가능해졌기 때문이다. 또 다른 이유는 나누어진 모바일 생태계를 통합하는 전문 지식을 갖춘 기여도 분석 제공자가 업계의 주요한 혁신 기업으로 부상하고 있다는 점이다.

기여도 분석 기초: 각 접점 너머의 사용자를 인식하라

기여도 분석 도구에서는 마케팅 상호작용의 신호를 특정 사용자에게 귀속시키기 위해 일반적으로 **결정론적 매칭**과 **확률론적 매칭**이라는 두 가지 기초적인 방법론을 활용한다.

결정론적 매칭

결정론적 방법론을 바탕으로 한 매칭 기술은 디바이스나 상호작용에 고유한 식별 자를 활용한다. 마케팅 상호작용과 사용자를 일치시키는 일에 있어 높은 유효성과 신뢰도를 가진다. 식별자로는 운영체제 소유자(예를 들어 애플의 IDFA나 구

---

5 OTT는 컴캐스트(Comcast)와 같은 전통적인 케이블 TV나 유료 위성 TV 서비스를 구독하지 않는 사람들에게 영화나 TV 콘텐츠를 인터넷을 통해 볼 수 있도록 제공하는 서비스를 뜻한다.

글의 GAID, Play 조회 정보)가 제공하는 모바일 기기 ID, PC나 모바일 웹에서 제공하는 쿠키 ID, 회원 가입 과정 등에서 할당된 고유한 사용자 ID 등이 있다.

확률론적 매칭

모든 마케팅 상호작용이 결정론적 식별자를 제공하는 것은 아니다. 전체 모바일 사용자의 10~15%는[6] 고유한 기기 ID에 일련의 0 값을 넣는 '광고 추적 거부' 기능을 사용한다. TV와 같은 일부 비디지털 채널은 결정론적 식별자를 제공하지 않는다. 확률론적 매칭은 결정론적 모델의 대비책이다. 매개변수와 머신러닝을 통해 기기 매칭에서 통계적인 모델을 구축할 수 있다.

모바일에서 주로 쓰는 매칭 방법은 **핑거프린팅**fingerprinting이다. 기기의 특성과 매치해 활용하는 고유한 디지털 ID를 형성하기 위해 공개적으로 사용할 수 있는 기기 이름, 기기 종류, 운영 체제operating system(OS) 버전, 플랫폼, IP 주소, 통신사 정보 등의 매개변수를 조합하는 방식이다. 확률론적 매칭의 정확도는 데이터 규모와 모델의 정교함에 따라 상이하다. 앱스플라이어의 **적응형 핑거프린팅** 방식과 같은 최첨단의 확률론적 매칭 방법론은 IP 고윳값 기준만큼 높은 신뢰도를 가진다.

전체론적 매칭

결정론적 매칭과 확률론적 매칭 중 하나를 선택한다는 것은 도달 범위와 정확도를 맞바꿈을 의미한다. 가장 발전된 기여도 플랫폼은 결정론적 매칭 식별자를 활용할 수 없을 때의 대비책으로 확률론적 매칭을 함께 활용한다. [표 9-1]은 각 방법론의 기초적인 원칙과 특성을 설명한다.

표 9-1 매칭 방법론의 개요

	확률론적 매칭	결정론적 매칭	전체론적 매칭
정의	고유하지 않은 식별자의 매칭 가능성을 판단하기 위해 통계적인 방법론을 활용한다.	상호작용 간의 매치를 판단하기 위해 고유한 식별자를 활용한다.	복수의 결정론적 식별자들이 확률론적 식별자들에 의해 증강되는 복합적인 접근법이다.

---

6 자세한 내용은 앱스플라이어의 「Limit Ad Tracking(광고 트래킹 제한)」을 참고. *https://www.appsflyer.com/mobile-fraud-glossary/limit-ad-tracking*

| 강점 | 디바이스와 채널 도달의 범위가 넓다. | 매칭 신뢰도와 정확도가 높다. | 넓은 범위의 디바이스와 채널에 걸쳐 있으며, 정확도가 높다. |
| 도전
과제 | 적은 양의 데이터셋으로 시도한 경우 매치가 잘못되는 높은 위험을 가진다. | 도달 범위 및 적용 영역이 한정적이다. | 많은 양의 데이터와 고급 매칭 알고리즘이 필요하다. |

사용자 중심 기여도 분석의 두 가지 접근법

오늘날 사용자 중심 기여도 분석의 접근법은 일반적으로 **공유 데이터베이스** 또는 **전용 데이터베이스**의 두 가지 방식으로 귀결된다.

공유 데이터베이스

공유 데이터베이스를 기반으로 한 매칭은 '기기 그래프device graph' 또는 '페르소나 그래프persona graph'라고 일컬어지는 ID 그래프를 만들기 위해 모든 고객 데이터를 통합한 후 매칭하는 방식이다. 이렇게 '크라우드소싱crowdsourcing' 방식을 선택하는 이유는 개인 광고자나 기여도 플랫폼 전체의 데이터 규모에 한계가 있기 때문이다. 기본적으로, 한 회사에서 높은 매칭 확률을 제공해준다면 다른 회사도 비슷한 기여도 플랫폼을 사용할 수 있다. 예를 들어 회사 A가 특정 사용자를 PC는 쿠키 ID 1111로, 모바일 웹은 ID 2222로 정의했다면 회사 B에서도 이를 추가적인 마케팅 노력 없이 활용 가능하다.

장점은 기여도 분석 플랫폼의 공유 데이터베이스가 같을 때 고객의 필수 지표를 얻을 수 있다는 점이다. 공유 데이터베이스는 고객과의 접점이 많지 않거나 다양한 마케팅 채널을 활용하지 못하는 소규모 또는 중간 규모의 회사에 적합한 솔루션이다.

단, 공유 매칭 데이터를 특정 비즈니스에 종속시킬 수 없다는 점을 반드시 고려해야 한다. 데이터는 기여도 분석 플랫폼의 자산으로 플랫폼 판매를 위해 적극적으로 활용되며, 본인 회사뿐만 아니라 경쟁사에도 도움이 된다. 처음 매칭을 발견한 회사 A가 기여도 분석 플랫폼을 변경하면 회사 A는 공유 매칭 데이터에 접근할 수 있는 권한을 잃고 회사 B는 여전히 매칭 정보로 이익을 본다.

개인정보 보호 준수 관점에서 이 접근법에 대한 의문점을 제기할 수 있다. 만일 사용자가 회사 B에 기여도 데이터를 삭제해달라고 요청한다면 회사 A 또한 해당 데이터에 접근하지 못하게 되는 것일까?

전용 데이터베이스

공유 데이터베이스 접근법의 대안으로 한 회사만을 위해 개별적으로 구성되고 하나의 브랜드 또는 비즈니스만을 위해 활용되는 전용 데이터베이스 접근법이 있다. 회사 A가 생성한 매칭에는 A만 접근할 수 있다.

다른 회사와 고객의 정보를 공유하고 싶지 않거나, 개인정보 보호에 민감하지만 개인화를 포기할 수 없는 비즈니스에 좋은 접근법이다. 지능 기반 비즈니스의 특장점인 퍼스트 파티 데이터의 소유권에 대한 우려도 적어진다. 퍼스트 파티 데이터를 바탕으로 생성된 전용 데이터베이스는 다양한 사용자 데이터가 있거나 채널 전반에 고객 유입 경로의 접점이 있는 주요한 브랜드 및 회사에 적합하다. 사용자 중심 기여도 분석에서 가장 큰 이점이 되지만, 개인정보 보호 문제 측면에서는 더 많은 리스크가 있다.

사용자 중심 기여도 분석 적용 사례

브랜드가 성장과 사용자 관여를 높이기 위해 사용자 중심 기여도 분석을 적용하면서 새롭고 복잡한 사례를 만들어 낸다. 비즈니스에서 사용자 중심 기여도 분석을 활용할 때는 다음의 사례를 고려해야 한다.

매체 혼합과 예산 최적화

[그림 9-5]와 [그림 9-6]에서 확인할 수 있듯이 사용자 여정을 완벽하게 파악할 수 있다면, 개별 채널이 다른 채널과 비교했을 때 어떠한 퍼포먼스를 내는지에 대한 인사이트를 얻을 수 있다. 또한, 사용자 참여를 늘리는 멀티 터치 경험을 만들 때 유입 경로가 어떤 역할을 하는지 더 깊게 이해할 수 있도록 돕는다. 예를 들어 PC에서 웹사이트를 홍보할 때 유효한 트래픽을 발생시키지 못했던 비디오 광고

가 모바일 환경에서는 전환율을 높이는 데 주요한 역할을 한다.

그림 9-5 생키 다이어그램Sankey diagram은 가장 일반적인 디바이스 간 사용자 여정을 보여준다. 모바일 디바이스에서의 15% 사용자 전환이 PC의 웹사이트 방문에서 시작된다.[7]

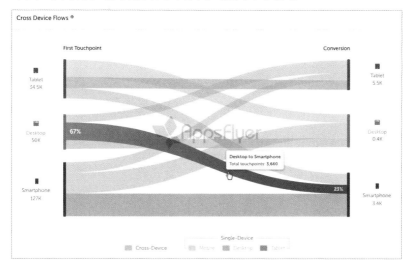

그림 9-6 웹에서 앱으로의 전환율 도표는 네이티브 앱에 대한 웹 캠페인의 영향을 분석해 사용자 여정에 더욱 포괄적인 시각을 제공한다.[8]

----
7 출처는 앱스플라이어
8 출처는 앱스플라이어

광고 효율성 향상

사용자 중심 기여도 분석은 다른 기기나 유입 경로에서 노출되는 특정 광고의 빈도를 제한해 광고 피로도를 줄일 수 있다. 소비자가 짧은 기간 동안 동일한 광고에 노출되면 광고는 효율성을 잃는다. 노출 빈도 조정은 다양한 기기에 적용되는 광고의 경우 매우 유용하며 이를 통해 광고 예산을 아낄 수 있다.

더 똑똑해진 리타기팅

사용자 중심의 인사이트를 통해 다양한 디바이스에서 사용자의 관심을 끌어올 수 있다. 여러 화면에서 사용자를 리타기팅하고 재참여시키기 위해서는 [그림 9-7]의 방법론을 고려할 수 있다.

그림 9-7 제품 수준의 리타기팅 세분화[9]

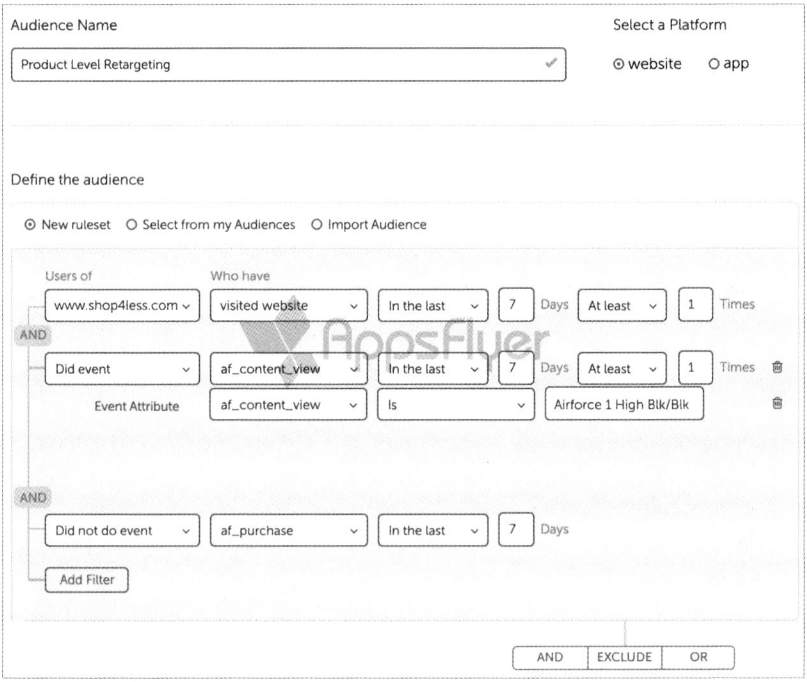

---

9 출처는 앱스플라이어

웹 재방문자 리타기팅

첫 번째 방문에서 소비자로 전환되는 웹 방문자의 비율은 2%에 불과하다 (98%가 이탈한다). 광고를 통해 이탈한 웹 방문자를 재방문하도록 유도하고 기기에 적용된 CTA를 연결해야 한다. 사용자가 참여할 준비가 됐을 때 웹 방문자를 다시 유도해야 한다.

웹에서 확인한 제품 기반 리타기팅

웹사이트에서 특정 제품을 확인한 사용자를 대상으로 앱에서 맞춤형 메시지를 전달해 적절한 제품으로 유도할 수 있다.

검색 기록을 통한 리타기팅

치밀하게 세분화한 사용자와 구매 의도를 바탕으로 사용자를 리타기팅하기 위해 검색 기록을 활용한다. 최적화된 사용자 여정을 기반으로 웹사이트나 앱으로 유도할 수 있다.

고도화된 부정 트래픽 식별 및 방지

인공지능 세계에서 봇이나 자동화된 복잡한 스크립트를 통해서 발생하는 부정 트래픽을 실제 사용자 행동과 구별하기가 점점 더 어려워지고 있다. 대규모 유입 경로 간의 사용자 상호작용 데이터셋을 사용하면 일반적인 사용자나 해당 세그먼트의 대다수 사용자의 행동에서 벗어난 부정 트래픽을 발견할 수 있다.

예를 들어 일반적인 금융 기관의 경우 그들의 앱을 사용하는 80%의 사용자가 데스크톱의 웹사이트를 통해서 상호작용하고 있다고 했을 때, 어떤 매체에서 앱으로만 상호작용하는 사용자 수가 급증한다면 이는 반드시 조사되어야 하는 아웃라이어outlier다.

고객 여정과 사용자 경험 향상

[그림 9-8]에서 확인할 수 있듯이 다양한 유입 경로와 기기에서 전체 고객 여정을 고려하는 기능은 사용자 흐름 최적화나 멀티 터치 타기팅, 개인화에 고도화된 기회를 제공한다.

그림 9-8 전환 경로conversion path 대시보드는 크로스 채널의 사용자 흐름 데이터를 실용적으로 만든다.[10]

예를 들어 구매 확률이 높은 소비자가 PC로 다양한 자동차 광고를 보고 관심 있는 두 가지 모델을 자세히 알아보기 위해 광고주의 웹사이트를 살펴본다고 가정하자. 사용자가 두 가지 모델의 개인화된 옵션을 살펴보기 위해 광고주의 앱을 다운로드하도록 만드는 다이내믹 광고를 고려해볼 수 있다. 사용자가 앱에서 하나의 모델을 개인화하는 데 오랜 시간을 보냈다면 다음 세일 기간에는 드림카를 시승해볼 수 있는 이메일을 보내는 것이다.

사용자 흐름에서 기존 상호작용은 유입 경로와는 무관하게 후속 마케팅 접점의 메시지와 콘텐츠를 유도한다. 사용자 중심 기여도 분석은 고객 생애 주기를 바탕으로 구체적인 광고 요소와 콘텐츠의 효과에 대한 인사이트를 인공지능에게 제공할 수 있다.

이제 사용자 확보 전략에 대한 다양한 선택지를 살펴보고 당신의 상황에 가장 적절한 접근법은 무엇인지 선택하는 과정을 알아보자.

---

10 출처는 앱스플라이어

사용자 유치를 위한 올바른
접근법 선택하기

4부에서는 사용자 유치를 위한 올바른 접근법을 살펴본다. 10장에서는 비즈니스에 맞는 전략을 선택하는 방법과 함께 성장하기 위해 고려해야 하는 검증된 핵심 사용자 확보 전략 다섯 가지를 소개한다. 11장에서는 원하는 결과를 얻기 위해 사용해야 하는 도구 모음을 뜻하는 '그로스 스택'을 상세히 소개한다.

사용자 유치를 위한 올바른 접근법 선택하기

CHAPTER 10

신규 사용자 유치 전략

사용자 유치 전략에 관한 사고방식

신규 고객을 찾기 위해 큰 비용을 광고에 쏟을수록, 신규 사용자 유치 비용은 큰 폭으로 증가한다. 스마트폰에서 앱을 열 때마다 엄청난 수의 제품 판매 광고가 노출된다. 고객의 관심은 수십억 달러의 가치를 지닌다. 기업이 사용자 유치를 위해 모바일, PC, TV, 라디오, 가상 비서 등 다양한 디바이스 채널에 엄청난 비용을 투자하는 이유다.

인간의 관심은 한정된 자원이다. 하루는 24시간이지만 고객의 관심을 받기 위한 새로운 제품은 매순간 나타난다. 끝없는 수요와 제한된 공급은 인간의 관심을 세상에서 가장 가치 있는 자원으로 만든다. 구글, 페이스북, 인스타그램, 유튜브, 아마존, 넷플릭스, 판도라Pandora, 포트나이트Fortnite 등 생활을 즐겁게 만드는 채널들은 사용자가 자신의 앱에 오랜 시간 머물도록 끊임없이 경쟁하고 있다. 경쟁이 심해질수록 인간의 관심을 얻는 것은 더 어려워진다.

사용자 유치는 신규 사용자를 비즈니스로 데려오는 과정이다. 어떤 비즈니스든 해당 산업의 경향을 따르며 지속 가능하고 체계적인 사용자 유치 전략을 목표로 삼는다. 신규 고객을 적은 비용으로 유치하고 유지하는 일은 스타트업의 가장 큰 과제다. 비즈니스 초기의 스타트업 대부분이 신규 사용자 혹은 고객을 찾는 데 어려움을 겪는다. 스타트업의 제품이나 서비스, 브랜드가 사람들에게 생소할 수밖에 없기 때문이다. 기업의 크기와 상관없이 사용자 유치는 수익 전환과 운영을 위해 굉장히 중요한 부분이다. 사용자 유치는 스타트업이 고객, 파트너, 투자가, 인플루언서, 잠재 고객에게 사업의 유망성을 보여주는 증거로도 작용한다. 모든 스타트업의 성장은 두 가지, 즉 사용자 유치 전략과 실행에 달려 있다.

성공적인 사용자 성장 전략의 핵심은 사용자 유치와 유지 사이의 적절한 균형을 찾는 것이다. 스타트업은 많은 실수를 감당할 수 없기에, 사용자 유치 전략을 수립할 때 가장 관련성 높은 전략을 찾는 유연성이 필수적이다. 성장의 기반이 되는 고객 유지와 수익화가 중요하다. 기존 사용자를 유지하지 못하거나 기존 사용자로부터 매출을 만들어내지 못하는 것은 밑 빠진 독에 물을 붓는 꼴이다. 신규 고객을 기반으로 잠시 성장할 수는 있겠지만, 유치 가능한 사용자의 수는 한계가 있을 수밖에 없다. 사용자 수는 안정적으로 유지되다가 감소하더라도 사용자 유치에 드는 비용은 점점 증가한다.

스타트업이 적은 비용으로 신규 고객을 유치하지 못한다면 자금 고갈률이 증가하고 결국 망하게 된다. 성장 중인 스타트업은 지속적인 코호트 분석[1]으로 CAC와 LTV 같은 핵심 지표를 추적해 성장 전략이 성공적인지를 항상 확인해야 한다.

성공적인 사용자 성장 전략의 핵심은 사용자 유치와 유지 사이의 적절한 균형을 찾는 것이다.

모든 스타트업에는 제품/시장 적합성 도달 이전과 이후, 단 두 단계만이 존재한다. 만약 지금이 제품/시장 적합성 도달 이전 단계라면 큰 비용을 사용자 유치 전략에 투자하기 전에 먼저 제품/시장 적합성[2]을 판단해야 한다. 사업과 제품을 개발할 때 개발 주기를 단축하고 현재의 비즈니스 모델이 유효한지 빠르게 판단하는 에릭 리스의 린 스타트업 방법론을 따르는 것이 제품/시장 적합성을 찾는 가장 좋은 방법이다. 린 스타트업은 사업적 가설 중심의 테스트, 제품의 반복 출시, 검증을 통한 학습을 조합해 달성하는 방법론이다.

만약 제품이 지속 가능한 사용자 관여와 가치 생성의 길로 명확히 들어서지 못했

---

1 코호트 분석은 행동 분석의 한 종류다. 전체 데이터에서 일부 데이터를 추출하는 것으로 전체 사용자의 데이터를 하나의 단위로 보는 것이 아니라 분석을 위해 연관 그룹으로 나누어 분석한다. 연관 그룹 혹은 코호트는 보통 정의된 기간 동안의 공통 특성이나 경험을 공유한다.

2 제품/시장 적합성이란 제품이 해당 시장을 만족시킬 수 있는 수준이며, 시장에 적합하다는 뜻이다. 일반적으로 기존의 문제나 니즈를 해결하고 만족시켜주는 최소 기능 제품(minimum viable product)을 만드는 것으로 해석한다.

다면 모든 리소스를 성장에 투자해서는 안 된다. 먼저 제품/시장 적합성을 찾는 데 집중해야 한다. 제공하려는 제품이나 서비스에 실질적이고 손에 잡히는 수요가 있는지 확인한 후, 초기 고객을 만나 피드백을 받는다. 이 과정을 빠르게 반복해야 한다. 가족이나 친구를 모집하거나 블로그 댓글이나 광고를 활용하고 포럼이나 커뮤니티에 글을 작성하는 등 적은 비용으로 사용자를 유치한 다음, 모집한 사용자에게 제품/시장 적합성을 판단하는 데 도움이 되는 피드백을 요청하는 것이다. 제품/시장 적합성이 없는 제품을 성공시키는 것은 어렵다. 사용자의 리뷰가 좋든지 나쁘든지 사용자 리뷰 채널과 소셜 커뮤니티에서 입소문은 빠르게 퍼지기 마련이다. 이것은 긍정적으로든 부정적으로든 성장에 영향을 준다.

기대하는 제품/시장 적합성에 도달하기 위해서는 시간과 노력이 필요하다. 고객이 자발적으로 긍정적인 사용자 리뷰를 남기거나 주변에 제품을 추천하고 있다면 제품/시장 적합성에 도달했다고 볼 수 있다. 사용자 성장률을 높이는 일은 어렵지만, 적어도 제품/시장 적합성을 달성한다면 스타트업에 적합한 사용자 유치 전략을 찾는 단계로 넘어갈 수 있다. 이번 장에서는 사용자 유치 전략 관련 의사결정을 할 때 염두에 둘 사항을 알아본다.

사용자 퍼널의 단계

사용자 유치 전략이란 기업이 신규 사용자나 고객을 확보하고 가치를 제공해 수익을 내고 이익을 만드는 것이다. 전략은 사용자 유치, 관여, 유지, 수익화에 대한 최적의 접근법을 찾는 일이다. [그림 10-1]의 B2C 퍼널은 고객이 브랜드를 인지하고 구매에 이르는 과정을 시각화한 것이다. 당신의 비즈니스가 고객을 기쁘게 하고 이탈을 막기 위해 순환할 때, 마케팅 전략은 퍼널이 아닌 선순환에 가까워진다. 또한 고객 중심적 관점으로 고객에게 제공하는 가치를 높이는 데 집중할 수 있다.

체계적으로 신규 고객을 끌어들여 전환하고 유지하는 일은 기업의 건강한 성장을 이끄는 동시에 투자자에게는 스타트업의 잠재력을 확인시켜준다. 퍼널의 모든 영역은 성공적인 사용자 유치 전략에 매우 중요하다. 고객 퍼널의 모든 단계에서 가능한 한 많은 A/B 테스트를 진행해야 한다. 최대한 빠르게 테스트하고 배우고 반복해서 얻는 성공을 통해 장기적인 성장을 이룰 수 있다. A/B 테스트와 가설 개발 과정은 모범 사례를 기반해 과학적으로 진행해야 하지만, 스타트업은 일, 주, 월 단위로 테스트 속도를 높여야 한다.

그림 10-1 고객 마케팅 퍼널에 대한 사업의 여러 단계

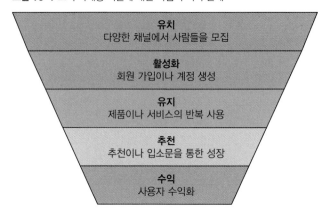

성장은 모든 단계의 사용자 가치를 효과적이고 효율적으로 만들고 넓히는 시스템 기반의 접근법이다. 성공한 기업은 사용자 참여, 유지, 온보딩 그리고 사용자 유치 전반에 걸친 사용자 경험을 향상하기 위해 통합적으로 움직인다. 가장 대응이 부족했던 세그먼트에 대한 전체 사용자 경험을 계획하고 최적화해 새롭게 발견한 세그먼트를 확대하면서 제품 사용량을 더 늘릴 수 있다. 또한, 사용자 여정에서 가장 부족한 지점과 가장 활용 가능성이 큰 부분을 찾아 도구와 프레임워크를 활용해 빠르게 테스트하면서 부족한 부분을 채워야 한다. LTV, CAC, 사용자 경험에 대한 통합적 사고가 승자와 패자의 차이를 만들 것이다.

[그림 10-2]는 전략적 사용자 유치 계획 3단계를 표현했다. 사용자가 알게 하고, 믿게 하고, 사랑하게 하는 데 초점을 맞췄다.

그림 10-2 3단계로 구성된 전략적 사용자 유치 계획의 기본 프레임워크

알게 하라 (인식)	**브랜드 인식 만들기** - 유료 채널(SEM/ASO, DSP, SSP, 디스플레이, CPA, DRTV, 팟캐스트) - 인플루언서(PR, 지지 방송, 전략적 제휴) - 유통(소비자에게 직접, 온라인/오프라인, 소매점, 전략적 제휴)
믿게 하라 (가깝게)	**신뢰를 쌓고 고객을 유치하라** - 퍼널 최적화(전체 퍼널 단계에서의 A/B 테스트와 다변수 테스트) - 잠재 고객 교육(영상, 케이스 스터디, 사용자 및 언론 리뷰, UGC) - LTV 증가(CRM, 리타기팅, 광고, 유지율 증가, 관여와 수익화)
사랑하게 하라 (지지자)	**지지를 얻어라** - 지지자 식별을 위한 데이터 사용(NPS, CSAT, 평점과 리뷰) - 입소문과 바이럴 순환 유도를 위한 혜택/유도책/기능 - 커뮤니티 활성화(로열티 프로그램, VIP 그룹, 온라인/오프라인 경험)

아주 단순화된 프레임워크지만 효과적인 사용자 유치 계획을 위한 필수 단계를 모두 포함한다. 세부적인 전략을 논의하는 단계로 나아가려면 기본을 알아야 한다.

다섯 가지의 핵심 사용자 유치 전략

수백만 명의 사용자와 유료 고객을 확보하는 데 성공한 스타트업은 항상 한두 개의 성장 전략에 집중하고 있으며, 이 전략들은 다른 전략으로 넘어가기 전에 완벽하게 최적화된다. 스타트업의 성장을 위해 고려해야 하는 다섯 가지의 핵심 사용자 유치 전략을 알아보자.

유료 사용자 유치

사용자에게서 수익화할 수 있는 비즈니스 모델이 준비되지 않은 상태에서 고객을 유치하기 위해 많은 자금을 쏟아붓는 일은 벤처 자금 투자를 받은 스타트업이 흔하게 저지르는 실수다. 성공적으로 장기적인 비즈니스를 구축하려면 수익성 문제를 해결할 수 있는 비즈니스 모델 계획을 세워야 한다. 사용자 유치에 지출하는 비용보다 더 많은 수익을 얻을 수 있다면 구글, 페이스북, 제휴, 유료 검색 광고, TV 광고, 팟캐스트 등의 다양한 유료 채널 중 잠재 고객

을 얻는 최적의 채널이 무엇인지 테스트할 수 있다.

우선, 최고의 LTV 고객이 누구인지 파악한 후 유료 채널에서 유사한 고객을 찾는 데 필요한 도움을 받는다. 여러 채널을 테스트하면서 비용을 지출해 손해를 볼 수도 있다. 하지만 LTV와 CAC 비율을 3:1로 유지하기 위한 최적의 CAC를 만들어 다른 비용을 지출하더라도 이윤이 합리적으로 유지되도록 해야 한다. 이 전략은 결과에 기반해 규모를 빠르게 확장하며, 비즈니스 성장에 영향을 미치는 수단을 더 많이 통제할 수 있어 성장에 큰 영향을 미친다.

바이럴리티

사용자가 당신의 제품을 좋아한다면 '입소문'을 통해 높은 순고객추천지수net promoter score (NPS)[3]와 긍정적인 사용자 리뷰를 얻을 수 있다. 훌륭한 제품을 만들고 사용자 경험을 제공해 사람들의 호감을 받아 네트워크에 공유하도록 만들어야 한다. 고객을 제품 마케팅의 가장 큰 후원자로 만든다는 목표를 세워야 한다. 더 높은 NPS는 더 많은 바이럴을 만드는 것과 연관된다. 성공한 대부분의 스타트업은 바이럴 순환을 활용해 더 큰 바이럴 계수[4]를 만든다. 드롭박스의 경우 추천자와 추천받은 자 모두에게 무료 저장 공간을 제공한다. 이처럼 제품 혹은 서비스를 공유하도록 다독이는 등, 다양한 선택지를 테스트한다.

바이럴 계수를 측정해 기존 사용자가 신규 사용자를 얼마나 효과적으로 끌어오는지 확인한다. 바이럴 계수가 1을 초과하는 것이 좋은 사례이다. 만약 바이럴 계수가 2라면 가입자마다 두 명의 추가 고객을 얻을 수 있다는 의미이다. 바이럴 계수가 1을 넘으면 입소문이나 별도의 비용이 들지 않는 채널에서 더 많은 사용자가 유치돼 CAC 값이 내려가면서 사용자 유치 비용에 이득이 된다. 혹은 인스타그램의 타깃 고객에게 어필할 수 있는 인플루언서와 계약해

----

3 순고객추천지수는 고객 관계에서 충성도를 측정할 수 있는 관리 도구다. 기존 고객 만족 조사의 대안으로 사용되며 매출 성장과 관련이 있다.

4 제품이나 서비스의 바이럴 계수를 계산하기 위해서는 사용자별 초대 수(추천, 공유 혹은 제품/서비스 초대를 가장 나타내는 항목), 평균 전환율이 필요하다. 두 지표를 곱하면 일반적으로 k 값이라고 불리는 바이럴 계수를 얻을 수 있다.

인플루언서의 팬과 팔로워에게 제품에 대한 긍정적인 경험을 퍼트리도록 할
수도 있다.

콘텐츠

제품이 Q&A나 기사, 고객 리뷰, 블로그 글, 영상, 팟캐스트 등에서 수많은
독특한 콘텐츠를 만들어내고 있다고 해보자. 수백만 명의 신규 사용자가 검색
엔진이나 소셜미디어, 팟캐스트, 앱스토어, 스마트 스피커 등의 다른 채널로
검색할 때 수백만 페이지의 콘텐츠로 제품을 알 수 있다. 콘텐츠는 노출이 잘
되기까지, 팔로워의 커뮤니티가 형성되기까지 시간이 걸리지만, 효과적인 장
기 사용자 유치 전략이 된다. 콘텐츠 마케팅을 활용하면 다양한 채널에서 타
깃 고객을 유치하고 SEO를 위한 도메인 권한을 이용해 콘텐츠로 유입되는 링
크를 만들 수 있다.

더 많은 플랫폼에 더 많은 콘텐츠를 작성하고 게시할수록 빠르게 새로운 영향
력을 키울 수 있지만, 처음에는 적절한 콘텐츠를 만드는 것부터 시작해야 한
다. 다양한 플랫폼에 같은 콘텐츠나 비슷하지만 다른 콘텐츠를 게시해 각 플
랫폼에 적절한 포맷을 찾는 것이 이상적이다. 많은 매체 기업을 보면 대행 서
비스 부서가 있다. 먼저 대상 독자를 찾은 후 다른 영역으로 확장한다. 글로시
에Glossier가 좋은 예다. 글로시에는 2010년에 개설된 뷰티 블로그로 모든 사업
을 온라인으로 진행하는데, 업계에서 보기 드문 기업이다. 그럼에도 불구하고
기업 가치가 12억 달러를 넘어섰다.[5]

전략적 제휴

성공한 다른 플랫폼이나 비즈니스를 활용하는 것은 자신의 비즈니스나 플랫
폼을 키우는 좋은 방법이다. 당신의 타깃 고객과 유사한 고객을 보유한 다른
연관 플랫폼, 비즈니스, 제품 혹은 서비스와 협업할 방법을 찾아야 한다. 타
깃 고객과 유사한 사용자에게 도달하면서도 당신의 제품과는 직접적인 연관

----

5 자세한 내용은 「Glossier Is NYC's Newest Unicorn With $1.2 Billion Valuation(12억 달러 가치를 지닌 뉴욕
의 새로운 유니콘, 글로시에)」을 참고. *https://www.bloomberg.com/news/articles/2019-03-19/glossier-
is-nyc-s-newest-unicorn-with-1-2-billion-valuation*

이 없는 파트너를 찾아야 한다. 동시에 양쪽 모두에 이익이 되는 제휴를 찾는 것이 핵심이다(반드시 금전적인 가치일 필요는 없으며 사업적 가치가 있으면 된다). 교환된 가치는 공정하면서도 균형을 이뤄 서로에게 이익이 돼야 한다. 로쿠Roku의 초기 성장 전략은 로쿠 플랫폼의 다른 콘텐츠 제공자와 제휴해 신규 사용자에게 도달하는 것이었다. 제휴사와 함께 신규 사용자를 유치할 기회를 마련하기 위한 공동 마케팅을 진행했으며, 넷플릭스, 훌루Hulu, 아마존과 같은 핵심 파트너뿐만 아니라 폭스Fox, CBS, 블룸버그Bloomberg 등과 같은 언론사도 함께 진행했다. 로쿠는 엄청난 고객 기반을 마련했을 뿐만 아니라 TV에서 콘텐츠를 시청하는 방법을 찾는 관련성 높은 대상에게 인지도를 높일 수 있었다.

제품 혁신

대부분의 혁신은 기업의 핵심 사업을 향상시키고 보완하며, 잠재력을 가진 가치 있는 자산을 활용하고 강화해 결과를 만들어낸다(기술 기업은 더 그렇다). 중요한 것은 경쟁력의 기반을 결정짓는 혁신의 속도다. 대기업의 사용자 시장에 진출(새로운 나라로의 확장 등)이나 결제 옵션 확장(페이팔, 모바일 지갑, 애플페이, 구글페이, 아마존 체크아웃 등), 크로스 플랫폼 경험의 확장(IMVU PC와 모바일 앱 등) 제품이나 브랜드 확장(애플의 맥, 아이폰, 아이패드, 아이튠즈, 뮤직 등)을 지속적인 개선의 예로 들 수 있다. 하지만 핵심을 벗어난 다양화는 성공 가능성이 작고 위험성이 높은 전략이므로, 핵심 고객을 확실히 확보하지 못한 초기 단계의 스타트업에는 추천하지 않는다.

마케팅 비용은 점점 더 늘어나는데 브랜드에 대한 고객의 신뢰는 점점 더 얻기 어려워진다. 적은 예산과 낮은 브랜드 인지도를 가진 스타트업에게 사용자 유치는 어려운 일이다. 적절한 전략으로 성장의 각 단계에 똑똑하게 접근해야 한다. 오늘날처럼 경쟁이 심화된 환경에서는 남들과 차별화된 방식이 있어야 충성도 높은 열정 고객을 확보할 수 있다.

우선 뛰어난 제품과 경험을 만들어 훌륭한 브랜드를 함께 만드는 여정에 협력할 충성 고객 커뮤니티를 확보한다. 또한 전략적 파트너를 활용하거나 제품 혁신으로 더 많은 잠재 고객에게 가치를 전달할 수 있도록 도달률을 높여야 한다. 검증된 비즈니스 모델이 있다면 할 수 있는 많은 투자를 해야 한다. 경쟁자가 당신을 따라 시장 점유율을 차지하기 전에 최대한 빠르게 비즈니스를 키우는 것이 중요하다.

수백만 명의 사용자와 유료 고객을 확보하는 데 성공한 스타트업은 항상 한두 개의 성장 전략에 집중하고 있으며, 이 전략들은 다른 전략으로 넘어가기 전에 완벽하게 최적화된다.

CHAPTER 11

그로스 스택

그로스 스택growth stack은 그로스 팀이 신규 사용자 유치에 필요한 사용자 성장 전략을 개발하고 발전시키는 데 도움을 주는 프레임워크다. 스택은 제품 생애 주기의 모든 단계 혹은 다양한 비즈니스 모델에 적용할 수 있다. 물론 스택에 따라 스타트업의 특정 단계와 관련이 더 깊을 수 있다. 프레임워크는 성장 수단을 핵심 퍼널 단계(사용자 유치, 관여, 유지, 수익화)로 나눈다. 실무자가 각 단계에서 모바일 제품의 성장을 이끌 모든 방법을 고려할 수 있게 하며, 집중해야 하는 영역을 결정하고 일관성 있는 전략을 만드는 데 도움을 준다. 내부 플랫폼과 외부 플랫폼 모두를 활용할 수 있다.

[그림 11-1]의 모바일 그로스 스택[1]은 앤디 카벨Andy Carvell과 모리츠 단Moritz Daan이 개발했다. 모바일 성장 컨설팅 회사인 피처Phiture에서 컨설턴트로 일하며 전 세계의 다양한 비즈니스 업무를 진행했던 경험을 기반으로 한다.

스타트업을 성장시키는 각 단계에서 하지 말아야 할 일을 결정하는 것은 해야 할 일을 정하는 것만큼 중요하다. 스택은 전략적 계획을 보완하는 프레임워크다. 프레임워크는 성장 전략을 강구할 때 포함된 모든 요소를 고려한다. 그러나 모든 요소가 필수이거나 모든 비즈니스가 모든 단계에서 똑같이 유효함을 의미하지는 않는다. 오히려 반대에 가깝다. 영향력에 집중하면서 지표 측정과 반복적인 테스트를 통해 성장을 달성할 수 있음이 핵심이다. 이번 장에서는 모든 선택지를 살펴본다. 실제 환경은 훨씬 더 복잡하며 인공지능의 힘을 빌리지 않고서는 관리하기

---

[1] 자세한 내용은 다음을 참고. *http://www.mobilegrowthstack.com*

어렵다는 것을 알려주기 위함이다.

그림 11-1 모바일 그로스 스택[2]

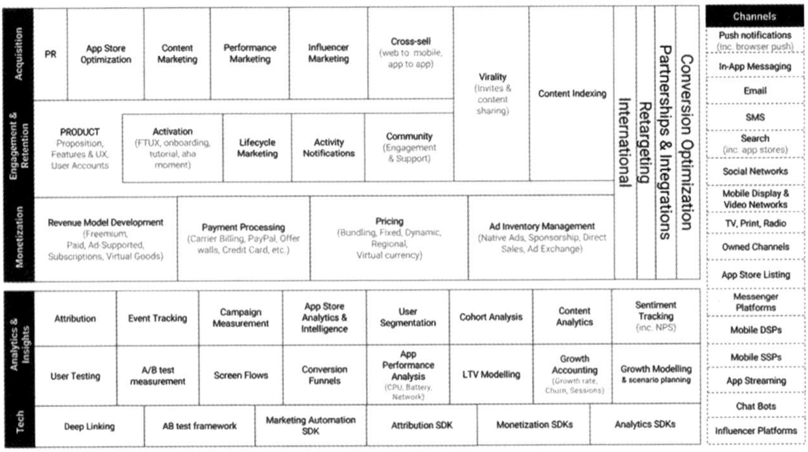
Acquisition
PR
App Store Optimization
Content Marketing
Performance Marketing
Influencer Marketing
Cross-sell (web to mobile, app to app)
Virality (Invites & content sharing)
Content Indexing
International
Retargeting
Partnerships & Integrations
Conversion Optimization
Engagement & Retention
PRODUCT Proposition, Features & UX, User Accounts
Activation (FTUX, onboarding, tutorial, aha moment)
Lifecycle Marketing
Activity Notifications
Community (Engagement & Support)
Monetization
Revenue Model Development (Freemium, Paid, Ad-Supported, Subscriptions, Virtual Goods)
Payment Processing (Carrier Billing, PayPal, Offer walls, Credit Card, etc.)
Pricing (Bundling, Fixed, Dynamic, Regional, Virtual currency)
Ad Inventory Management (Native Ads, Sponsorship, Direct Sales, Ad Exchange)
Analytics & Insights
Attribution
Event Tracking
Campaign Measurement
App Store Analytics & Intelligence
User Segmentation
Cohort Analysis
Content Analytics
Sentiment Tracking (inc. NPS)
User Testing
A/B test measurement
Screen Flows
Conversion Funnels
App Performance Analysis (CPU, Battery, Network)
LTV Modelling
Growth Accounting (Growth rate, Churn, Sessions)
Growth Modelling & scenario planning
Tech
Deep Linking
AB test framework
Marketing Automation SDK
Attribution SDK
Monetization SDKs
Analytics SDKs
Channels
Push notifications (inc. browser push)
In-App Messaging
Email
SMS
Search (inc. app stores)
Social Networks
Mobile Display & Video Networks
TV, Print, Radio
Owned Channels
App Store Listing
Messenger Platforms
Mobile DSPs
Mobile SSPs
App Streaming
Chat Bots
Influencer Platforms

작동 원리

스택은 핵심 퍼포먼스 목표인 사용자 유치, 관여도와 유지 그리고 수익화로 구성된 세 가지 영역으로 이루어졌다. 네 번째 영역인 분석과 인사이트는 수직적 영역으로, 고객에게 도달하는 여러 채널을 함께 나타낸다. 스타트업은 다양한 고객 성장의 각 단계에서 적절한 영역을 우선해 단기 및 중기 비즈니스 목표를 달성하고자 한다. 하지만 성공적인 전략이라면 특정한 순간에 세 가지 핵심 영역 모두에서 영향력을 만들어내야 한다. 분석과 인사이트에 투자하지 않고는 성취하기 어렵다.

스택의 개별 요소 단위는 성장 전략의 일부이거나 그렇지 않은 활동일 수 있다. 모든 요소가 동일하게 모든 스타트업에 적용될 수는 없다. 현명한 성장 전략은 스택의 모든 요소를 시도해보는 것이 아니다. 핵심 역량 강화에 도움이 되는 적절한

---

2 자세한 내용은 「What Is The Mobile Growth Stack?(모바일 그로스 스택은 무엇인가?)」를 참고. *https://phiture.com/mobilegrowthstack/what-is-the-mobile-growth-stack-426c6e474329*

활동 조합을 선택하고, 단기 성장을 위한 최적의 기회를 찾아 다음 단계에서 더 큰 성장을 할 수 있도록 채널과 추가 역량을 키우는 데 투자해야 한다.

> **스타트업을 성장시키는 각 단계에서 하지 말아야 할 일을 결정하는 것은 해야 할 일을 정하는 것만큼 중요하다.**

스타트업은 성장하기 위해 가능한 한 많은 서드 파티 도구와 플랫폼을 활용하고, 내부 리소스는 온전히 최고의 앱이나 제품 사용자 경험을 제공하는 데 집중시켜야 한다. 기업의 핵심 경쟁력이 되지 못하는 그로스 스택 플랫폼을 만들고 유지하는 데 리소스를 낭비해서는 안 된다. 기술과 모범 사례는 끊임없이 변화한다. 리소스가 한정된 스타트업이 서드 파티 플랫폼과 도구를 넘어서는 플랫폼을 만드는 것은 쉽지 않다. 스타트업이 그로스 팀을 위해 자체 플랫폼을 만들어도 기술이 뒤처지거나 새로운 상황에 적용할 수 있도록 플랫폼을 혁신하는 데 실패하는 경우가 많다. 뛰어난 최신 서드 파티 도구를 가진 타사와 내부 플랫폼으로 경쟁해 이기는 것은 어렵다. 이때는 그로스 스택 생태계의 주된 요소를 모두 활용할 수 있는 능력을 갖춘 외부 플랫폼 몇 가지를 찾아 균형을 맞출 수 있다.

> **NOTE_** 여러 외부 플랫폼을 그로스 스택의 영역별로 적용할 때는 주의가 필요하다. 비용이 증가하는 것은 물론이고 그로스 스택 운영에 투자해 얻을 수 있는 ROI 기준이 훨씬 높아지기 때문이다.

분석과 인사이트

[그림 11−2]의 분석과 인사이트는 스택의 가장 포괄적인 부분이다. 정량/정성적 데이터와 지표, 모델링, 그로스 활동 가이드라인, 영향력 측정과 기회 발굴 등을 기반으로 한다.

그림 11-2 그로스 스택의 분석과 인사이트 영역

분석과 인사이트	속성	이벤트 추적	캠페인 측정	LTV 모델링	사용자 세분화	코호트 분석
	콘텐츠 분석	감정 추적 (NPS 포함)	사용자 조사	A/B 테스트 측정	화면 흐름	전환 퍼널
	앱 퍼포먼스 분석 (CPU, 배터리, 네트워크)	앱스토어 분석 및 지능화		성장 회계 (성장률, 이탈, 세션)	성장 모델링과 시나리오 계획	

분석과 인사이트 영역에는 특정 데이터 수집이나 처리 활동을 돕기 위한 많은 도구와 서비스가 존재한다. 물론 단기적인 인사이트를 얻기 위해 맞춤 솔루션이나 빠른 변경 혹은 데이터베이스 쿼리 등을 고안하는 데 충분한 투자를 할 수도 있다.

기여도

모바일에서는 특정 마케팅 캠페인, 콘텐츠의 소셜 공유, 초대나 신규 사용자 확보 방법에 대한 클릭 및 조회, 설치 기여도의 측정을 위해 웹과는 다른 추적 기술이 필요하다. 브라우저 쿠키는 모바일/반응형 웹사이트에서 사용할 수 있지만, 네이티브 앱은 IDFA나 안드로이드 ID, 많은 데이터를 조합해 사용자(정확히 말하자면 디바이스)를 찾는 불완전한 핑거프린팅 기술로 설치 경로를 추적한다. 기여도 측정은 여러 접점과 PC 웹에서 모바일 앱 설치로 이어지는 등의 크로스 플랫폼 트래픽을 고려할 때 훨씬 더 어렵다.

딥링크

모바일 네이티브 앱은 진화하고 있다. 더 이상 스마트폰의 홈 화면에서만 실행되지 않는다. 앱 내 특정 콘텐츠로 사용자가 바로 이동하는 딥링크deeplink를 실행하는 경우가 많아졌다(앱은 이미 설치된 상태라고 가정한다). 많은 모바일 앱은 딥링크 스키마를 구현해 추가 진입 지점을 제공한다. 푸시 알림이나 이메일, 메시지, 다른 앱, 웹사이트의 링크 등 일반 웹 링크가 열릴 수 있는 곳이라면 어디에서든 이용할 수 있다. 앱 내 콘텐츠는 구글이 인덱싱해 검색 결과로 노출되기도 한다. 앱 인덱싱은 iOS 9부터 지원되며 유니버설 링크Universal link 기능이 켜져 있다

면 사용할 수 있다. 딥링크는 리타기팅 캠페인에서도 사용되는데, 다른 앱에서 광고를 본 기존 사용자가 다시 앱에 관여하거나 특정 부분으로 되돌아오게 한다.

앱이 딥링크 콘텐츠를 지원한다면 해당 링크가 어떻게 실행되는지 정보를 얻는 것이 중요하다. 어떤 딥링크 통합 자원 식별자uniform resource identifier(URI)가 열렸는지, 브라우저 링크 및 푸시 알림, 리타기팅 캠페인처럼 사용자가 어디에서 진입했는지 파악된다면, 가장 인기 있는 콘텐츠가 무엇인지와 얼마나 다양한 채널이 기존 사용자가 재관여하는 데 유효한지를 이해할 수 있다. 해당 데이터는 새로운 콘텐츠 편집과 커뮤니케이션 활동 최적화에 도움을 준다.

이벤트 추적

구체적으로 사용자 관여를 측정하는 일은 데이터 기반의 최적화와 신규 기능의 적용 및 퍼포먼스를 평가하기 위한 필수 전제 조건이다.

사용자가 앱 혹은 제품 내에서 하는 특정 행동(화면 열기, 계정 등록, 화면 간 내비게이션, 버튼 선택, 콘텐츠 공유, 구매 등)과 제품 내에서 기계적으로 일어나는 일(상대 우주선 파괴, 레벨 완료, 계정 생성 성공 등)은 분석을 위한 '이벤트'로 추적해야 할 후보다. 분석을 위한 소프트웨어 개발 키트software development kit(SDK)는 이벤트 정보를 '이벤트 속성'으로 불리는 추가 메타데이터와 함께 네트워크 조건이 허용될 때 서버로 전송한다.

웹 기반의 대시보드에서 서버에 있는 이벤트 데이터를 수집하고 저장하는 일은 일반적인 업무가 됐다. 이를 단순화하기 위한 많은 분석 도구도 등장했다. 정량적인 이벤트 데이터는 사용자가 앱 및 제품과 어떻게 상호작용하는지, 어떤 기능을 가장 많고 적게 사용하는지 보여준다. 더불어 버그를 찾는 데 도움을 주고(만약 수치가 급락한다면 이벤트와 연관된 기능에 이상이 있을 수 있다) 사용자 관여를 시각화한 핵심 사용자 경로를 보고한다. 서버가 생성한 마케팅 캠페인이나 활동 알림은 이벤트 발생 때 활성화되도록 할 수 있으며 이벤트의 속성 데이터를 이용해 개인화할 수도 있다.

캠페인 관리

사용자 유치, 관여 및 유지 혹은 수익화 등 마케팅 캠페인이 무엇을 위한 것이든 영향도나 ROI의 적절한 측정은 필요하다. 캠페인과 광고 및 카피 퍼포먼스에 대한 정량적인 이해가 없다면 광고 예산의 적절한 분배 및 조정은 어려우며 캠페인 또한 최적화될 수 없다.

사용자 유치 혹은 리타기팅 캠페인은 설치 및 딥링크 기여도, 이벤트 추적과 관련이 깊다. 사용자 유치 팀은 각 네트워크와 캠페인에서 얼마나 많이 설치하는지, 얼마나 많은 신규 사용자 유치 비용이 사용되는지, 사용자의 '품질'(일반적으로 캠페인의 영향을 받는 사용자 코호트의 관여도/유지 혹은 수익화 이벤트 기준으로 측정)을 반영해 광고 지출을 최적화한다.

이메일, 푸시 알림, 인앱 캠페인과 같은 생애 주기 마케팅도 마찬가지다. 실행 수와 클릭률, 인앱 구매 증가, 앱 내 핵심 행동 유도, 유지 개선 등의 후속 퍼포먼스 목표를 개선하는 테스트를 위해 구체적으로 측정해야 한다.

앱스토어 분석과 지능화

모든 모바일 앱 제작사는 적어도 둘 이상의(보통은 여러 개) 스토어를 통해 앱을 배포한다. 아이튠즈 앱스토어와 구글 플레이를 제외하고도 마이크로 스토어, 아마존 앱스토어, 삼성 갤럭시 스토어, 텐센트TENCENT 마이앱 등 많은 채널이 있다.

기본 앱스토어 분석 도구는 앱 설치 및 국가, 디바이스, OS 버전별로 측정한 인앱 구매 수치와 관련된 보고서를 제공한다. 경쟁사가 데이터 제공 서비스를 이용한다면 동일한 데이터를 조회할 수 있다.

매일 수천 개의 앱과 게임이 앱스토어에 등록된다. 앱을 스토어에 노출시키는 일 자체가 제작사에게는 매일 치뤄야 하는 전투와 같다. 경쟁사 동향과 검색량, 시장 조사를 통해 즉각 반응하는 제작사만이 경쟁에서 앞설 수 있다. 카테고리 최고 순위 앱의 예상 다운로드 데이터는 전략적 계획 수립에 도움을 준다. 원하는 스토어 랭킹에 진입하기 위한 다운로드 수치도 알려준다. 단, 예측 방법을 활용한 일반

다운로드 예측치는 카테고리와 분석 도구에 따라 정확도가 달라질 수 있으니 주의한다. 앱스토어 데이터 분석은 수행 가능한 인사이트를 끌어내므로 제품 생애 주기의 모든 단계에 유용하다.

앱스토어 검색은 사용자가 앱을 발견하도록 만드는 데 중요한 역할을 한다. 신중히 키워드를 찾고 테스트해 자연 유입 다운로드를 증가시켜야 한다. 특정 키워드 검색에서 키워드 검색량과 높은 순위 랭킹 난이도를 추정하는 앱스토어 최적화^{app store optimization}(ASO) 도구를 활용할 수 있다.

사용자 세분화

모든 사용자가 똑같은 것은 아니다. 몇몇 그룹의 사용자는 앱에 더 많이 관여하고 더 많이 지출한다. 분석이나 마케팅, 가격 변동 등을 목표로 삼아 고객을 의미 있는 세그먼트로 구분하고 공통 그룹별 특성을 나타낼 수 있다. 대부분의 분석 도구는 사용자 메타데이터와 앱 내 행동에 기반해 동적으로 업데이트되는 사용자 세그먼트를 만들고 추적하는 도구를 제공한다. 마케터는 분석 도구를 이용해 특정 사용자 세그먼트에 맞는 앱 내 혹은 외부 메시지 캠페인을 정교하게 만들어 사용자와 캠페인의 연관성을 높이고 큰 영향력을 발휘할 수 있다.

코호트 분석

사용자 성장과 유지가 시간의 흐름에 따라 어떻게 변화하는지 이해하려면 전체 가입자나 MAU, DAU 같은 유지 문제를 숨기는 1차원적 지표에 의지하기보다는 코호트 사용자 그룹을 조사해야 한다.

[그림 11-3]처럼 일반적인 코호트 유지 표는 기간(보통 일간, 주간, 월간)에 따라 코호트를 나누고, 앱에 처음 진입한 시점에서 얼마의 기간이 지난 후 얼마나 많은 사용자(혹은 코호트 대비 비율)가 다시 진입했는지 보여준다.

그림 11-3 코호트 테이블(코호트 삼각형)

코호트(사용자)	0개월	1개월	2개월	3개월	4개월	5개월	6개월	7개월
2011-04 (1021)	24%	23%	21%	20%	18%	18%	17%	17%
2011-05 (1016)	26%	24%	22%	20%	18%	17%	16%	13%
2011-06 (973)	29%	25%	23%	21%	18%	18%	17%	17%
2011-07 (1386)	32%	26%	23%	21%	17%	15%	16%	
2011-08 (1652)	33%	33%	28%	24%	22%	18%		
2011-09 (1523)	34%	28%	24%	23%	19%			
2011-10 (1405)	35%	31%	27%	23%				
2011-11 (1312)	40%	35%	32%					
2011-12 (1137)	41%	38%						

콘텐츠 분석

만약 앱이나 게임이 동적 콘텐츠(기사, 조리법, 사진, 음악 등)를 포함한 경우, 사용자 관여(조회, 좋아요, 북마크, 구매 등) 및 콘텐츠 공유를 추적한다면 어떤 콘텐츠와 카테고리가 가장 높은 ROI를 제공하는지 파악할 수 있다. 콘텐츠 관여와 함께 특정 콘텐츠 항목이 공유된 후에 사용자에게 얼마나 많이 추천되는지, 어떤 채널에서 바이럴 효과가 가장 좋았는지 측정하는 것 또한 좋은 방법이다.

정서 추적

고객의 만족도는 중요하다. 제품 사용 후 기분이 좋지 않거나 불만을 가진 사용자는 이탈 가능성이 크다. 게다가 앱스토어나 온라인 커뮤니티에 부정적 피드백을 올려 잠재 고객까지 잃게 만들 수 있다. 반대로 즐겁게 사용하고 만족한 고객은 모바일 제품의 강력한 지지자가 된다.

고객 만족도를 확인하는 방법은 다양하다. 상세한 피드백을 얻고 싶을 때는 온라인, 앱 내 혹은 이메일 설문 등을 활용할 수 있다. 일반적으로 팝업을 통해 0~5점까지의 별점을 받거나 '친구나 동료에게 제품을 얼마나 추천하고 싶은가요(0~10점 척도)?'와 같은 단순하고 일관된 질문을 던져 NPS 지수를 얻는다.

높은 평점을 준 사용자는 스토어에 남기는 앱 평가, 친구 초대나 콘텐츠 공유, 앱 관련 트윗을 요청할 대상으로 적절하다. 부정적인 생각을 지닌 사용자도 구별할 수 있어 고객 서비스 담당의 노력으로 사용자의 마음을 돌리거나 제작사에 직접 피드백을 제공하도록 유도할 수 있다.

새로운 기능이나 콘텐츠를 전체 사용자에게 배포하기 전에 사용자 반응을 정량적으로 측정할 때도 정서 추적 기술을 사용할 수 있다.

사용자 조사

새로운 제품이나 기능을 사람들이 직접 사용하는 것보다 더 빠른 확인 방법은 없다. 사용자 조사에서의 피드백은 정성적일 수밖에 없다. 그러나 매우 흥미로운 의견이 있을 수 있고, 적은 수의 사용자 조사로도 공통 반응을 찾고 이슈를 발견할 수 있다. 이는 제품 최적화나 디자인, 완전한 제품 피벗팅에 도움이 된다.

초기 단계의 스타트업은 사용자 조사를 자주 실행해야 한다. 사람들에게 프로토타입 사용을 권해야 한다. 사용자의 반응을 통해 제품/시장 적합성에 대한 문제점을 확인함으로써 (열정으로 가득 찬 팀에서 흔히 나타나는) 집단 사고와 근시안적 사고를 벗어날 수 있다. 팀을 재정비하는 것이다.

A/B 테스트 측정

A/B 테스트는 그로스 마케터에게 필수적인 무기다. 제품의 질적 성장 모델을 이해하기 위해 구체적인 가설을 바탕으로 A/B 테스트를 계획하고 실행해 결과를 해석하는 것은 성장의 밑거름이다. 신제품의 기능이나 UX 변경, 마케팅 캠페인, 사용자 커뮤니케이션을 A/B 테스트하기 위해서는 도구나 프레임워크를 활용해 통계적으로 유의미한 테스트 그룹과 통제 그룹으로 사용자를 배치한 후 연관 지표, 전환율 목표, 결과에 대한 영향도를 측정해야 한다.

화면 흐름

이벤트 추적과 유사하다. 화면 흐름 추적은 앱이나 제품 내에서 사용자가 어떤 화면에 어떻게 도착했는지 동선을 파악하도록 돕는다. 활용도가 낮은 화면과 기능을 찾아낼 수 있고, UI 개선 혹은 완전한 제거가 가능하며, 기대하지 않았던 부분에서 사용자가 시간을 많이 쓴다는 점을 발견할 수 있다.

전환 퍼널

계정 생성이나 구매, 검색 같은 핵심 사용자 관여 흐름에서 일어나는 이벤트를 추적하고 시각화한다. 실적이 저조한 사용자 흐름을 찾고 각 단계를 이동할 때 이탈하는 지점을 보여주므로 경험을 최적화하는 데 도움을 준다.

대부분의 분석 도구는 목적에 따라 새로운 퍼널을 생성할 수 있다. 신규 기능이나 구매 옵션의 퍼포먼스를 관찰하는 퍼널 역시나 쉽게 만들 수 있다. 상세한 이벤트 추적은 퍼널 시각화의 전제 조건이다.

정산과 수익 보고서

몇몇 앱과 제품, 플랫폼은 공급자와 소비자가 가상 혹은 실제로 물품 및 서비스를 교환할 수 있는 마켓을 운영한다. 콘텐츠를 재생하거나 조회할 때마다 지불하는 형태로 공급자와 계약한 경우도 있다.

어떤 경우이든 광고, 인앱 구매 및 구독에서 발생한 지불, 라이선스 비용, 로열티 혹은 매출의 정확한 기록과 보고서(이상적으로는 자동으로 생성)는 제품 분석과 리포트 프레임워크의 필수 요소다.

성장 모델링

성장은 수많은 입력값과 피드백 순환이 존재하는 시스템이다. 조직 내에서 추상적 모델로 이어지는 공통의 이해를 높이면 가설 생성과 아이데이션 과정에 전파돼 성장하려는 노력이 활발해진다. 성장 모델은 사용자 행동, 시장 역학, 운영 데이터의 실험적 학습과 깊은 이해를 통한 공통의 이해가 높아질수록 정교해진다.

고차원적인 질적 모델을 발전시키는 것과 더불어 채널별 및 바이럴 순환별로 구분한 사용자 유치, 유지, 이탈을 연결한 스프레드시트나 유사한 정량 모델은 현재를 이해하고 다양한 시나리오를 예측하는 데 매우 유용하다. 해당 모델을 활용하면 시나리오 기획이 가능해지는 것은 물론 활성 사용자 성장에 무엇이 가장 영향을 주는지 찾아 사용자 유치와 유지의 노력 비율을 조정할 수 있다.

LTV 모델링

앱 및 제품의 수익화를 고려할 때 사용자의 LTV를 이해하는 것이 굉장히 중요하다. LTV는 사용자가 평생 만들어낼 미래 기대 수익을 현재 가치로 계산한 것이다. 사용자의 실제 수익은 LTV를 초과하거나 미치지 못할 수 있다. 따라서 LTV를 광고 구매 결정을 위해 사용하려면 보수적으로 잡는 편이 좋다. LTV는 사용자 유치의 원천, 인구통계학적인 사용자 분류, 제품 내 수익화 가능성 범위 등 많은 요인의 영향을 받는다. 만약 사용자 유지 기간이 늘어나면 LTV 역시 높아진다.

성장 회계

질적 성장 모델을 미래를 예측하기 위해 사용한다면 **성장 회계** 프로세스는 현재와 과거 사용자의 성장을 추적하기 위함이다. 활성 사용자는 [그림 11-4]처럼 간단한 수식으로 구할 수 있다.

그림 11-4 활성 사용자 계산식

활성 사용자 = 신규 사용자 + 유지된 사용자 − 이탈한 사용자

분리된 세 가지 사용자 '바구니^{bucket}'인 신규 사용자, 반복 방문 사용자, 재방문 사용자에서 고객 성장을 다른 방식으로 생각해볼 수도 있다. 반복 방문 사용자는 이전 기간의 활성 사용자이자 해당 기간에도 다시 등장한 사용자이다. 재방문

사용자는 이전 기간에는 사라졌다가[3] 해당 기간에 다시 나타난 사용자다. [그림 11-5]와 같이 세 가지 유형의 활성 사용자를 알아보면 활성 사용자 수치와 함께 주어진 기간 동안 무엇이 성장으로 이끌었는지 혹은 무엇이 부족했는지 깊이 이해할 수 있다.

그림 11-5 세 가지 유형의 활성 사용자

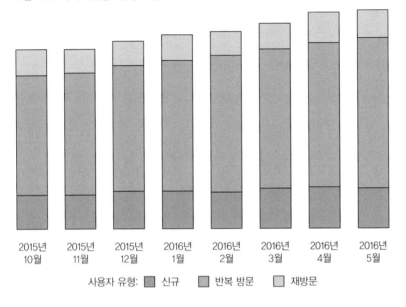

앱 퍼포먼스 분석(CPU, 배터리, 네트워크, 충돌)

모바일 제품이 PC 앱이나 웹사이트와 구별되는 중요한 지점은 접근할 수 있는 환경의 범위다. PC 환경에서 웹 앱은 충분한 대역과 지연율이 보장되는 무제한 인터넷 연결이 상시 가능하다.

좋은 모바일 제품은 인터넷 속도가 제한되고 지연율이 높거나 인터넷 접속 자체가 불가능한 상황에서도 제대로 동작해야 한다. 모바일 단말기는 배터리로 작동한다. 배터리를 많이 잡아먹는 앱은 사용자가 삭제해버리기도 한다. 데이터 무제

---

3 '사라진' 사용자는 이탈한 사용자보다 더 정확하다. 다시 돌아온다는 점에서 완전히 이탈했다고 볼 수 없지만 그 시점의 활성 사용자라고 보기에도 어렵다.

한 요금제를 이용하는 사용자는 많지 않으니 앱과 모바일 사이트는 사용자의 데이터도 고려해야 한다. 사용자는 충돌이 있는 앱을 쉽게 삭제하며 앱스토어에 부정적인 평가를 남기기도 한다.

퍼포먼스가 떨어지는 제품은 높은 이탈률과 낮은 사용자 관여율로 어려움을 겪는다. [그림 11-6]처럼 퍼포먼스 지표에 신경을 쓰면 성장에 도움이 되지 않는 잠재적 성장 저해 요인을 팀에 알릴 수 있다.

그림 11-6 충돌 보고서를 함께 보여주는 더 패브릭The Fabric 모니터 앱

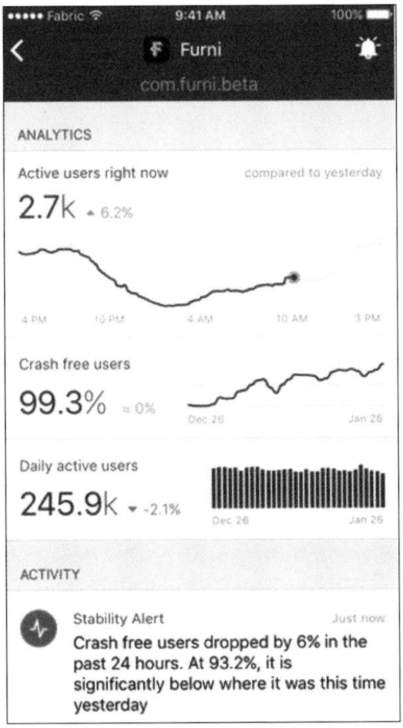

사용자 유치

[그림 11-7]을 보면 알 수 있듯이 스택의 사용자 유치 영역은 모바일 앱의 신규 사용자를 유료 채널, 확보 채널, 보유 채널을 통해 유치할 때 가능한 활동을 포함한다. 확보 채널과 무료 매체는 (광고로 얻은 유료 매체와 브랜드처럼 보유한 채

널과 달리) 열심히 홍보해 얻은 채널을 의미한다.

그림 11-7 그로스 스택의 사용자 유치 계층

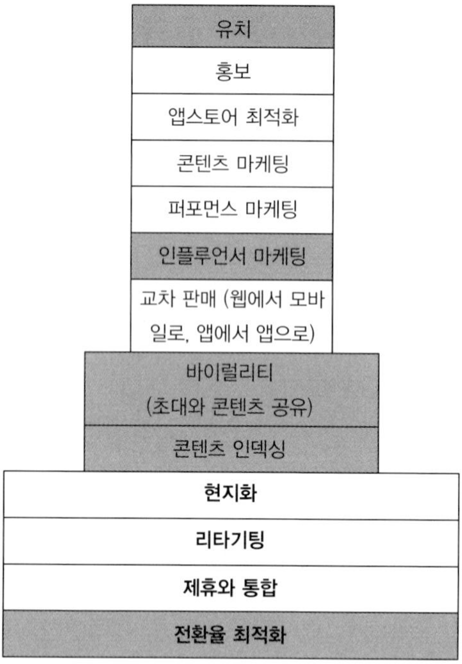

유치
홍보
앱스토어 최적화
콘텐츠 마케팅
퍼포먼스 마케팅
인플루언서 마케팅
교차 판매 (웹에서 모바일로, 앱에서 앱으로)
바이럴리티 (초대와 콘텐츠 공유)
콘텐츠 인덱싱
현지화
리타기팅
제휴와 통합
전환율 최적화

홍보

홍보는 기자에게 기사로 쓸만한 이야기를 전달해 기사 작성을 유도하는 활동이다. 궁극적으로 콘텐츠 마케팅을 잘 실행하면 시간이 지날수록 만족스러운 보상을 받지만, 창의적인 홍보 활동은 선형적으로 판단하기는 어렵더라도 유기적이고 자연적인 성장을 촉진한다. 홍보는 스타트업 창업자와 데이터 주도적 그로스 마케터에게 요구되는 핵심 역량은 아니다. 따라서 지역/산업 미디어 환경을 아는 홍보 대행사에게 외주를 맡기기도 한다.

앱스토어 최적화

앱스토어 최적화는 세 가지 핵심 활동으로 구성된다.

앱스토어 전환율 최적화

앱스토어는 거의 모든 소비자용 모바일 앱의 배포 통로이다. 전환율 최적화는 체계적인 등록 정보(스크린샷, 이름, 키워드, 설명, 앱 아이콘) 테스트를 통해 '스토어 페이지 방문'을 '설치'로 전환하며, 다른 사용자를 유치하기 위한 활동의 영향력을 확대하기도 한다. 퍼포먼스 마케팅 비용은 앱스토어 페이지의 전환율과 함께 늘어난다. 광고를 클릭해 설치하는 사용자가 많아져 설치당 비용cost per install (CPI)은 떨어진다.

앱스토어 검색 최적화

높은 검색량을 끌어모으고 타깃 사용자 전환에 뛰어난 성과를 보여주는 키워드를 최적화하는 작업은 경쟁자보다 앞서기 위해 주기적으로 검토해 개선하고 테스트해야 하는 과정이다. 어떤 앱은 앱스토어 페이지로 이어지는 트래픽 중 최대 80%까지가 검색을 통해 발생되며, 어떤 앱은 검색 비중이 매우 낮기도 하다. 어떤 경우든 검색 최적화를 통해 연관 키워드의 검색 결과에서 높은 순위를 차지함으로써 사용자 유치를 증가시킬 수 있다.

주요 앱스토어의 특집 페이지 앱 선정

모든 주요한 앱스토어는 다양한 편집 조건에 따라 선정한 앱을 눈에 띄는 곳에 일정 기간 동안 배치하는 배너 광고 영역을 가진다. 애플, 구글, 아마존, 기타 플랫폼의 특집 페이지 배너 광고에 선정되면 배치 기간 동안 사용자 획득에 도움이 되는 굉장한 무료 효과를 얻는다. 제작사는 이를 위해 앱스토어 관리자와 친분을 맺기 위해 시간을 투자하며 중요한 앱의 출시 정보를 적절한 시점에 주기적으로 제공한다.

앱이 특집 페이지에 선정되는 기회를 늘리는 방법은 많다. 플랫폼의 디자인 가이드라인의 전형적인 예시가 될 수 있는 UI 제작, 새롭게 출시된 플랫폼 기능 혹은 하드웨어 지원, 앱스토어 프로모션 맞춤 콘텐츠 제작, 높은 사용자 평점 및 리뷰 획득, 버그와 충돌이 없는 앱 등이다.

콘텐츠 마케팅

콘텐츠 마케팅의 결실을 얻으려면 많은 시간과 리소스를 투자해야 한다. 강력한 콘텐츠 마케팅 프로그램은 신규 사용자에게 중요하고 지속 가능하면서 (비록 직선적이지만) 성장할 수 있는 원천을 제공한다.

다양한 형태로 존재하는 콘텐츠 마케팅은 블로그 포스트, 뉴스, 인포그래픽, 아트워크artwork, 사용 팁, 상위 10위 목록 등의 온라인 콘텐츠를 통해 핵심 모바일 제품(앱, 게임, 프로모션하려는 앱 번들 등)의 타깃 사용자에게 어필할 수 있다. 이때 앱을 다운로드할 수 있는 앱스토어 링크를 눈에 띄는 곳에 둬야 한다.

마케팅하는 제품이 가계부 앱이라면 돈을 절약하거나 자산을 관리하려는 사람에게 노출한다. 돈을 절약하기 위한 팁이나 요령, 예산을 짜는 과정에 대한 인포그래픽을 포함하는 등 창의적이고 관심을 끌만한 콘텐츠를 포함해야 한다.

콘텐츠 마케팅 포스트는 기업 블로그 등의 자체 매체에 게시하지만 다른 소셜 채널이나 이메일로 범위를 넓힐 수도 있다. 주기적인 콘텐츠 생산은 시간이 흐를수록 관련 주제의 게시글 검색 순위를 높이면서 더 많은 자연 검색 트래픽을 만들고 앱 설치까지 이어진다. 콘텐츠 마케팅은 브랜드 인지도를 높여주고 사용자 유치를 눈에 띄게 증가시킬 수 있다. 단 실제 사용자를 만들기까지는 몇 달이 걸릴 수 있음을 명심하자.

퍼포먼스 마케팅

모바일 디스플레이 및 영상 광고, 유료 검색 광고, 페이스북이나 인스타그램, 트위터와 같은 채널을 이용한 앱 설치 광고 등의 퍼포먼스 마케팅은 사용자 유치 확대를 위해 다른 채널보다 훨씬 더 공격적으로 접근할 수 있다(비용의 문제는 있지만).

일반적으로 퍼포먼스 마케팅은 인앱 광고, 인앱 구매 및 구독 혹은 두 조합을 통해 일부 사용자를 기반으로 수익을 올리는 제품이나 특정 마케팅 캠페인에서 얻은 신규 사용자의 CAC가 긍정적인 ROI 지표(특정 신뢰 구간에서 사용자의 LTV

값을 예측해 계산한)를 나타낼 때 실행 가능한 전략이다.

퍼포먼스 마케팅 캠페인은 보통 CPM(1,000번 노출당 비용), CPC(클릭당 비용), CPI나 CPA(구독이나 물품 구매와 같은 액션당 비용)를 기반으로 다른 광고주와 광고 배치 관련 경쟁 입찰을 한다.

인플루언서 마케팅

인플루언서 마케팅은 영향력 있는 개인이나 그룹과 협업해 제품이나 브랜드에 대한 지지를 얻는 넓은 범위의 활동이다. 완전히 새로운 개념은 아니다. 옛날부터 담배 회사들은 스타 영화배우를 통해 사람들에게 영향을 끼쳤고, 스포츠 스타와 상업적 스폰서십을 맺고 영향력을 발휘하는 것 역시나 당연하게 여겨진다.

인플루언서와의 협업은 성과를 정확하게 측정하기가 어렵고 많은 시간 및 비용이 소요되지만, 효과적인 경우가 많다. 퍼포먼스 중심의 인플루언서 플랫폼은 블로거나 유튜브, 인스타그램, 스냅챗 스타 등 새로운 세대의 독립 인플루언서와 광고주를 연결해준다. 대형 브랜드와 연예인 에이전트가 했던 영역에 이제 모두가 참여할 수 있다. 수많은 팔로워를 보유한 슈퍼스타 대신 적은 도달 범위를 가진 개인 인플루언서 그룹을 활용하는 마케팅이 가능해졌다. 마케터는 추적할 수 있는 링크나 노출, 클릭에 대한 실시간 데이터를 바탕으로 인플루언서 마케팅 지출을 관리할 수 있으며, 전환율이나 CPI, 다른 퍼포먼스 지표를 계산할 수 있다.

인플루언서 마케팅은 점점 기존 모바일 앱 설치 캠페인을 강화하거나 대체 퍼포먼스 마케팅 활동이 되고 있으며, 동일한 조건에서 페이스북과 DSP를 평가한다. 이러한 발전은 인플루언서 마케팅을 브랜드 마케팅 활동에서 측정 가능한 성장 전략으로 변모시켰다.

유통 거래

유통 거래는 강력한 네트워크나 브랜드가 보유한 타깃 고객 및 사용자 기반에 접근하도록 만들기 때문에 아주 짧은 시간에 높은 도달률을 달성할 수 있다. 일반적으로 이제 막 비즈니스를 시작한 소기업이 달성하기는 어려운 성과다. 제휴를 위해서는 가치 교환이 필요하며 수백만 명 이상의 사용자를 보유한 대기업과의 제휴가 성장을 위해 더 매력적인 협업이기 때문이다.

유통 거래의 사례로는 모바일 통신사와의 제휴(통신사는 가입자에게 당신의 앱을 홍보하는 대신 수익을 나누거나 정해진 비용을 받을 수 있다), 웹사이트 간 트래픽 교환, 스마트폰이나 스마트 TV의 앱 사전 설치 등이 있다.

바이럴리티

'바이럴리티Virality'는 인위적으로 만들어내기 어려운 지표다. 지속적인 바이럴 성장은 결국 견고한 제품이나 흥미로운 콘텐츠에서만 일어난다. 그러나 콘텐츠 공유, 아이템 선물, 초대 동선을 세심하게 신경 쓴다면 바이럴리티가 발생할 적절한 조건을 만들 수는 있다.

이메일, 모바일 메신저 서비스, 페이스북이나 트위터와 같은 소셜 네트워크 등 각 채널은 도달한 사용자 수, 공유로 인한 전환율, 한 번의 순환에 소요되는 시간, 채널을 통해 신규 사용자를 유치하는 데 걸리는 시간 등의 관점에 각기 다른 역학성을 가진다(일 대 일과 일 대 다수, 수신자가 네트워크 내 다시 게시할 가능성이나 용이성 등). 바이럴 순환의 퍼포먼스에 영향을 주는 두 개의 핵심 변수는 K 인수(초대 및 공유가 도달한 평균 사용자 수×전환율)와 회전 시간(한 번의 순환에 걸리는 평균 시간)이다. 특히 바이럴리티는 시간이 갈수록 커지므로 둘 중 하나가 시간을 단축하는 일은 성장 궤적을 극적으로 증가시킨다.

교차 판매

기존의 사용자 기반이 다른 제품이나 플랫폼(PC 웹 앱, 모바일 웹 앱, 기업 포트폴리오에 있는 다른 앱이나 게임 등)에 있을 경우, 새롭게 론칭하는 앱으로 사용자를 이동시키거나 PC 및 모바일 웹 사용자를 네이티브 모바일 앱으로 이동시키기 위한 교차 판매의 기회가 존재한다. 여기에 사용자 관여와 유지, 수익화를 위한 추가 방법이 있을 수 있다.

보유한 하나의 자산에서 다른 자산으로 트래픽을 이동시키는 것은 제품 및 브랜드에 이미 익숙한 '무료' 사용자를 얻는 멋진 방법이다. 완전히 새롭게 진입한 신규 사용자보다 더 쉽게 유지되기도 한다. 교차 판매는 사용자가 서비스에 지루함을 느끼기 쉬운 (생애 주기가 짧은) 제품에 특히 더 유리하다. 게임 제작사는 기존 게임이 기한을 다하기 전에 새롭게 출시된 게임으로 사용자가 옮겨갈 수 있도록 교차 판매 전략을 활용할 수 있다.

콘텐츠 인덱싱

딥링크로 연결된 아주 작은 콘텐츠를 인덱싱(주로 구글 앱 인덱싱이나 iOS 9부터 사용할 수 있는 향상된 애플 검색)하게 되면 기존 사용자를 앱으로 유도할 수 있을 뿐만 아니라 앱을 발견할 가능성을 높일 수 있다.

적절한 인덱싱으로 앱의 콘텐츠와 동일한 콘텐츠로 연결되도록 하는 것은 웹과 모바일 웹 콘텐츠의 일관된 검색 최적화 전략을 실행할 때 중요하다. 구글은 여전히 앱 내 콘텐츠를 인덱싱하기 위해 웹 콘텐츠도 일치시킬 것을 요구한다. 이는 웹의 쇠퇴에 따라 변경될 가능성이 크다.

전환에 최적화된 반응형 랜딩 페이지와 페이스북 페이지 역시나 앱 다운로드로 유도하는 부가 채널 정도로만 여겨서는 안 되며, 검색에 최적화되어야 한다. 물론 전체 콘텐츠 마케팅 프로그램은 순수한 광고 랜딩 페이지보다 더 강력한 결과를 만들 가능성이 크다.

사용자 관여와 유지

[그림 11-8]을 통해 알 수 있듯이 그로스 스택의 사용자 관여와 유지 영역의 중심은 제품이다.

그림 11-8 그로스 스택의 사용자 관여와 유지 영역

디자인을 포함한 제품, 마케팅 및 데이터 과학의 교차점에 성장이 있다. 모바일 그로스 스택 초기 버전에서는 그로스 마케팅의 주된 기능이 사용자 관여와 유지라는 인상을 줬을 수도 있겠지만, 이는 사실이 아니다.

유지는 관여도가 높은 제품 경험에서 비롯된다. 활동 알림, 생애 주기 마케팅이나 커뮤니티 활용 계획이 없다면 사용자는 관여가 힘든 제품을 사용할 수밖에 없다. 제품은 사용자가 관여할 수 있도록 명확하게 사용자 관여와 유지 영역의 중심에 위치해야 한다.

활성화

활성화는 제품에 따라 다르게 정의된다. 시간이 흐를수록 사용자 행동을 깊이 이해하며 가설 검증을 통해 장기적인 관여로 이끄는 요인을 분명하게 확립한다. 사용자가 핵심 제품의 가치를 빠르게 경험하고 더 장기적으로 관여하도록 빠르게 활성화하는 것이 성장 목표의 핵심이다. 사용자가 제품을 계속 사용할 수 있도록 만들려면 제품 초기에 관여할 만한 것을 찾아야 한다. 궁극적으로는 핵심 제품의 기능이고, 일반적인 활성화 비율은 사용자가 '아하'라고 외칠 수 있는 여정으로 이 끌기 위해 제품과 마케팅에 집중적으로 노력을 기울인다.

신규 사용자 경험new user experience(NUX)으로 불리기도 하는 최초 사용자 경험first-time user experience(FTUX)은 사용자 생애에서 굉장히 중요하다. 만약 사용자가 모바일 앱을 처음 사용하는 몇 분 동안 가치 제안을 이해하지 못하고 즐거움을 얻지 못한다면(적어도 가치를 인정하는 단계까지 가지 못한다면), 이 순간은 사용자가 앱을 사용하는 마지막 순간이 된다.

사용자 이탈은 일반적으로 첫 며칠 안에 일어난다. 코호트 하락 그래프는 앱 종류와 상관없이 기본적으로 같은 형태를 띤다. 신규 사용자에 대한 온보딩 노력은 더 높은 유지율을 목표로 삼아야 한다.

사용자 계정

계정 등록 및 로그인 기능을 제공해 사용자 데이터를 저장하는 것은 사용성에 도움이 되며 유지를 늘리기도 한다. 미국에서 선불 스마트폰 사용자는 7~8개월마다 (후불은 18~20개월마다) 새로운 디바이스를 구입하며, 그보다 자주 고장을 낸다. 유지를 늘리기 위해서는 세션 빈도를 늘리고 사용자가 새로운 디바이스에 **앱을 재설치**하게 만들어야 한다. 주 사용 디바이스의 사용이 어려울 때는 (웹 제품이 존재할 때) 컴퓨터 혹은 대여 디바이스에 세션을 만들 수 있도록 장려해야 한다.

계정 생성은 (논쟁의 여지가 있지만) 사용자가 제품이나 플랫폼에 더 많은 시간을 투자하게 한다. 사용자 계정은 이메일 주소, 전화번호, 다른 속성 등 생애 주기 마케팅을 위한 많은 정보를 수집한다. 계정은 사용자에게 홈 화면을 제공하며 정체성을 가진다. 아바타, 사용자 이름, 프로필 이미지, 테마 등 개인화된 옵션을 제공한다. 만약 사용자가 이러한 전체적인 경험에 잘 융화된다면 제품에 더 몰입하게 되고, 이탈 가능성은 줄어든다. 게다가 계정 생성 과정에서 사용자가 불러온

연락처를 활용하는 방법으로 동료나 친구를 초대하거나 플랫폼의 다른 사용자와 연결할 기회를 제공하는데, 이러한 과정은 네트워크 효과를 높인다.

계정 생성은 막힘없이 진행되어야 한다. 페이스북, 트위터, 구글, 링크드인은 새로운 비밀번호를 만들지 않아도 간단하게 계정을 생성할 수 있기 때문에 사용자가 새로운 계정을 만들 가능성이 크다.

딥링크

딥링크는 네이티브 모바일 앱의 특정 콘텐츠 페이지나 앱의 화면 및 기능, 스마트폰 OS가 처리하는 실행 가능한 코드를 여는 URI를 의미한다. 모바일 플랫폼에 따라 구현 방식은 다르지만, 웹 URL을 모바일 앱의 콘텐츠로 연결할 수 있다는 점에서 모두 같다.

딥링크는 기존 사용자가 **다시 관여하도록** 만들기 때문에 가치가 높다. 사용자를 네이티브 앱에 재방문하도록 하며 다른 화면이나 메뉴를 탐색하지 않고 즉시 연결된 콘텐츠나 기능으로 이동하게 한다. 이는 PC에서 웹 사용자를 홈페이지 대신 도메인의 특정 콘텐츠에 랜딩하는 방식과 동일하다.

딥링크를 클릭했을 때 해당 모바일 앱이 설치됐는지 알 수 있는 다양한 방법이 있다. 안드로이드 앱은 특정 도메인의 일반 웹 URI를 처리하는 인텐트[intent]를 등록한다. 앱이 설치됐다면 관련 웹 링크를 앱 내 콘텐츠로 연결한다. iOS 9부터 지원되는 iOS 유니버설 링크도 비슷한 기능을 제공한다(iOS 초기 버전은 지원하지 않아 복잡한 방식을 사용해야만 한다). 기여 파트너의 딥링크 기능을 사용하거나 딥링크를 부드럽게 처리하고 추가 기능을 제공하는 전용 서드 파티 서비스를 이용하는 방법이 있다. 전용 서드 파티 서비스는 앱이 설치되지 않은 사용자를 앱스토어로 이동시켜 다운로드를 유도할 수 있다. 사용자 유치와 유지 모두를 하나의 '스마트' 링크로 가능하게 한다.

생애 주기 마케팅

생애 주기 마케팅은 이메일, 푸시, 인앱 커뮤니케이션 등의 커뮤니케이션으로 충성도, 높은 관여도, 수익화의 생애 주기를 통해 사용자 흐름을 최적화하는 방식이다.

그로스 마케터는 타깃 고객의 구체적인 뉘앙스와 정성적 성장 모델의 이해에 따라(모델이 교훈을 얻고 가설을 검증하면서 점점 진화할 거라는 기대와 함께) 사용자 생애 주기에서의 핵심 관여 마일스톤을 연결하고 정의하는 데 시간을 투자해야 한다.

충분히 심사숙고해 정비한 생애 마케팅 프로그램은 사용자 여정을 성장시키고 강화하며(보통 강력한 온보딩과 활성화와 함께 시작), 적절하고 의도된 상호작용을 통해 사용자 이탈을 줄인다. 생애 주기 캠페인의 목표는 사용자 교육, 영감 및 동기 부여, 완전한 이탈 전의 비활성 사용자 활성화, 충성 사용자의 더 많은 소비, 친구 초대 등 가치 있는 행동을 완료해 사용자를 높은 수준의 관여로 이끄는 것이다.

생애 주기 캠페인은 비슷한 단계의 사용자 세그먼트나 코호트를 대상으로 한다. 캠페인은 몇 가지 사용자 행동이 발생했을 때 활성화되거나 일정 기반으로 보내진다. 전자는 사용자가 계정을 생성했을 때 받는 환영 메일이나 일정 시간 이상 비활성화됐을 때 사용자에게 전달하는 재활성을 위한 푸시 알림 등을 포함하며, 후자는 주간 요약 혹은 뉴스레터 등을 포함한다.

사용자가 이러한 캠페인을 스팸이나 불필요한 것으로 여길 수 있음을 주의해야 한다. 이때는 스마트 생애 주기 프로그램을 활용해 사용자 선호와 응답에 따라 다르게 적용한다(조회 비율, 클릭, 후속 인앱 관여). 현명한 CRM 구현 방식은 머신러닝을 사용해 각기 다른 사용자 세그먼트에 어떠한 채널이 가장 효과적인지 이해하도록 돕는다. 그다음 채널 믹스를 조정하면 개별 사용자 단계의 조정이 가능하다. 혹시 자동화 시스템이 없더라도 수동으로 실험하거나 조정해 상당한 이득을 얻을 수 있다.

활동 알림

생애 주기 캠페인과 달리 활동 알림은 앱 내부 경험이 아니라 실제 환경이나 앱이 연결하는 넓은 네트워크 등 **외부** 이벤트에서 발생한다. 프로그래밍 방식으로 생성되며 보통 실시간으로 사용자에게 개인화되어 제공된다. 사용자의 이전 행동, 특정 이벤트, 콘텐츠, 주제에 대한 선택 등 사용자 선호에 기반한다. 사용자와 관련이 높아 관심을 끌 만한 것을 전달하는 것이다.

활동 알림의 좋은 예시는 다음과 같다.

- 친구의 가입이나 플랫폼에서 친구 및 지인이 하는 일 등의 소셜 신호(예: '존이 방금 새로운 사진을 게시했어요', '앨리스가 최고점 505,433점을 기록했습니다' 등)
- 사용자 혹은 사용자가 이용하는 콘텐츠와의 소셜 네트워크 상호작용(예: '존이 당신의 게시물에 댓글을 달았습니다', '앨리스의 부대가 마을을 공격했습니다!' 등)
- 사용자의 실제 세상에서 일어난 일(예: '5시 약속에 늦지 않으려면 지금 나서야 합니다', 'M69 고속도로의 교통 체증이 심합니다' 등)
- 사용자의 취향이나 선호와 관련된 콘텐츠(예: '테크노 그룹에 새로운 트랙이 업로드됐습니다' 등)
- 지연된 이벤트(예: '승인된 영상의 업로드 준비가 됐습니다' 등)

활동 알림은 단순한 푸시 알림과는 다르다. 푸시 알림은 사용자가 앱을 열지 않았을 때 실시간 알림을 전달하는 훌륭한 채널이지만 효과가 높지는 않다. 많은 사용자가 푸시 알림을 꺼두기 때문에 모든 사용자에게 도달할 수는 없다. 이메일, 문자 메시지, 디스플레이 광고, PC 브라우저 알림, 앱 내 팝업 등이 실시간 활동 알림을 전달하는 데 적합하다. 사용자 관여와 유지를 유도하는 활동 알림의 효과는 맞춤형 앱 내 알림이나 앱 자체의 인박스 기능을 통해 강화된다. 인박스 기능은 언제든 볼 수 있도록 모든 알림을 저장하며 OS 알림 센터에 의존하지 않으므로 다른 앱의 알림과 경쟁할 필요가 없다.

항상 그렇듯이 데이터는 논의를 이끌어내야 한다. 알림 시스템은 CTR 값과 단기간 관여와 같은 가장 중요한 전환 지표뿐만 아니라 장기간 관여, 유지 그리고 푸시 알림 끄기, 이메일 구독 해지, 앱 삭제 등의 부정적 신호도 분석할 수 있어야 하고, 알림을 받지 않는 그룹과도 비교할 수 있어야 한다.

커뮤니티(관여와 지원)

제품을 사용하는 고급 사용자power user 커뮤니티를 키우고 발전시키면, 커뮤니티에 적극적으로 참여하지 않는 일반 사용자casual user 역시나 자신이 대형 커뮤니티의 일부라는 소속감을 느끼게 된다.

열정적인 사용자가 서로 제품에 대해 논의하고 새로운 제품 아이디어를 만들 수 있는 온라인 포럼이나 제품 내 소셜 기능을 만드는 일은 지속적인 투자가 필요하다. 그러나 사용자를 지원하고 참여시키는 유일한 방법은 아니다. 앱 및 게임의 제작사가 관여하지 않더라도, 종종 자체적으로 조직된 커뮤니티가 자연스럽게 생겨난다. 커뮤니티의 고급 사용자들은 대가 없이 홍보대사가 되어 다른 네트워크나 포럼에서 자발적으로 행동한다. 자발적인 사용자가 높은 평가와 인정을 받고 있다고 느끼도록 소통하는 일은 커뮤니티 효과를 강화하고 확대한다.

문제점이나 버그를 찾은 사용자를 지원한다면, 불만이 있는 사용자를 충성도 높은 사용자로 바꿔 이탈 가능성을 낮추고 잠재적인 홍보대사(커뮤니티 지원과 같은 상호작용 전후의 감정 추적으로 검증할 수 있다)로 전환할 수 있다. FAQ, 챗봇, 하우투how to 가이드라인 제작이 이메일 응답, 전화 응대 및 온라인 대응 리소스를 줄여준다.

수익화

그로스 스택의 수익화 영역의 핵심은 비즈니스 모델에서 수익 창출 방법을 찾는 것이다.

그림 11-9 그로스 스택의 수익화 영역

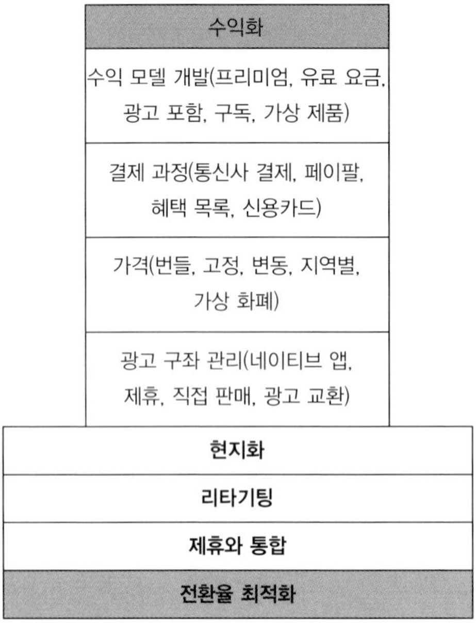

수익화
수익 모델 개발(프리미엄, 유료 요금, 광고 포함, 구독, 가상 제품)
결제 과정(통신사 결제, 페이팔, 혜택 목록, 신용카드)
가격(번들, 고정, 변동, 지역별, 가상 화폐)
광고 구좌 관리(네이티브 앱, 제휴, 직접 판매, 광고 교환)

현지화
리타기팅
제휴와 통합
전환율 최적화

수익 모델 개발

앱이나 제품을 개발하고 출시하는 일은 아주 쉬워졌다. 수익 창출과는 상관없이 앱 및 제품을 만들고 인상적인 사용자 성장을 이루는 일이 가능하다. 하지만 가장 단순한 독립형 앱의 모든 제작사는 앱 사용이 증가할수록 높아지는 비용(개발, 운영, 고객 지원, 서버, 서드 파티 도구 도입 비용 등)을 마주한다. 일반적으로 벤처 캐피털 자금을 받은 스타트업은 수익화를 시도하기 전에 활성 사용자의 확대와 사용자 관여에 집중한다. 제품/시장 적합성에 대한 방안이 있지만, 특정 시점에 투자금을 회수해야 한다면 제품의 실질적인 가치를 증명해야 한다. 최소한의 리소스로 만든 스타트업이나 1인 개발사는 게임이 출시되는 시점부터 바로 수익화를 검토하는 것이 좋다.

일반적인 수익화 전략은 다음과 같다.

- 유료 앱 및 제품: 사용자는 앱스토어에서 다운로드하기 위해 미리 지불하거나 서비스에서 계정을 구매하거나 생성하기 위해 일회성 돈을 지불한다.

- 인앱 구매가 포함된 프리미엄freemium 앱: 기본 제품은 무료로 다운받아 사용할 수 있지만, 업그레이드 혹은 특별 아이템은 인앱 구매로 구입해야 하며 중간에 가상 화폐가 개입될 수도 있다.

- 구독 앱: 일반적으로 월간이나 연간으로 구독하며 모든 기능 혹은 넷플릭스처럼 일부 기능에 접근할 수 있다. 종종 프리미엄 모드와 함께 종종 사용되지만, 처음부터 구독해야 할 수도 있다.

- 광고 기반 앱: 페이스북처럼 배너, 화면 사이의 틈새 광고, 영상 등의 광고를 제공하는 앱은 광고 사이트로 이동할 때 수익을 생성한다.

- 제휴 앱: 아마존의 어소시에이트associate처럼 서드 파티 업체의 제품이나 서비스를 전시하고 앱 내 혹은 업체의 웹사이트 및 앱에서 구매가 발생할 때 일부 수익을 가져간다.

- 오퍼월offerwall 광고: 종종 프리미엄 앱과 게임에서 다른 결제 수단과 함께 사용된다. 아이언소스ironSource처럼 사용자는 브랜드나 광고주의 '혜택' 미션을 완료하고 호스트 앱에서 가상 물품 및 화폐나 다른 인앱 및 인게임 업그레이드로 보상받는다.

제작사는 다양한 모델(인앱 구매 기능이 포함돼 지불한 만큼 무료 및 프리미엄 단계로 나뉘거나 구독해 무제한 이용권을 얻는 방식 등)을 결합하거나 다른 플랫폼에 다른 모델을 사용해 다양한 수익 모델을 계속 테스트할 수 있다.

결제 과정

만약 앱이 구독 및 인앱 구매(가상 아이템 및 서비스, 콘텐츠, 인앱 기능 및 업그레이드)를 제공하거나 전자 상거래를 지원한다면 사용자가 결제할 수 있는 기능이 있어야 한다. 인앱 구매는 앱스토어에서 애플, 구글, 마이크로소프트 등의 기업이 사용하는 가장 간단한 선택지이지만 30% 수수료를 내야 한다.

실제 물품이나 서비스(앱 외부의 어떤 것이든)를 판매하는 전자 상거래 앱이라면 신용카드 및 체크카드, 페이팔, 비트코인, 볼레토Boleto 등 사용자가 가장 많이 쓰는 결제 수단을 제공해야 하며 결제 책임은 제작사에 있다. 많은 서드 파티 서비스가 복잡한 결제 과정을 지원한다.

가격

인앱 구매나 인앱 구독을 할 때 앱스토어의 정책을 이해해야 한다. 애플은 가격 단계를 환율에 따라 어느 정도까지는 일반화하는 방식을 사용한다. 지역에 따라 수익을 최적화할 수 있도록 깊이 고려해야 한다. 구글 플레이는 유료 앱의 가격 단계를 지원하며 각 환율에서 인앱 구매 가격을 세심하게 조절할 수 있는 기능도 함께 제공한다.

가상 화폐

가상 화폐virtual currency를 사용하면 앱 경제에 대한 복잡성과 세밀한 조정을 할 수 있고, 동적 가격 책정이나 가격 테스트를 더 쉽게 진행할 수 있다. 일반적으로 게임의 전유물처럼 느껴지지만, 스카이프Skype처럼 휴대폰과 유선전화의 통화 시간을 번들로 제공하는 경우도 있다.

앱과 게임은 가상 화폐 번들을 인앱 구매로 판매하며 계정 생성이나 광고 시청, 연속 앱 사용 등 높은 가치의 행동을 장려하기 위해 제공하기도 한다. 게임이 아닌 앱에서 가상 화폐를 활용하거나 다른 가상의 보상으로 사용자 관여를 장려하는 것이 게임화gamification의 예다.

번들 판매

보통 가상 화폐는 게임 〈클래시 오브 클랜Clash of Clans〉의 보석 상자처럼 번들로 팔린다. 앱 내 가상 물품, 콘텐츠, 기능은 소액 거래에서의 가장 작은 번들보다 훨씬 낮은 금액으로 판매될 수 있다. 소액 거래와 가상 화폐 번들은 가격의 세밀한 조정이 가능하다. 게임 내 아이템 재고도 더 잘 관리할 수 있지만 사용자가 실제 돈을 얼마나 쓰는지 계산하기 어려우며 가상 경제에서의 가치 추산을 왜곡한다.

번들 판매는 실제 화폐로 판매하는 제품의 전통적인 판매 전략이다. 맥도날드의 '세트 메뉴'는 햄버거와 감자튀김, 음료를 개별로 구매할 때보다 저렴하다. 한 연구에 따르면 소비자는(적어도 어떤 산업이나 제품 범주에서는) 번들 제품을 살 때 개별 제품을 각각 구매하면 그 가치가 어떨지 고려한다고 한다. 다만 번들 판매는 일반적인 인앱 결제를 지원하므로 가상 화폐가 가격 전략의 전제 조건이 되지는 않는다.

할인 쿠폰과 할인 판매

'쿠폰'을 통한 할인, 앱스토어에서 제공하는 프로모션 코드는 아이템 수요를 늘리거나 충성 고객에게 보상을 주고 장바구니 물품의 구매를 독려한다.

인앱 구매 가격은 언제든지 조정할 수 있다. 제한된 시간 동안 제품을 할인해 판매하고 앱 내부 혹은 외부 채널을 이용하거나 UI에서 강조해 구매를 독려하는 것이 가능하다.

광고 구좌 관리

배너 및 틈새 광고 등의 디스플레이 광고, 오디오, 영상 혹은 다른 포맷의 광고를 제공하는 제품은 노출돼야 하는 광고의 수와 위치, 종류와 함께 어떻게 전달할 것인지를 고려해야 한다.

사용자 경험 및 사용자 행동은 광고와 연관된 결정에 따라 달라지기도 한다.

- 너무 많은 광고를 노출하거나 영상 포맷처럼 방해가 되는 광고(비록 영상을 넘길 수 있더라도)는 사용자 경험을 저해한다. 핵심 제품에 대한 사용자 관여와 유지를 줄이고, 더 많은 광고 수익은 만들어내더라도 부정적인 사용자 감정을 일으킨다.

- 몇몇 경우 구매 고객이 되기 전 광고를 마주하면 구매를 하지 않을 수도 있다. 반대로 어떤 제품은 프리미엄 구독으로 업그레이드하거나 한 번의 인앱 구매로 '광고 없는' 경험을 얻을 수 있다.

- '클릭아웃click-out'(광고를 클릭해 웹사이트나 앱으로 연결되는 일)은 현재의 사용자 제품 경험을 방해하며, 최악의 경우 사용자를 다시는 돌아오지 않게 만든다.

- 광고의 로딩을 내부에서 미리 설정하지 않으면 성능에서 문제를 일으킬 수 있다. 이는 사용자의 모바일 데이터를 소비하는 것으로 이어진다. 애드 익스체인지로 제휴하면 몇 가지 설정만 가능한 SDK 형태로 광고가 제공되며, 이 광고는 SDK를 통해서만 다운로드할 수 있어 제작사가 직접 통제할 수 없다.

- 부도덕한(혹은 완전한 사기 목적의) 광고주의 광고가 앱에서 노출될 수 있다. 사용자가 노출된 광고에 불쾌함을 느끼면 이탈률은 증가한다. 광고는 입찰 플랫폼의 프로그램을 통해 지정

되므로 모든 광고를 일일이 확인하는 것은 불가능하다. 모든 광고가 적합하다고 확신하기 위해서는 브랜드에 직접 광고 구좌를 팔아야 하는데 제작사에게는 힘든 일이다. 믿을 수 있는 네트워크와 작업을 하면 도움이 되지만 많은 네트워크가 서로 트래픽과 광고 구좌를 교환해 낮은 품질의 광고를 연결하는 약한 연결 고리의 가능성이 커진다.

위와 같은 요인을 고려할 때 단기 광고 수익과 장기 유지 및 사용자 관여 사이의 절충이 필요하다.

스택 전반에서의 활동

특정 활동은 그로스 스택의 한 가지 영역에만 속하지 않는다. 다음은 비즈니스가 성장하는 단계에서 고려해야 하는 활동이다. 실행 순서는 가능한 예산과 리소스에 따라 결정된다.

세계화

'세계화'는 프레임워크의 특정 영역을 초월하는 광범위한 주제다. 세계 시장에서의 성장 전략은 제품 및 서비스, 경쟁 환경에 따라 달라진다. 제대로 세계화한다는 것은 제품을 번역하고 앱스토어 목록을 현지화하는 것 이상의 의미를 가진다. 세계화는 사용자 유치와 관여, 수익화 노력의 촉매제로 작용하며 전체 스택 전반의 활동을 보완한다.

강력한 세계화 전략으로 지역과 관련된 결제 수단을 지원하고 타깃 지역의 가장 인기 있는 소셜 네트워크와 통합하거나 국가 차원 혹은 지역 차원의 제휴가 가능하다. 따라서 스택의 수많은 개별 단위 셀과 결합해 작동한다.

리타기팅

리타기팅은 사용자나 잠재적 사용자에게 타깃 메시지를 보낼 때 효과적이다. 방문자를 리타깃해 모바일 제품의 광고가 있는 웹 앱이나 랜딩 페이지로 이동시키는 등 사용자 유치를 유도하고, 사용자 관여를 증가시켜 수익화를 촉진할 수 있다. 그로스 마케터는 세 가지 영역을 모두 아우르는 리타기팅을 통해 사용자가 생애 주기의 어느 단계에서 이탈하거나 활동을 멈췄는지 알 수 있고, 목표 달성을 위해 사용자를 유도하는 메시지를 전달할 수 있다.

제휴

비즈니스 개발, 기술 통합 및 제휴 활동은 거래의 성격에 따라 사용자 유치와 관여, 유지나 수익화에 영향을 준다. 제휴 형태는 다양하다. 관련 당사자의 창의성, 설득력 및 인식한 가치로만 제한된다.

보편적인 제휴 형식은 다음과 같다.

- 웹사이트 혹은 네이티브 앱 간의 트래픽 교환
- 디바이스 제조사 혹은 통신사가 먼저 탑재하는 모바일 앱
- 공동 마케팅 활동
- 이벤트, 개인 혹은 조직의 스폰서십
- 지적 자산의 라이선스(예: 영화, 책, 노래, 이미지 저작권 등)
- 제휴 거래
- 로열티 계획

일반적으로 수익 공유, 라이선스 비용, 최소 보장 개수 등의 상업적 요소를 포함하지만, 구체적인 부분은 협상에 따라 달라질 수 있다. 주로 제휴 거래에 크게 의존한다.

전환 최적화

전환 최적화conversion rate optimization(CRO)는 데이터 중심의 성장 기반을 형성하는 활동이다. 스택에서는 전환 최적화를 한 상태에서 다른 상태로 전환하는 비율을 높이기 위한 노력까지를 포함하는 넓은 의미로 사용한다. 구매나 구독 이벤트만을 지칭하지는 않는다.

사용자 유치 영역에서는 앱스토어 최적화(앱스토어 목록에서 노출되는 것에서

설치로 전환을 최적화하는 것), 퍼포먼스 마케팅(클릭하면 광고를 노출하거나 설치하는 것), 그리고 제품과 플랫폼 간 교차 판매 노력의 중요 부분을 형성한다.

사용자 관여와 유지 영역에서의 최적화 노력은 관여가 없거나 적은 사람을 다양한 수단을 통해 높은 관여 상태로 이동시키는 것에 중점을 둔다. 이메일, 푸시, 인앱 캠페인이 높은 실행 및 클릭률(후속 관여 지표에서의 향상도 포함해)을 위해 끊임없이 최적화하는 생애 주기 마케팅의 핵심 활동이 전환 최적화다. 활성화를 위한 제품 및 마케팅 노력은 앱에서 활동하지 않던 사용자를 활동하도록 하거나 이전보다 더 많이 활동하도록 하는 것이 목적이다. 첫 며칠 간의 앱 사용처럼 구체적인 전환 지표 측정으로 확인할 수 있다.

수익화 영역에서는 구매, 구독, 영상 시청 장려 혹은 광고 클릭으로 전환 최적화를 한다. 이는 수익성을 증가시키는 핵심이며 CRO는 수익화 계획의 중심이다.

업셀링은 더 높은 단계로 업그레이드하거나 구독 혹은 구매하도록(모든 수익 모델에 적용할 수는 없지만) 유도하는 활동이다. 프리미엄 사용자를 무료 요금에서 구독이나 구매로 전환하고 특별 혜택, 번들 제품 그리고 할인과 같은 형식으로 구매의 빈도나 가격, 혹은 둘 다를 높여 추가 구매를 유도해 유료 사용자당 평균 수익average revenue per paying user(ARPPU)을 높이는 노력을 의미한다.

채널

물론 이 목록에는 실무자의 다수가 사용하는 채널이 포함되어 있다. 스택의 모든 요소와 마찬가지로, 몇몇 채널은 특정 사업에서 특정 고객에게 도달하는 데 더 혹은 덜 효과적이다.

많은 경우 채널 믹스를 실험해볼 만한 가치가 있다. 재활성화 캠페인은 메시지가 이메일로 전송되면 결과가 좋지 않고, 푸시용으로 가공됐을 때(혹은 반대의 경우) 큰 영향을 미칠 수 있다. 여전히 다양한 채널을 캠페인에 활용해 사라진 사용자에게 도달하는 것이 더 큰 영향력을 발휘한다. 다른 앱의 사용자를 리타기팅할 때도 마찬가지다.

채널과 도구는 핵심 활동에서 보조 역할을 한다. 시간이 지남에 따라 교체되거나 보강될 수 있으며 반드시 교체되고 보강돼야 한다.

푸시 알림

네이티브 푸시 알림과 브라우저 알림은 제품을 사용하지 않을 때도 사용자에게 도달하는 방법이다. 적절하게 사용하면 기존 사용자의 재관여를 유도하기에 아주 효과적인 채널이다. 푸시는 사용자가 선택하는 채널이다. 모든 사용자에게 도달할 수는 없지만 선택한 사람에게 미치는 영향력은 그 가치가 높다. 많은 그로스 마케터는 도달률을 증가시키기 위해 푸시 허용률을 높이는 디자인 테스트에 굉장한 노력을 투자한다.

인앱 메시지

인앱 메시지는 주요 제품의 사용자 경험에 나타나며 웹이나 기본 모바일 앱에서도 전달된다. 인앱 다이얼로그in-app dialog, 팝업 혹은 인포스크린 등이 인앱 메시지의 예다. 최근에는 마케터가 타기팅하는 캠페인을 새로운 앱 버전으로 업데이트하지 않아도 계획, 테스트 및 측정할 수 있는 기술을 모바일 마케팅 자동화mobile marketing automation(MMA) 프레임워크가 지원하고 있다.

앱이나 게임을 실행하는 동안 전달되는 인앱 메시지는 사용자의 관심을 끄는 것은 물론 20~50%의 클릭률을 발생시키는 아주 강력한 채널이다. 단, 사용자에게 방해가 될 수 있으니 신중하게 사용해야 한다. 그렇지 않으면 사용자의 핵심 경험을 방해해 이탈률을 높일 수 있다.

이메일

과거에 비해 효과가 많이 떨어지긴 했지만, 이메일은 웹과 모바일 모두에서 여전히 높은 가치를 지니는 채널이다. 모바일 사용자는 새로운 메일이 도착했을 때 메일 앱을 통해 푸시 알림을 받아 실시간으로 확인한다. 활동 알림, 모바일 사용자 타깃의 생애 주기 캠페인을 위한 채널로 이메일을 고려할 때는 작은 화면의 디바이스에서 이메일이 어떻게 보일지, 링크가 어떻게 구현될지에 대해 주의를 기울여야 한다. 만약 네이티브 앱이 설치되지 않았다면 웹사이트로, 설치됐다면 딥링크를 통해 앱으로 이동시킨다.

이메일을 채널로 활용하려면 사용자의 이메일 주소가 필요하다. 많은 국가에서는 이메일 수집이나 사용 허가, 합법적인 이메일 통신 구성 요소에 대해 법으로 엄격하게 관리한다는 것을 명심해야 한다.

SMS

피처 폰을 포함한 모든 모바일 디바이스는 SMS를 지원하므로 잠재적 도달률이 크다. 사용자가(주로 제품의 랜딩 페이지에서) 제공한 휴대폰 번호로 모바일 웹사이트나 앱스토어 페이지가 담긴 SMS를 보내 사용자 유치를 유도할 수 있다. 이는 스마트폰에 익숙하지 않아 앱스토어에서 앱을 찾는 데 어려움을 느끼는 사용자에게 유용하다. 또한 PC 사용자를 모바일로 유치할 때도 효과가 있다.

이메일과 마찬가지로 SMS도 많은 국가에서 규제하고 있으며 사용자에게 휴대폰 번호 수집에 동의할 것을 요구해야 한다.

검색

채널로서의 검색은 검색 엔진과 앱스토어 검색을 통한 자연 발견, 마케팅을 통한 앱 발견을 의미한다. 구체적인 키워드를 대상으로 하거나 앱 내 콘텐츠를 인덱싱해 검색 결과로 나오도록 할 수 있다. 스택의 채널 설명은 안드로이드와 iOS 플랫폼, 특히 애플의 검색 광고 모두에서 유료 검색 기회를 반영해 변경됐다.

검색 엔진 마케팅은 구글 애즈Google Ads가 시장을 장악했지만, 웹과 모바일 브라우저 기반의 사용자에게 강력한 사용자 유치 채널이다. 광고주는 검색 결과에서 좋은 위치를 얻기 위해 키워드나 문장에 대해 입찰을 진행해 트래픽을 획득한다.

유료 검색과 더불어 SEO 및 연관 콘텐츠 마케팅, ASO 키워드 최적화 그리고 모바일 콘텐츠 인덱싱은 앱스토어 '무료' 트래픽의 주요 원천이다. 콘텐츠 인덱싱은 딥링크로 기존 사용자를 다시 앱으로 불러올 수 있다.

소셜 네트워크

메신저를 포함한 소셜 네트워크를 통해 엄청난 수의 잠재 고객에게 접근할 수 있다. 소셜 미디어 마케팅은 잠재 사용자와 기존 사용자를 연결하고 사용자 유치, 깊은 관여 혹은 커뮤니티 개발에 매우 효과적인 방식이다.

모든 '소셜 네트워크'를 하나의 채널로 정의하는 것은 너무 과도한 단순화다. 대상을 연결하거나 발견하는 잠재력, 가능한 커뮤니케이션 방법, 유료 혹은 광고 게시글 지원 등 무수히 많은 요소를 고려했을 때 각각의 소셜 네트워크는 모두 다른 특징을 가지기 때문이다.

소셜 네트워크는 전자 상거래에서 작은 부분을 담당하지만, 구매로 이어지는 통로 역할로서 빠르게 발전하고 있다. 많은 사람이 제품이나 서비스를 구매하기 전 소셜 네트워크를 검색한다. 2018년 미국 기준으로, 마지막으로 접촉한 채널인 소셜 네트워크를 통해 쇼핑몰을 방문한 사람의 비율이 두 배로 증가했다. 스마트폰과 페이스북에서 일어난 공유가 대부분이라는 점이 어도비 디지털 인사이트^{Adobe} ^{Digital Insights}의 2019년 1분기 데이터에서 나타났다. 소셜 커머스가 탄생하면서 소셜 네트워크는 공유 수단이 아닌 구매 행위가 일어나는 곳이 됐다. 특히 더 많은 전자 상거래가 스마트폰으로 옮겨가면서 인스타그램처럼 소셜 커머스의 선봉에 있는 소셜 네트워크는 구매를 촉진하는 데 큰 역할을 하고 있다.

광고 네트워크

광고 네트워크는 제품이나 서비스를 다른 모바일, 웹 앱과 웹사이트에서 광고하는 기회를 제공한다. '애드 테크^{ad-tech}' 분야에는 수많은 기업이 있으므로 광고주가 사용자를 유치하고 재관여할 기회를 찾을 때는 많은 선택지가 있다. 타깃 옵션, 트래픽 크기, 지역/국가 트래픽 가능 여부, 가격 옵션(CPM, CPI, CPC 등)이 애드 테크 서비스 안에서 다양하게 제공된다.

유료 채널에서 모바일 앱을 위한 사용자를 확보할 때는 비즈니스에 지속 가능한 CAC에서 사용자의 질적인 부분(수익화할 수 있거나 앱과 관여하려는 성향에 따라 정해진다)과 크기를 제공하는 공급자의 적절한 조합을 찾는 것을 목표로 해야 한다. 분석 및 캠페인 광고의 CRO에 많은 투자를 해야 하고 세심한 예산 및 캠페인 관리가 필요하다.

TV, 인쇄물, 라디오

페이스북과 같은 인기 채널의 CPI가 포화 상태가 되어 급격히 상승했다. 마케터는 더 경제적인 사용자 유치 원천을 찾았고 TV 광고는 지난 몇 년 동안 눈에 띄게 되살아났다. 새로운 TV 기여 파트너는 TV 캠페인과 앱 설치를 연계해 모바일 광고주에게 제공한다. 본질적으로 정리되지 않은 데이터지만, 많은 마케터가 전통적인 매체 채널에서 좋은 결과와 괜찮은 CPI(브랜드 상승보다는 실질적 퍼포먼스 등)가 나타난다고 보고 있다.

다른 인쇄 매체나 라디오 같은 전통적 매체 또한 효과를 측정하는 데 어려움이 있다. 그러나 타깃 고객과의 연결 면에서 여전히 가치를 증명한다. 옥외 디스플레이 광고와 직접 나눠주는 전단도 제품을 알리는 데 좋은 방법이다. 온라인 및 모바일 광고에 비해 상대적으로 저렴하다. 전통적 마케팅 채널은 음식 배달, 세탁, 택시 호출 앱과 같은 대중 시장 서비스이자 지역 초월 서비스를 론칭할 때 디지털 캠페인과 협력해 자주 사용된다.

보유 채널

보유 채널은 모바일 웹을 포함한 기업 웹사이트나 기업 블로그, 랜딩 페이지 그리고 같은 제작사의 여러 앱을 의미한다. 보유 자산 사이의 교차 판매와 트래픽 교환, 자연 검색 엔진 트래픽을 통한 신규 사용자 유치, 새로운 제품, 기능, 서비스 혹은 마케팅 혜택을 기존 사용자에게 알리는 것이 가능해 많은 기회를 제공한다.

메신저 플랫폼

페이스북 메신저, 왓츠앱, 스냅챗, 라인, 위챗 등 메신저 플랫폼의 약진으로, 메신저 서비스는 새로운 플랫폼으로 여겨진다. 메신저 플랫폼은 스마트폰 사용자의 관심을 끌기 위한 경쟁에서 다른 네트워크와 앱을 제치고 앞서기 시작했다.

메신저 앱은 신규 혹은 기존 사용자에게 콘텐츠 공유, 직접 메시지 전송(메신저 앱이 API를 통해 허용한다면) 그리고 초대나 추천 등을 통해 도달 기회를 제공한다. 외부 링크, 챗봇, API 통합 등을 제공하고 또 다른 앱은 그런 기능을 제공하지 않는 등 각 앱의 네트워크 사이에는 차이점이 존재한다. 제품 차원의 통합과 스냅챗 같은 플랫폼은 콘텐츠와 퍼포먼스 마케팅을 제작하며, 앱 인지도를 높이고 사용자 유치를 할 수 있는 전통적인 마케팅 활동을 위해 플랫폼 자체를 빌려주기도 한다.

플랫폼은 모두 다르다. 어떤 메신저 플랫폼은 그룹 메시지와 다수를 대상으로 한 방송에 기대고, 어떤 플랫폼은 일대일 대화를 주로 사용한다. 그로스 마케터는 타깃 고객의 메시징 습관이나 채팅 플랫폼의 역학을 고려해 이상적인 사용자에게 도달하고 전달할 수 있는 마케팅이나 결합, 네트워크의 우선순위 조정 등 필요한 노력을 할 수 있다.

챗봇

메신저 플랫폼이라는 주제와 밀접하게 관련 있는 주제는 챗봇이다. 챗봇, 인공지능, NLP, 가상 비서, 대화 인터페이스는 아직 완벽한 경험을 제공하지는 못해도 중요성이 점점 높아지고 있다. 챗봇은 많은 분야의 제품과 플랫폼에서 사용자와 상호작용하는 혁신적인 방법으로 여겨지고 있으며 더욱더 발전할 것이다.

미래의 챗봇이 무엇을 제공할지, 현재의 모바일 제품 시장 및 가치 사슬과 어떻게 결합할지 정확하게 알 수는 없다. 하지만 챗봇이 또 다른 잠재적 접점과 마케팅 기회를 제공한다는 점은 부정할 수 없다.

모바일 DSP와 SSP

2017년 버전의 스택에서는 프로그램 광고의 등장에 따라 모바일 DSP와 공급 측면 플랫폼supply-side platform(SSP)을 부가 채널로 추가했다. 광고주는 DSP를 통해 서드 파티 앱이나 사이트 전체 범위에서 여러 광고 구좌, 복잡한 타깃 조건, 광고 배치의 다양한 범위를 선택해 구매할 수 있다. 일부 기업의 퍼포먼스 마케팅 믹스에서 중요한 부분이다.

SSP는 제작사 측면에 해당한다. 앱 내에서 배치 프로그램을 통해 광고 구좌를 구매할 수 있어 세밀하게 수익을 조정할 수 있다.

앱 스트리밍

앱과 게임 스트리밍은 앱스토어에서 다운받지 않아도 제품의 일부 혹은 전체를 경험할 기회를 제공한다. 일반적으로 HTML5를 통해 가능하다. 일부 메신저 플랫폼에서의 배포도 가능해 기존 배포 방식의 대안으로 새롭게 떠오르는 흥미로운 채널이다. 전통적인 앱스토어 배포 방식을 대체하는 스트리밍 앱이 어느 정도까지 성장할지는 알 수는 없다. 하지만, 전체 도달률을 높이고 네이티브 앱 설치의 사용자 여정에서 HTML5 웹 앱처럼 또 다른 접점이 될 수 있다.

인공지능 세상에서의 스택 적용

그로스 팀이 그로스 스택의 다양한 요소를 활용해 더 스마트하게 사용자를 유치하고 관여시키며 유지를 높이고 수익화할 수 있는 많은 선택지가 있다는 것은 좋은 소식이자 나쁜 소식이다. 성장의 각 단계에서 어떠한 성장 스택 요소를 사용할지 정확히 결정하고 내부나 외부 플랫폼 중 무엇을 활용할 것인지 적절한 균형을 찾는 것이 모든 스타트업의 과제이기 때문이다. 사용자 유치 팀이 잠재적으로 테스트해야 하는 무수히 많은 광고 업체가 있으며, 이를 관리하고 실행하기 위해서는 많은 내부 인력이 필요하다.

스타트업은 인공지능과 머신러닝을 완전히 받아들여 전체 고객 마케팅 퍼널에서의 마케팅 프로세스에 효과적으로 적용해야 한다. 제품/시장 적합성을 달성한 후에는 빠른 테스트와 학습을 위해 성장 스택에서 가능한 한 많은 부분을 자동화해 그로스 팀이 효율적으로 일하도록 도와줘야 한다.

- 고객 세분화
- 매체 구입
- 고객 행동 예측
- 고객 지원
- 어뷰징 방지

- 개인화
- 캠페인 최적화
- 데이터 분석과 보고
- 더 나은 교차 플랫폼 기여
- 광고 개발과 반복

그림 11-10 네이티브 광고 연구소의 2018년 차트

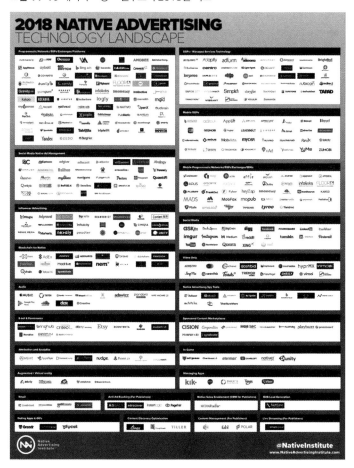

인공지능 없이는 불가능했던 일을 성취할 수 있도록 도와준 그로스 마케팅의 수많은 사례를 살펴봤다. 인공지능을 활용해 똑똑하게 일하는 방법과 함께, 고객 및 고객 여정과 관련된 상호작용을 전체적으로 바라볼 넓은 시야를 얻었다. 인공지능을 활용하면 데이터에 빠르게 반응하고 짧은 시간에 행동할 수 있는 인사이트를 얻어 더 높은 가치의 일에 집중할 수 있다.

성장의 각 단계에서 어떠한 성장 스택 요소를 사용할지 정확히 결정하고 내부나 외부 플랫폼 중 무엇을 활용할 것인지 적절한 균형을 찾는 것이 모든 스타트업의 과제이기 때문이다.

머지않아 우리는 사용자 유치를 위해 크로스 채널 사용자 여정을 조정하고 개인화 및 맞춤화하며, 최적의 결과를 내기 위해 자동화와 인공지능, 머신러닝에 의존할 것이다. 이미 IMVU는 최신 버전의 BI 소프트웨어나 보고서 대시보드를 활용해 일하고 있다. 여러 타깃, 광고, 순서를 가진 복잡한 크로스 채널 광고를 관리하려면 즉시 사용할 수 있는 솔루션을 제공하는 개별 플랫폼 **이상의** 인공지능 운영 영역이 필요하다. 이 영역을 제대로 활용한다면 훌륭한 결과를 얻을 수 있다.

이 모두는 매우 복잡한 과정이다. 다음 장에서는 이런 복잡성을 관리해 리스크와 비용, 지출을 함께 줄일 방법을 알아보자.

복잡성과 리스크 관리하기

5부에서는 인공지능을 중심으로 파생될 수 있는 복잡성과 리스크를 관리하는 방법을 소개한다. 12장에서는 복잡성 관리 방법을, 13장에서는 리스크를 줄이는 방법을 설명한다. 마지막으로 14장에서는 앞으로의 그로스 팀 업무수행 방식을 이야기하고 '사람과 기계가 함께 일하는 법'을 다룬다.

복잡성과 리스크 관리하기

CHAPTER 12

복잡성을 관리하는 방법

인공지능 관련 프로젝트를 진행하는 것은 복잡성이 뒤따르는 일이다. 각 기술이 상호 의존적으로 움직이는 것은 물론이고, 서로 다른 업무라고 해도 조율이 필요한 경우가 많기 때문이다. 사용자 유치 3.0에 대해 살펴본 2부에서는 IMVU의 아테나프라임의 고객 데이터를 넥터9으로 전달하는 과정을 자세히 다루었으며, 이를 통해 인공지능이 제 역량을 발휘하고 있음을 알았다.

스타트업의 그로스 팀 대부분과 마찬가지로 IMVU 역시 복잡성이라는 과제를 해결해야만 했다. 사용자 유치 목적으로 진행하는 수많은 테스트와 캠페인을 떠올려보면 그 일이 얼마나 복잡할지를 상상할 수 있다. 복잡성을 줄이기 위해서는 먼저 전체 맥락을 관통하는 전략을 생각한다. 마케팅 활동을 위한 각 플랫폼과 캠페인, 그리고 그 안에서 전개되는 테스트를 어떻게 설정하고 관리할지 고려해야 한다. 테스트 진행에 필요한 예산, 입찰, 목표, 잠재 고객, 랜딩 페이지, 광고 콘텐츠는 테스트 결과에 따라서 계속 조정한다.

이 모든 일을 사람이 직접 하는 것은 현실적으로 불가능하다. '사람이 직접 한다'는 것은 각 테스트를 설계하고 진행하며 그 결과를 바탕으로 세부 사항을 조율해 다시 테스트하는 것을 의미한다. 모든 과정에 굉장한 노력을 기울여야 한다. 이 과정은 일회성으로 끝나지 않고 끊임없이 반복해야 한다. 이런 사이클이 지속될 경우, 고객의 피드백을 받는 속도와 주기가 느려질 수밖에 없다. 여러 개의 테스트가 동시에 진행되면 그 복잡성은 극도로 높아진다. 테스트 자체에 오류와 편견이 생길 수도 있다.

그로스 팀의 업무 프로세스 자체는 굉장히 복잡하다. 또한, 신규 고객을 유치하기 위해서 최대한 많이, 그리고 다양하게 테스트해야 한다는 압박이 크다. 그로스 팀이 마케팅 자동화에 인공지능을 활용하는 것은 엄청난 이점이다. 인공지능은 수만 개의 테스트를 동시에 진행할 수 있다. 다양한 채널에 제공하는 일련의 캠페인을 자동으로 동기화하고 조정할 수도 있다. 사람의 개입이나 감독 없이도 최적화된 결과를 제공하며 여기에 필요한 시간은 과거와 비교할 수 없을 정도로 짧다.

잠재 고객, 채널, 콘텐츠가 복잡하게 얽힌 광고 캠페인을 사람이 조정한다는 것은 단순히 '복잡하다'고 설명하는 것으로는 부족하다. 이 작업에 인공지능과 데이터를 활용하면 전혀 새로운 이야기를 만들 수 있다. 인공지능은 수많은 데이터를 활용해 다른 생애 주기에 존재하는 잠재 고객군을 구분하고 패턴화할 수 있다. 마케팅 담당자는 결과를 바탕으로 새로운 인사이트를 얻고 캠페인을 개선하기만 하면 된다. 인간과 인공지능의 긍정적인 피드백은 반복될 것이다.

> **그로스 팀이 마케팅 자동화에 인공지능을 활용하는 것은 엄청난 이점이다. 인공지능은 수만 개의 테스트를 동시에 진행할 수 있다. 다양한 채널에 제공하는 일련의 캠페인을 자동으로 동기화하고 조정할 수도 있다.**

회사가 빠르게 성장하기는 쉽지 않다. 내부 역량을 강화하고 성장을 가속하기 위해서는 인공지능의 도움이 반드시 필요하다. 인공지능은 크로스 채널을 통해 노출하는 광고 위치 정보와 다양한 고객 세그먼트 모델을 융합할 수 있으며, 데이터 기반 결과를 자동으로 도출할 수 있다. 사람이 직접 업무를 처리할 때 발생하는 복잡성을 인공지능이 상쇄한다. 디테일한 작업을 반복할 때, 숙련된 사람보다 기계가 실수할 확률이 낮다.

이번 장에서는 인공지능을 활용해 복잡성을 관리하는 데 활용할 만한 중요한 사례를 함께 살펴본다.

인공지능 활용 사례 파악하기

인공지능을 효과적으로 활용하기 위해서는 도입 사례를 전부 찾아보고 검토해야 한다. 먼저 인공지능을 성공적으로 활용한 그로스 팀의 사례부터 파악한다. 자체적으로 인공지능 솔루션을 구축해 사용하거나 라이선스를 구입할 수 있다. 자체 인공지능 솔루션을 구축하려면 큰 비용이 필요하다. 자체 솔루션을 고려하기에 앞서 다른 그로스 팀이 서드 파티 솔루션을 어떤 방식으로 활용하는지 면밀하게 검토하는 것부터 시작하자. 구매 의향이 있는 서드 파티 솔루션이 있다면 테스트용 프로그램을 따로 요청해 기능이 제대로 작동하는지 확인해보는 것이 좋다.

인공지능 활용 사례를 살펴보는 것만으로도 '어떤 문제를 해결해야 하는지' 판단하는 데 도움이 된다. 검토 과정에서 문제 해결에 도움이 될 수 있는 기술 마케팅 업체의 포트폴리오를 구축해볼 수도 있다.

'마테크martech'는 '마케팅marketing'과 '테크놀로지technology'의 합성어다. 그로스 팀은 마테크를 통해 자동화가 가능한 업무 영역과 업무 프로세스를 판단할 수 있다. 업무의 효율성 향상과 원활한 데이터 흐름에 따라 기업은 이전보다 더 확장된 마케팅 활동을 펼칠 수 있다.

다양한 사례에서 공통으로 확인할 수 있는 인공지능의 효과는 다음과 같다.

비용 절감

인공지능 솔루션은 사람이 해왔던 어려운 업무를 대신 수행해 린 팀의 업무 효율을 크게 개선할 수 있다. 이를 통해 사용자 유치 업무를 수행하는 인력 채용 비용(스타트업에서 가장 큰 부분을 차지하는 비용)을 줄일 수 있다.

ROI 향상

캠페인 수정을 통한 광고 효율 개선 여부는 CAC나 ROI 같은 성과 지표로 확인할 수 있다. 일반적으로 성과 지표는 A/B 테스트를 빠르게 진행하고 반영해 최적화하는 방식으로 향상된다. A/B 테스트로 문제를 해결하는 방식은 속도가 매우 빠르므로 인간의 힘으로는 따라잡을 수 없는 영역이다.

리스크 감소

핵심 캠페인을 관리하는 인력에 크게 의존하는 것은 회사 차원에서 리스크가 될 수 있다. 특히 사용자 유치를 담당하는 인력이라면 리스크가 더 커진다. 인공지능 솔루션을 적용하면 의존성과 리스크를 줄일 수 있다.

앞서 나열한 인공지능의 장점은 '왜 인공지능을 도입해야 하는지'를 설득하는 데 유용한 근거가 된다. 그로스 팀의 프로젝트를 성공적으로 이끌 것이다.

기대 가치

인공지능은 엄청난 잠재력을 지니고 있지만, 그 능력이 미디어를 통해 과장되거나 왜곡되기도 한다. 실제로 구현 가능한 기능과 부풀려진 기능을 구분해야 이해관계자와의 커뮤니케이션에서 오는 오해를 줄이고 신뢰를 쌓을 수 있다. 빠르게 발전하는 기술을 옆에서 지켜볼 수만은 없다. 보수적인 시각을 유지하면서 실제로 얻을 수 있는 것이 무엇인지 냉정하게 바라보고 목표 달성을 위한 타협점을 찾아야 한다. 다양한 이해관계자와 함께 인공지능이 어떠한 어려움을 해결해줄 수 있을지 구체적으로 조사해보는 것도 도움이 된다. 이 과정을 통해 불확실성과 변화에 대한 저항을 줄여나가며 긍정적인 결과를 도출할 수 있다.

여타의 신기술을 적용할 때처럼 인공지능을 활용할 때도 명확한 비즈니스 원칙을 바탕으로 엄격한 기준을 적용해야 한다. 해결해야 하는 문제가 무엇인지에 초점을 맞추는 것이 중요하다. 문제를 해결하면 주요 성장 지표가 향상되는지, 문제를 해결해 얻을 수 있는 것이 명확한지에 집중하자.

처음에는 쉽게 해결할 수 있는 문제부터 시작해 점차 복잡한 문제로 확장하면 좋다. 인공지능으로 작은 문제를 해결하면 팀 구성원의 성취감을 높일 수 있다. 이를 동력으로 삼아 점차 복잡한 문제를 풀어나가면 팀 구성원에게 인공지능에 대한 신뢰감을 심어줄 수 있다.

처음에는 쉽게 해결할 수 있는 문제부터 시작해 점차 복잡한 문제로 확장하면 좋다.

IMVU 역시나 이러한 방식을 택했다. 처음에는 작은 문제의 검증을 시작했다. 광고 캠페인을 최적화하기 위한 대상을 미국 내에 거주하고 아이폰을 쓰며 페이스북을 이용하는 사람으로 한정했다. 한정된 대상을 기준으로 사람이 직접 캠페인을 관리할 때와 인공지능을 사용했을 때의 ROI를 비교했다. 데이터가 더 많이 누적될수록 인공지능의 성능이 개선됨을 확인할 수 있었다. IMVU는 이러한 성과를 바탕으로 페이스북 외 더 많은 채널에 인공지능을 적용했다. 신규 고객 수, ROI, LTV 등의 정량 지표를 향상하기 위해 수많은 미디어 채널과 크로스 플랫폼 캠페인에도 인공지능을 활용했다.

운영 관점

인공지능 시스템을 적용할 때는 조직의 운영 현황과 비즈니스 목표가 명확해야 한다. 인공지능이 할 수 있는 일에만 치중한 나머지 인공지능의 활용 방안과 얻을 수 있는 결과를 간과하기 쉽다. 운영 관점에서 얼마나 자주 인공지능 시스템을 활용할 계획인지, 인공지능에 어떤 데이터를 입력할 것인지, 어떤 데이터를 얻고 싶은지, 서비스 이용자와 잠재 고객에게 얻으려는 것은 무엇인지, 인공지능 활용 범위를 늘리기 위한 계획은 무엇인지를 점검해야 한다.

인공지능을 실제 프로젝트에 활용하면 정보 기반의 의사결정이 가능해져 프로젝트의 성공 가능성이 커진다. 여기서 인공지능이 산출한 결과물을 조직이 어떤 관점에서 바라보는지가 중요하다. 인공지능이 예측한 결과를 구성원에게 투명하고 명확하게 전달할 수 있다면 구성원이나 이해관계자도 인공지능을 신뢰하게 될 것이다. 이는 인공지능 시스템을 장기적으로 지속할 근거로 작용한다.

결과에 집중하기

인공지능을 도입할 때는 인공지능이 산출할 **결과**에 집중해야 한다. 목표를 설정한 후에, 벤치마킹할 인공지능 솔루션의 성능과 성공 사례를 검토해보는 것이 좋다. 유의미한 결과를 얻기까지 어느 정도 시간이 걸리는지 가늠해볼 수 있다. 인공지능은 구조화된 소량의 데이터부터 구조화되지 않은 대량의 데이터까지 처리할 수 있는데, 데이터가 어떤 결과를 도출할지는 벤치마킹 사례를 보며 탐색할 수 있다.

만약 외부 업체의 인공지능 솔루션을 활용한다면 결과물을 받을 데드라인을 업체와 협의해두는 것이 좋다. 구체적인 시기가 정해지면 외부 업체에게 책임감을 부여할 수 있고 정해진 기간 내에 가시적인 결과물을 받을 수 있다. 다만 정확한 결괏값을 얻기 위한 비용과 인공지능의 정확도를 향상하기 위한 비용 사이에서 절충점을 찾아야 할 수도 있다.

외부 업체에게 업무의 사전 평가 진행을 요청할 수도 있다. 사전 평가 결과는 ROI 같은 성과 지표나 목표치를 설정하는 데 유용하다. 새로운 워크플로나 기술을 도입하기 위해 참조할 사례를 제공하는지 여부를 살펴보는 것 또한 업체 선정에 도움이 된다. 클라이언트 입장에서는 구현 기간에 솔루션 제공자에게 더 많은 것을 요청할 가능성이 크다. 따라서 인공지능 시스템을 전면적으로 적용하기 전에 일부 영역에 먼저 적용해보는 방법도 좋다.

고객 데이터

회사가 보유한 데이터는 보통 두 가지로 나뉜다. 첫 번째는 고객 정보나 거래 내역과 같이 철저하게 관리되는 정형 데이터, 두 번째는 사용자 상호작용과 같이 사용되거나 폐기될 수 있는 비정형 데이터이다. 클라우드 기술이 발달하면서 데이터를 저장하고 처리하는 데 드는 비용은 크게 줄었다. 비용이 줄어든 덕분에 기업은 클라우드 내에 '데이터 레이크data lake'[1]를 만들었고, 필요 여부와 상관없이 거의 모든 데이터를 쌓아뒀다. 당장은 데이터가 필요하지 않더라도 언젠가는 활용될 수 있다. 과거에는 전체 IT 예산을 모두 사용해야 가능했던 일을 이제는 클라우드를 활용해 저렴한 비용으로 처리할 수 있다.

데이터는 알고리즘을 만들어내는 힘이다. 가능한 한 모든 데이터를 활용해 인공지능을 학습시키고 가시적인 인사이트를 끌어낸다면 엄청난 경쟁력을 확보할 수 있다. 인간의 힘으로는 불가능한 일이다.

데이터가 많으면 많을수록 인공지능의 성능은 비약적으로 향상한다. 방대한 데이

---

1 옮긴이_ 가공되지 않은 모든 데이터를 모아두는 곳을 의미한다.

터를 수집하고 저장하는 작업이 과거와는 비교할 수 없을 정도로 쉬워졌다. 인공지능 활용 계획이 있는 스타트업은 절대로 데이터를 간과하지 말아야 한다. 비즈니스 목표 달성을 위해 최대한 많은 양의 고객 데이터를 수집하고 활용해야 하며, 이는 비즈니스 성과를 측정하기 위한 도구로서도 매우 중요하다.

단, 의미 없는 데이터에서는 의미 없는 결과만 나올 뿐이라는 사실을 잊어서는 안된다. 클라우드에 저장된 정형 데이터와 비정형 데이터 중 어떤 데이터를 인공지능에 전달할지 명확하게 설정해야 한다. 이때 소프트웨어 간 상호 연동을 위한 인터페이스 API와 특정 플랫폼을 대상으로 앱을 개발하기 위한 도구인 SDK를 활용할 수 있다. API는 디버깅이나 다른 지원 도구 없이 활용할 수 있는 SDK의 한 종류로 볼 수 있다.

올바른 정량 지표 설정하기

데이터 기반의 의사결정이 늘어나면서 성과를 정량적으로 측정하기 위한 지표는 무엇인지, 성과를 달성하는 데 필요한 작업은 무엇인지 설정하는 것이 더 중요해졌다.

고객의 수를 늘리기 위해 점검해야 할 지표가 무엇인지 추려내는 작업은 실제로 활용되는 유용한 접근법이다.

IMVU는 앱 설치를 마쳤거나 회원 가입과 구매를 하려는 고객에 대한 '이벤트 최적화'와 구글이나 페이스북에서 예산과 ROAS를 어떻게 설정할지에 대한 '가치 최적화'를 목표로 삼았다. 광고의 타깃을 누구로 설정할 것인지, 타깃 고객의 회원 가입과 구매를 어떻게 끌어낼 것인지 결정하기 위해서는 실제로 회원 가입과 구매 이유에 대한 데이터가 많이 쌓여야 한다.

앱 내의 구매 전환율을 높이고 ROAS 실적을 향상하기 위해서는 신규 고객을 유치하는 것도 중요하지만 기존 고객의 앱 활동을 독려하는 것도 중요하다. IMVU는 각 단계의 고객마다 각기 다른 목표를 설정했다. 제품을 막 인지했거나 관심을 두기 시작한, 이른바 마케팅 퍼널 상단에 위치한 고객은 클릭 수나 노출도를 늘리는 데 집중했다. 구매를 고려하는 퍼널 하단의 고객은 실제 구매로 전환될 수 있는 최적화 작업을 진행했다.

다시 한번 말하지만, 인공지능은 제대로 된 데이터가 없다면 제대로 활용할 수 없다. 마케팅 자동화 작업에 인공지능을 도입하겠다고 결심했다면 비용 절감, ROI 향상, 리스크 감소 등 명확한 비즈니스 목표를 설정해야 하며, 무엇이 제대로 된 데이터인지 추려낼 수 있어야 한다. 다음 장에서는 리스크를 줄일 방법에 대해 살펴보자.

CHAPTER 13

리스크를 줄이는 방법

스타트업은 극도로 불확실한 환경에서 새로운 제품이나 서비스를 만드는 단체다.

에릭 리스

본질적으로 스타트업 비즈니스는 리스크를 수반하며, 성공 가능성이 희박하다.

아쉽게도 성공으로 향하는 지름길은 없다. 스타트업 여정은 우여곡절의 연속이며 돈과 명예가 뒤따른다는 보장도 없다. 개인의 업무 철학과 불확실한 시장 상황에 미래를 맡기며 리스크를 감수해야 하는 스타트업은 그로스 팀이 신규 고객을 유치하고 마케팅 지표를 달성하는 것에 매달릴 수밖에 없다.

인공지능을 활용하면 반대의 경우보다 더 큰 성공을 보장한다. 고객 유입에서 구매까지의 전 과정에 걸쳐 인공지능을 활용한다면 성공 가능성은 더 커진다. 인공지능은 사용자 유치, 지속적인 참여 유도, 이탈 방지, 구매 전환 등 수많은 과정을 테스트하고 학습한 결과를 기반으로 최적화해 비즈니스를 성공으로 이끌 것이다.

충분한 보상이 뒤따라 감수할 만한 리스크가 있고, 반대로 실패하면 모든 것을 처음부터 시작해야 하는 리스크가 있다. 위험을 무릅쓰지 않는다면 아무것도 얻을 수 없다. 혁신을 위해서는 목표를 정하고 달성하는 과정에서 생기는 리스크를 줄이기 위해 노력해야 한다.

이번 장에서는 인공지능을 적용할 때 주의해야 할 주요 리스크를 살펴보고 이를 줄일 방법은 무엇인지 이야기한다.

데이터 의존성

인공지능은 태생적으로 데이터 품질에 의해 성능이 좌우된다는 리스크를 가진다. 스타트업은 데이터를 기반으로 회사를 운영해야 하며 데이터 누적이 중단되지 않도록 주의를 기울여야 한다. 인공지능으로 문제를 해결하기 위해서는 적합한 데이터가 필요하다. 프로젝트 성격에 맞지 않는 데이터를 사용하면 좋은 결과를 기대하기 어렵다. 물론 처음부터 고품질의 데이터로 시작할 수는 없다. 프로젝트를 진행하면서 각 단계에 적절한 데이터를 활용할 수 있도록 미리 계획하는 것이 중요하다. 선제 계획을 통해 최신화된 데이터를 준비하고 활용할 수 있으며 최적의 인사이트를 도출해낼 수 있다.

인공지능의 성능은 데이터와 함께 발전했다. 알고리즘 훈련에 필요한 데이터를 수집하고 분류해 라벨링하는 것은 어렵고 지루하다. 실제 일상을 반영하는 포괄적인 데이터를 활용할 경우 더 그렇다. 캠페인에 부정적 영향을 미치는 데이터는 없는지 지속적으로 확인해야 한다.

인공지능은 태생적으로 데이터 품질에 의해 성능이 좌우된다는 리스크를 가진다.

예를 들어, 제품을 업데이트할 때마다 데이터에 결함이 생기지는 않는지 세심하게 살펴봐야 한다. 업데이트는 예상치 못한 리스크를 가져오기 마련이다. 잘못된 데이터로 알고리즘이 손상되는 일을 방지하려면 QA 프로세스를 강화해야 한다. 다양한 경로에서 데이터를 수집한다면 알고리즘이 학습을 시작하기 전에 각 경로의 검수가 선행돼야 한다. 챗봇의 경우 의미가 없거나 악의적 의도를 가진 문장 데이터를 수집할 수 있다. 이를 제거하지 않으면 인공지능의 성능이 저하된다.

인공지능이 스타트업 성장의 핵심으로 자리매김할 날이 얼마 남지 않았다. 데이터의 품질, 소유권, 관리 등을 전담하는 인력을 배치해 데이터를 관리하고 그 프로세스를 제대로 확립하는 작업이 스타트업 성공의 핵심이다.

투명성

인공지능이 다양한 경로에서 수집된 개인 데이터를 전달받아 활용하면서 데이터 이용의 투명성과 신뢰도가 날이 갈수록 중요해지고 있다. 일부 인공지능 시스템의 경우, 어떤 방식으로 의사결정이 이루어졌는지 확인하기 힘들다. 특히 인간의 개입 없이 캠페인과 관련된 입찰, 예산, 광고 소재, 고객 세그먼트 등을 최적화하는 경우라면 인공지능의 결정에 대한 대내외적인 우려가 커질 수 있다.

사용자 유치에 관한 예산 관리를 인공지능에 맡기는 그로스 팀은 단순히 성과 달성만을 목표로 인공지능을 활용해서는 안 된다. 전체 조직 차원에서 인공지능의 작동 과정을 투명하게 공개하고 시스템에 대한 책임감 있는 태도를 보여 구성원과 신뢰를 쌓아야 한다.

대다수 인공지능은 신경망으로 구동된다. 신경망은 매우 복잡하게 연결된 노드를 기반으로 움직이며 보통 입력값과 출력값 정도만 확인할 수 있다. 인공지능이 왜 그런 의사결정을 했는지 '원인'을 명확하게 찾아내기는 어렵다. 인공지능은 다양한 플랫폼과 채널에서 마케팅 캠페인을 조율하며 예산 배정, 광고 소재 수정, 인사이트 도출 작업을 끊임없이 수행한다. 아무리 똑똑한 인간이라도 이 과정을 한꺼번에 수행할 수는 없다. 인공지능 알고리즘이 그만큼 복잡하고 미묘한 신경망으로 구성됐다는 의미다. 인공지능 시스템이 복잡하면 복잡할수록 인간이 이해하기 힘든 범위도 늘어난다. 예를 들어, 인간이 인공지능의 기능 열 가지를 이해했을 때 그 이면에는 다양한 변이와 조합으로 구성되어 인간이 이해할 수 없는 인공지능의 기능 천 가지가 있을 수 있다. 인공지능이 천 개 이상의 고객 데이터를 인식하고 주요 플랫폼에서 가장 광고 효과가 큰 잠재 고객을 분석한다고 했을 때 검토해야 할 데이터는 고객 정보와 플랫폼 정보를 포함해 적어도 수천만 가지는 된다. 인간이 이 모든 것을 직접 확인하는 것은 불가능하다.

인공지능의 블랙박스적 측면[1]은 갑자기 생긴 문제가 아니다. 다만 머신러닝 솔루션이 점점 더 강력해지고 정교해지면서 인간이 인지하지 못하는 영역이 기하급수

----

1 옮긴이_ 블랙박스란 기능은 알지만 내부 작동 원리를 이해할 수 없는 시스템 등을 뜻한다.

적으로 늘어났을 뿐이다. 인공지능은 이미지를 분류하거나 말을 글로 옮기거나 외국어를 번역하는 등 다양한 분야에서 인간을 능가할 만한 성과를 내고 있다. 반면 인간은 점차 그 원리와 과정을 이해하거나 설명하는 데 어려움을 겪고 있다.

스타트업에서 인공지능 모델을 도입할 때 고려해보면 좋은 접근 방식은 다음과 같다.

단순한 모델 사용하기

팀 구성원이 이해할 수 있을 만큼 단순한 모델을 사용한다면 마케팅에 인공지능이 필요한 이유를 설득하는 데 도움이 된다. 다만 단순한 모델은 인공지능의 정확도를 떨어뜨린다.

단순한 모델과 정교한 모델을 결합하기

단순한 모델을 사용해도 예측에 대한 근거를 얻을 수 있다. 그러나 정교한 모델을 사용하면 근거를 얻는 것을 넘어 더 나은 결정이 무엇인지도 추천받을 수 있다. 두 모델을 적절히 결합하면 좋은 결과를 얻을 수 있다. 다만 두 모델이 가리키는 방향이 크게 다를 수 있음에 주의하자.

중간 단계의 모델 사용하기

컴퓨터 비전의 경우 모델의 중간 단계가 특정한 패턴에 의해 활성화된다. 이때 주요 특징(머리, 팔, 다리 등)이 시각적으로 표현될 수 있다. 시각화 자료는 다양한 광고 이미지의 분류 기준으로 활용될 수 있다.

집중 메커니즘 사용하기

정교한 인공지능 모델은 가중치를 더 많이 부여한 주요 입력값에 '집중'하는 메커니즘을 갖는다. 사람의 이목을 끌어당기는 이미지와 텍스트를 알아내 강조할 수 있다.

입력값 제어하기

분류를 목적으로 인공지능을 활용할 때 입력값 제어는 매우 중요하다. 몇 개의 단어를 지우거나 이미지 일부를 까맣게 만드는 것만으로도 결괏값은 크게 바뀔 수 있다. 여러 변수를 모델에 입력해보고 그 결과가 미치는 영향을 확인해야 한다.

한 사람의 의사결정을 명확히 설명하기 어려운 것처럼 정교한 인공지능 모델도 결론을 도출한 이유를 명확하게 설명하기 어렵다. 인공지능에 대한 신뢰를 높일 수 있도록 인공지능의 동작 원리와 과정을 설명할 수 있어야 한다. 소프트웨어 제공자는 어떻게 하면 인공지능의 의사결정 과정을 투명하게 제공할 수 있을지를 연구해야 한다.

편향성

데이터셋이 충분히 준비됐더라도 데이터가 편향되면 문제가 발생한다. 알고리즘이 편향된 데이터로 훈련한다면 결과 또한 편향되기 때문이다. 고객 데이터는 특정 성별이나 인종, 연령에 쉽게 치우칠 수 있으며, 새로운 잠재 고객을 확보하는 데 악영향을 미친다. 조직이 지향하는 원칙, 목표, 가치와 데이터, 알고리즘이 동일 선상에 있는지 살펴봐야 한다. 아직 인공지능은 특정 결괏값에 대한 윤리적 판단이나 가치 판단 등을 할 수 없다.

편향된 상황을 기초로 만들어진 데이터를 인공지능에 제공한다면 인공지능이 산출하는 결과도 편향된다. 사람들은 보통 편향적이거나 쓸모없는 데이터에서 얻은 결과물이라고 해도, 컴퓨터에서 나온 결과물이라면 사실이라고 믿는 경향이 있다. IMVU 역시 데이터 편향성 때문에 부정적인 상황을 겪은 적이 있다. 편향된 데이터 때문에 소셜 미디어를 사용하는 18~24세 여성을 위주로 잠재 고객이 형성되어 인공지능에 전달됐다. 문제는 이미 IMVU가 지향하던 고객층이라는 점이었다. 결과적으로 IMVU는 신규 고객 세그먼트를 발굴할 기회를 잃었다. 편향성이 맹점을 만든다는 사실을 잊지 말아야 한다.

아직도 수많은 기업은 특정한 가정 혹은 편향된 데이터를 걸러내 데이터의 적합성을 판별하기 위한 전문 기술을 갖추지 못했다. 편향성이 커지면 커질수록 데이터에서 소외된 집단은 불이익을 받으며, 불이익이 커지면 불평등으로 치달을 수 있다. 최악의 경우 알고리즘이 승자와 패자를 선택할지도 모른다. 따라서 알고리즘과 데이터가 산출한 결과물을 점검하고 데이터의 편향성과 관련된 인사이트를 도출하는 것은 점점 더 중요해질 것이다. IMVU는 조직의 원칙, 목표, 가치에 부합하는 새로운 타깃 고객을 발견하기 위해 여러 플랫폼에서 수집되고 있는 고객 데이터를 항상 모니터링하고 있다.

개인정보 보호법 준수

수집된 데이터가 법적으로 문제가 없는지 항상 점검해야 한다. 기업이 접근할 수 있는 정보라고 해서 마음대로 이용하면 안 된다. 최근, 마케팅 효과의 극대화를 위해 기업이 개인정보를 이용하는 것에 대한 문제 제기가 늘고 있다. 사물인터넷Internet of things(IOT)과 5G 보급 확대로 정보 공유는 더 확대되고 개인정보 이용에 대한 우려는 더욱 커질 전망이다. 기업이 오직 이윤만을 추구하려고 기술을 활용한다면 언젠가는 위기에 빠질 수도 있다.

테크 기업이 서비스 이용자나 제품 사용자의 개인정보를 활용하는 것에 대한 부정적인 여론이 늘고 있다. 대표적인 예는 페이스북 광고다. 페이스북은 사용자의 다양한 관심사를 기반으로 정치적 신념을 포함한 광고를 노출하기도 한다. 인공지능은 광고가 가져올 수 있는 위험은 뒤로하고 수익성에만 집중한다. 오직 사용자가 가능한 한 오랜 시간을 플랫폼에 머무르도록 유도할 뿐이다.

EU와 유럽 경제 지역European Economic Area(EEA)[2]에서는 시민들의 사생활과 온라인 정보를 보호하기 위한 GDPR을 더 폭넓게 적용할 것으로 예상한다. 유럽 외 지역에서도 준비하고 있는 개인정보 보호 대상은 이름, 주소, 사진, 이메일, 은행 관련 정보, 소셜 미디어의 게시물, 의료 정보, 그리고 컴퓨터의 IP까지를 아우른다. 미국 의회도 유럽의 GDPR과 유사한 '연방 개인정보 보호법' 통과를 준비하고 있다.

---

2 옮긴이_ 유럽 경제 지역. 유럽의 양대 무역 블록인 유럽 연합 15개국과 유럽 자유 무역 연합(EFTA) 4개국으로 구성된 거대한 단일 통합 시장을 의미한다.

앞선 법이 모두 통과된다면 사용자는 기업이 개인정보를 함부로 활용할 수 없도록 통제할 수 있으며, 모든 기업은 개인정보 보호 프로그램을 필수적으로 개발하고 운영해야 한다. 그렇지 않으면 개인정보 보호법 위반으로 큰 처벌을 받을 것이다. 제일 좋은 대응 방법은 고객의 입장에서 생각해보는 것이다. 다른 기업이 우리 기업의 정보를 처리한다고 할 때 그 정보가 어떻게 처리되면 좋겠는지 떠올려보는 것도 좋은 방법이다.

기업이 수집한 고객의 개인정보를 활용하는 데 법의 제약을 받는 것은 인공지능 활용에도 리스크가 생긴다는 것을 의미한다. 데이터 활용의 제한은 인공지능이 이메일이나 리타기팅 같은 커뮤니케이션 채널 활용, 개인 맞춤형 추천 리스트 제공, 신규 고객군 발굴, 사용자 유치 캠페인을 진행하는 과정에 영향을 미칠 것이다. 인공지능은 타깃 고객에게 가장 적합한 광고 메시지를 맥락에 맞게 전달할 능력을 갖추고 있다. 그러나 제한된 데이터를 활용한다면 광고의 정확성이 떨어질수 있고, 타깃 소비자의 관심과는 동떨어진 광고가 무분별하게 노출될 수 있다. 무분별한 광고의 시대가 끝난 이유는 기업이 수집한 고객 데이터를 바탕으로 학습한 인공지능이 더 나은 인사이트와 예측을 제공했기 때문임을 기억해야 한다.

기업이 수집한 고객의 개인정보를 활용하는 데 법의 제약을 받는 것은 인공지능 활용에도 리스크가 생긴다는 것을 의미한다.

규제가 강화되면서 발생하는 문제는 또 있다. 만약 미국에서 유럽의 GDPR과 같은 규제가 폭넓게 적용된다면 기존의 디지털 광고 시장을 장악한 페이스북, 구글, 아마존 등의 독점은 더욱 심화될 것이다. 자사의 브랜드 파워를 등에 업고 손쉽게 개인정보 활용에 관한 동의를 얻어낼 수 있기 때문이다. 잘 알려지지 않은 스타트업은 동의를 받기가 쉽지 않다. 빅테크 기업과 경쟁할 수 있는 별개의 광고 비즈니스를 만들어야 할지도 모른다. 결과적으로, 미디어 회사는 더욱더 많은 광고 수익을 얻게 되어 알고리즘 성능 향상에 더 투자할 것이다. 빅테크 기업 간 알고리즘 개선 경쟁으로 각 회사의 R&D 예산 규모도 확대될 것이다.

페이스북을 포함한 여러 기업에서 개인정보 유출, 무단 수집 등의 문제가 있었던 만큼 개인정보 보호법은 중요하게 다뤄져야 한다. 페이스북, 구글, 아마존이 알고리즘을 개선하기 위해서 광고주가 얼마만큼의 데이터를 제공해야 하는지는 아직 명확하게 밝혀지지 않았다. 하지만 현재의 성능을 유지하는 데 지금보다 더 많은 개인정보가 필요하지는 않을 것으로 보인다.

명확한 목표

인공지능을 활용할 때는 얻고자 하는 목표가 명확해야 한다. 과정 및 결과물이 계량화되어 산출되는 인공지능의 특성을 활용하면 작업 모니터링이 용이하다. ROI나 CAC 같은 목푯값이 분명하게 설정됐다면 목푯값에 맞추어 인공지능이 잘 작동하고 학습하는지 확인해 최적화 작업을 진행한다. 명확한 목표를 설정하지 않았다면 리스크가 생길 수 있다. 예를 들어, 사용자 유치 캠페인에 대한 명확한 ROI가 없는 상태로 인공지능을 활용하면 인공지능은 신규 고객 확보 예산의 기준을 잡지 못한 채 마구잡이로 예산을 써버릴 수도 있다.

변화된 환경을 반영하는 머신러닝 모델

예측 분석과 머신러닝 분야에서는 종종 '콘셉트 드리프트concept drift'라는 말을 쓴다. 예측 대상의 통계적 속성이 시간이 지나면서 예측이 어렵게 변한다는 의미다. 시간이 지나면 자연스럽게 예측의 정확도가 떨어질 수밖에 없다. 콘셉트란 예측할 수치, 더 정확하게 말하자면 예측 대상이 되는 변수를 뜻한다. 세상은 끊임없이 변하며 미래를 예측하기란 쉽지 않다. 사용자 유치도 마찬가지다. 언제든지 예측하지 못한 문제에 봉착할 수 있으며, 문제 해결을 위해서는 인공지능이 새로운 환경에 기민하게 적응해야 한다. 새로운 니즈, 데이터 소스, 학습 모델을 빠르게 받아들이고 적용해야만 변화하는 환경에 맞는 새로운 솔루션을 찾을 수 있다.

머신러닝 모델이 새롭게 변화된 환경을 반영하지 못한다면 인공지능 성능에도 문제가 생긴다. 모델 자체가 유연성을 가지지 못하면 이전의 학습 모델에 더해 새로운 데이터를 추가하는 훈련이 필요하다. 새로운 모델의 훈련 및 학습에는 많은 시간이 소요되며 대규모 시스템도 준비돼야 한다. 리스크에 대응하기 위해 데이터 제어에 적합한 인프라를 미리 갖춰야 한다.

다음 장에서는 인공지능의 도입으로 사람이 할 수 있는 일과 기계가 할 수 있는 일이 어떻게 나뉘는지 살펴보자.

CHAPTER 14

인간 대 기계

모든 스타트업은 고착화된 문제를 혁신적으로 풀어낼 솔루션을 만들어야 한다. 그로스 팀은 신규 사용자 유치를 위한 새롭고 진보된 방식을 찾아야 하며 가능한 대안을 지속적으로 테스트하고 학습하는 과정을 반복해야 한다. 그로스 팀의 모든 구성원은 더 스마트한 방식으로 경쟁력을 갖추고 성공적인 성과 지표를 달성하기 위해 끊임없이 노력해야 한다. 인공지능은 그로스 팀의 마케팅 기술을 혁신할 수 있으며 더 나아가 경쟁력을 갖출 발판이 되어준다.

인공지능은 그로스 팀의 필수 요소이며 시간이 지날수록 마케팅 영역에 미치는 영향력은 확대될 것이다. 사용자 유치 3.0을 실현하기 위해서는 인공지능에 기댈 수밖에 없다. 다양한 마케팅 플랫폼에서 진행되는 캠페인 예산을 능동적으로 관리하고 수정하며 인사이트 도출 작업을 자동화할 수 있는 것은 인간이 아니라 인공지능이다. 인공지능이 반복적이고 지루한 작업을 대신하고 데이터를 바탕으로 성과를 내는 동안 인간은 마케팅 전략을 수립하는 등 창의적인 일에 몰두할 수 있다. 개선된 방식으로 성장을 가속하고 비용을 절약하는 것은 모든 그로스 팀의 최종 목표다. 인력 보충으로 목표를 달성하는 시대는 이미 끝났다.

스타트업의 그로스 팀은 단순히 성과 지표를 달성하는 것에 그치는 것이 아니라 더 나은 결과를 만들어내고 경쟁력을 강화하기 위해 새롭고 혁신적인 것에 도전해야 한다. 이제는 많은 그로스 팀이 인공지능 도입을 긍정적으로 바라본다. 인간과 기계가 공존하며 최상의 성과를 내기 위해서는 어떻게 균형을 유지할지를 먼저 고민해야 한다. 변화를 적극적으로 수용하고 더 나은 성과를 위해 조직 확대가 아닌 업무 자동화에 초점을 맞춰야 한다.

인공지능은 그로스 팀의 마케팅 기술을 혁신할 수 있으며 더 나아가 경쟁력을 갖출 발판이 되어준다.

미래의 그로스 팀은 인간과 인공지능이 하나의 팀으로 운영될 것이다. 인공지능의 비중이 굉장히 높아진다는 의미다. 인간과 인공지능의 협업으로 진행되는 사용자 유치 캠페인에서 인공지능은 캠페인의 과정을 추적하고 수치화하는 작업을 수행할 것이다. 또한, 대규모 데이터셋을 분석하고 시스템과 업무 프로세스를 자동화하며 잠재 고객을 유치하기 위한 A/B 테스트와 유료 광고 집행을 탁월한 성능으로 최적화시킬 것이다. 최소한의 비용으로 최대한의 고객을 확보하고 유지율을 높여 수익을 실현하는 것이 그로스 팀의 목표다. 복잡한 캠페인 내에서 발생하는 데이터에 대한 인사이트를 인공지능으로 도출하고 인간의 개입을 최소화하면서 캠페인에 드는 시간과 비용을 절약한다면 그로스 팀은 목표를 달성할 수 있다.

미래의 그로스 팀이 가져야 할 역량

인공지능은 시간과 비용을 절약해주는 도구다. 마케팅이 아니더라도 다양한 업무 영역에 적용할 수 있다. 그러나 다시 생각해보면, 인공지능이 적용되는 업무에 종사했던 많은 사람의 일자리가 사라질 수 있다는 것을 의미하므로 노동자 입장에서는 굉장히 위협적이다. 회사의 고위 관리자나 경영진 입장에서도 인공지능은 큰 걱정거리다. 앞으로 인공지능이 하지 못하는 영역인 비판적 사고나 공감, 고객 만족, 창의성 등의 영역에 집중적으로 투자해야 한다. 인공지능은 지루하고 반복적인 작업을 대체하기 위해 도입되었을 뿐이다. 개인의 창의적인 업무 역량은 앞으로도 중요성을 잃지 않을 것이다. 인공지능에 대체되지 않을 고유한 커리어를 쌓는 데 집중해야 한다.

그로스 팀은 단순히 '인공지능이 어떻게 작동하는지' 이해하는 데 그쳐서는 안 된다. 인공지능이 사람의 일을 어떤 식으로 돕게 할 것인지를 비즈니스 관점에서 판단할 역량을 길러야 한다. 그로스 팀은 인공지능으로 대체하지 못하는 업무도 다양하게 수행한다. 사용자 유치나 유지 관리, 수익화 관련 전략 계획, 예산 관리나 신제품 출시, 광고 소재 디자인(메시지나 이미지), 회사 내부 팀(제품, 엔지니어,

데이터, 광고 제작, 마케팅 팀) 혹은 외부 업체(미디어 파트너, 광고 네트워크 채널, 에이전시)와의 커뮤니케이션, 리스크 관리 등은 여전히 사람이 수행하는 일이다. 사람이 가진 통찰력, 창의성, 관리 능력, 리더십, 커뮤니케이션, 공감 능력, 비판적 사고, 전략 수립 능력은 여전히 유효하다. 인공지능이 있는 방향으로 성장의 중심이 바뀌더라도 인간과 인공지능은 서로의 업무를 보완하는 관계를 유지해야만 비즈니스를 성공으로 이끌 수 있다. 인간과 인공지능 간의 관계를 명확하게 정의하고 장기적 관점에서 내부 리소스를 어떻게 보호할지 고민하며 인공지능을 보편화해야 한다.

> 그로스 팀은 단순히 '인공지능이 어떻게 작동하는지' 이해하는 데 그쳐서는 안 된다. 인공지능이 사람의 일을 어떤 식으로 돕게 할 것인지를 비즈니스 관점에서 판단할 역량을 길러야 한다.

인공지능이 보편화되면서 그로스 팀이 가져야 할 역량도 변했다. 절대적인 시간과 에너지가 투입되는 반복적이고 소모적인 일을 인공지능이 하는 대신 인간은 다른 일을 한다. 사용자 유치 전략을 수립하고 관련 디자인을 진행하고 커뮤니케이션을 주도해야 한다. 온라인 패션몰 잘란도Zalando는 성장을 위해 마케팅 팀의 업무를 인공지능으로 대체하겠다고 발표하기도 했다.[1]

과거 그로스 마케터가 일일이 수행했던 반복적인 업무를 이제는 인공지능이 대신할 수 있다. 여기에는 전제조건이 있다. 마케터가 해왔던 수많은 업무 중 인공지능이 대체할 적합한 업무가 무엇인지를 먼저 결정해야 한다. 이를테면 광고 콘텐츠 분석 업무는 마케터가 직접 데이터를 살펴봐야지만 적절한 인사이트를 얻을 수 있다. 콘텐츠가 자사의 브랜드 정체성에 얼마나 부합하는지 판단하고 광고 제작 팀에게 피드백을 주는 일, 다양한 직무로 구성된 프로젝트를 관리하고 적합한 부서에 업무를 배정하는 일 또한 인간이 직접 해야 한다.

회사 안팎의 이해관계자와 관계를 형성하는 것은 인간만이 할 수 있는 고유의 영

----

[1] 자세한 내용은 「Zalando to cut 250 staff and replace them with algorithms(잘란도가 직원 250명을 감원하고 이를 알고리즘을 대체하기로 결정했다)」를 참고. *https://www.thelocal.de/20180309/zalando-to-replace-up-to-250-jobs-with-algorithms*

역이다. 인간은 이런 관계를 기반으로 인공지능에 필요한 데이터가 무엇인지 판단하고 전달할 수 있다. 전면적으로 인공지능을 도입한다고 해서 일자리가 바로 사라지는 것은 아니다. 다만 그로스 팀의 구성원이 담당했던 업무 영역과 그에 필요한 역량은 달라져야 한다. 기술에 민감하게 반응하고 잘 활용할 수 있는 그로스 마케터라면, 인공지능을 활용해 각 퍼널에 적합한 마케팅 방법을 구사할 수 있어야 한다. IMVU는 인공지능을 도입한 후에 시니어급 그로스 마케터를 추가로 채용해 사용자 유치 전략을 세우고 프로젝트를 관리하는 일을 맡겼다. 인공지능이 캠페인 관리나 분석을 수행하는 작업에 탁월한 것은 분명하지만 그로스 팀의 역량을 향상해주는 일종의 도구로만 받아들였다. 인공지능 도입 후에도 그로스 마케터는 여전히 A/B 테스트 진행, 광고 채널 포트폴리오 개발, 인공지능 관리, 대외적 커뮤니케이션 같은 업무를 수행해야 한다.

융합된 그로스 팀

인공지능을 도입하면 그로스 팀을 지금보다 적은 인원으로 꾸릴 수 있다. 이것이 그로스 팀의 업무 과중을 의미하지는 않는다. 비즈니스 과제를 정하고 그 목표를 달성하기 위한 데이터를 인공지능에 전달한 뒤 창의적인 업무에 집중한다. 변화에 빠르게 적응하는 그로스 마케터는 인공지능을 통해 더 혁신적이고 차별화된 마케팅 방식을 찾는 동시에 인공지능이 수행할 수 없는 일을 찾아 새로운 도전을 반복하며 성장할 것이다. 인공지능의 도입은 인간과 기계 중 무엇이 더 나은지 가려내는 것이 아니다. 인공지능을 도입하는 그로스 팀이라면 서로의 장단점을 보완하면서 가장 조화롭게 협업하는 방식을 찾아내야 한다.

> 인공지능의 도입은 인간과 기계 중 무엇이 더 나은지 가려내는 것이 아니다. 인공지능을 도입하는 그로스 팀이라면 서로의 장단점을 보완하면서 가장 조화롭게 협업하는 방식을 찾아내야 한다.

한정된 예산을 효율적으로 사용하면서 가능한 한 많은 신규 고객을 유치해 스타트업을 성공으로 이끄는 것이 그로스 팀의 최종 목표다. 인공지능은 짧은 시간 내에 대규모 데이터를 처리할 수 있고 과거의 사례를 학습해 빠르고 설득력 있는 의사결정을 내릴 수 있다. CAC나 LTV 같은 지표를 점점 향상할 수 있고, 반복적으로 수행해야 하거나 오랜 시간이 걸리는 일의 효율성을 극대화할 수 있다. 다만, 수치 분석이나 머신러닝으로 해결할 수 없는 영역이 분명히 존재한다. 전략적인 사고가 필요한 일은 인공지능이 해결할 수 없다. 다양한 지식이 있는 인간이 인공지능의 업무를 최적화시켜야만 활용 가치를 최대한으로 발휘할 수 있다.

성장하기 위한 자세

수많은 매체에서 자동화가 일자리를 빼앗을 것이라는 인공지능 관련 뉴스를 보도한다. 공장에 배치된 로봇은 제조업 종사자의 일자리를 빼앗고 챗봇은 CS 담당 직원의 업무를 대신하며 키오스크는 서비스 데스크를 없앴다. 단순한 업무뿐만 아니라 숙련된 기술이 필요한 일자리도 곧 로봇으로 대체될 것이란 내용을 담은 뉴스다. 그로스 팀 역시나 인공지능의 도입으로 규모가 축소될 수 있다. 복잡한 캠페인을 수행하는 데 인공지능은 더 능률적이고 스마트하며, 대체 기술이 없다면 뉴스에서 등장하는 인공지능의 위협은 사실로 다가올 가능성이 크다.

다행히 당신은 이미 인공지능의 도입으로 미래가 어떻게 변할지를 알고 있다. 전략적이고 창의적인 사고를 바탕으로 인공지능을 관리할 수 있는 역량과 기술을 쌓아갈 시간이 남아 있다. 스타트업이 인공지능을 도입하게 유도하면서 그로스 팀의 가치를 높일 기회를 찾아야 한다. 지속적으로 학습하고 경험한다면 지금보다 성장할 수 있으며 새로운 일을 시도하려 많은 시간을 쏟는다면 더 많은 성취를 경험할 수 있다. 인공지능 시대를 긍정적으로 바라보고 열린 자세로 대처한다면 성공적인 커리어를 쌓을 수 있다. 그 과정에는 풍부한 지식을 바탕으로 상황을 판단하고 다양하게 테스트해보며 지식을 남과 나누는 작업이 포함될 것이다.

인간이 기계와 서로 협력하면 더 나은 결과를 만들 수 있다. 인간은 인공지능이 어떤 업무를 해야 하는지 결정하고 어떻게 하면 미래 가치를 가져다줄 수 있을지 판단한다. 인간의 의사결정을 뒷받침해주는 하이브리드 팀이 운영될 날은 머지않았다. 인공지능은 인간이 하기 힘든 일을 대신하고 인공지능이 할 수 없는 영역의 업무를 인간이 주도한다. 한 명의 인간과 하나의 인공지능의 협업은 1+1=2에 그치지 않고 1+1=1,000이 될 수 있다. 궁극적으로 인공지능이 제공하는 다양한 옵션과 제안을 바탕으로 복잡한 의사결정을 쉽게 처리할 수 있을 것이다.

회사가 봉착한 문제를 해결하기 위한 수단으로 인공지능이 주목받고 있다. 중요한 점은 기존 전략에 인공지능을 접목하는 것 외에도 활용할 수 있는 영역이 무궁무진하다는 점이다. 인공지능을 최대한 활용하기 위해서는 스스로 사고하고 행동할 수 없는 인공지능에게 무엇을 해야 할지 계속 알려줘야 한다. 스타트업은 흔히 로켓이라고 불린다. 잠재력이 높고 성장 가능성이 크며 궤도에 올라서면 파격적인 보상이 뒤따른다. 만약 당신에게 선택권이 주어진다면 그저 로켓에 올라타는 것이 아니라 그 로켓의 조종사가 되자. 그로스 마케팅 세계에서 당신의 커리어와 미래를 스스로 좌우할 수 있을 것이다. 로켓의 조종사가 되기 위해서는 반드시 인공지능과 함께해야 한다는 사실도 잊지 말자.

더 많은 일자리를 만드는 인공지능

인공지능은 사회를 혁신할 힘이 있다. 가트너는 인공지능의 도입으로 사라지는 일자리보다 창출되는 일자리가 더 많을 것이라고 주장한다. 2022년에 이르면 창의적인 업무를 수행하는 노동자의 20%가량이 인공지능에 의존할 것이라고 예견했다.[2] 인공지능은 새로운 일자리를 만들어낼 수 있다. 조직의 생산성을 높이고 더 많은 가치를 창출하기 위해 인공지능을 활용하는 인간에게는 과거보다 더 많은 기회가 주어진다.

그로스 팀의 업무 중 가장 중요하고 어려운 일을 꼽자면 바로 결정을 내리는 일이다. 고객을 유치하고 수익을 창출하는 데 필요한 시간, 비용, 가용할 리소스의 범위, 집중해야 할 예산 등을 매번 결정해야 하며, 한정된 리소스 내에서 최대한의

----

2 자세한 내용은 「Gartner Says By 2020, Artificial Intelligence Will Create More Jobs Than It Eliminates(가트너는 인공지능의 도입으로 사라지는 일자리보다 창출되는 일자리가 더 많을 것으로 내다봤다)」를 참고. https://www.gartner.com/en/newsroom/press-releases/2017-12-13-gartner-says-by-2020-artificial-intelligence-will-create-more-jobs-than-it-eliminates

생산성을 뽑아내야 한다. 압박감이 심한 일이다. 인공지능 도입 자체보다 어떻게 하면 팀의 생산성을 높이고 데이터 기반의 의사결정을 할 수 있는지 고려해 인공지능을 활용하는 것이 중요하다. 당신과 동료가 일자리를 잃지 않고 스타트업이 생존할 수 있는 길이다. 머지않아 인간과 인공지능은 공생하며 유례없는 성과를 낼 것이다.

다음 세대의 중심이 될
인공지능, 그리고 인간

최고의 결과물을 만들어내기 위해 인간과 기계가 협업해야만 할 날이 머지않았다. 6부에서는 새로운 업무수행 방식이 가진 가능성과 과제에 대해 논의한다. 15장에서는 성공적인 조직 운영을 위해 갖춰야 할 시스템이 무엇인지 살펴보고 16장에서는 협업으로 인해 수반되는 과제에 미리 대응할 방법을 소개한다. 마지막으로 17장에서는 미래에 인공지능과 인간이 하나의 팀이 되어 어떻게 협업할지 살펴본다.

다음 세대의 중심이 될 인공지능,
그리고 인간

CHAPTER 15

성과를 달성하기 위한 계획

계획을 세우는 데 실패했다면 당신은 실패할 수밖에 없다.

벤저민 프랭클린

더 많은 고객을 유치하기 위해 인공지능 도입을 고려하길 바란다. 물론 인공지능 활용으로 성공적인 성과를 달성하기 위해서는 올바른 시스템을 갖춰야 한다. 이번 장에서는 그로스 팀에서 인공지능을 도입할 때 고려해야 할 사항을 소개한다.

성장 목표와 측정 도구

KPI는 모든 비즈니스에서 목표 달성을 측정하는 도구로 활용된다. 인공지능을 활용할 때도 명확한 KPI를 설정하는 것이 중요하다. 실시간 리포팅 도구나 대시보드를 통해 목표한 KPI를 달성하고 있는지 지속적으로 확인해야 한다.

스타트업은 저마다 다른 성장 목표와 이를 측정할 수 있는 KPI가 있다. KPI는 스타트업이 속한 산업이나 비즈니스 특성에 맞게 설정돼야 한다. 이를 통해 인공지능의 성능을 객관적으로 측정하고 평가하는 것이 더 수월해진다.

다음의 다섯 가지 항목은 그로스 팀에서 인공지능 최적화를 위해 고려해야 할 KPI 측정 도구다.[1]

- CAC
- 유지율

---

[1] 이와 관련된 내용은 7장에서 자세히 다뤘다.

- LTV
- ROAS
- 전환율

다섯 가지 항목 모두를 KPI 항목으로 활용할 필요는 없다. 장기적인 관점에서 비즈니스의 성공과 밀접한 관련이 있는 몇 가지 항목에만 집중하는 것이 좋다. IMVU는 인공지능 기반의 마케팅 효과를 측정하기 위해 CAC와 ROAS를 기준으로 KPI를 설정했다.

KPI는 스타트업의 성장 단계에 따라 다르게 설정할 수 있다. 신제품 출시 시점에는 인지도가 낮아 CAC가 평소보다 훨씬 높게 설정될 수 있다. 시간이 지나 브랜드 인지도가 올라가면 신규 사용자 유치가 쉬워지므로 CAC 수치가 낮아진다.

특정한 정량 지표가 다른 지표보다 중요하게 다뤄져야 할 때도 있다. 초기 성장 단계의 회사는 비즈니스 모델을 검증할 수 있는 유지율 등의 지표에 더욱 집중한다. 중후반 단계의 회사는 사용자 성장률을 높이는 데 초점을 맞춰야 하므로 CAC나 LTV 같은 지표를 우선한다. 인공지능이 달성해야 할 목표와 KPI를 조정할 때는 충분한 시간을 갖도록 한다. 이를 통해 새롭게 설정된 KPI에 최적화된 훈련 데이터를 수집할 수 있고 광고 입찰가가 계절별로 달라지는 등의 예외 사항에 대처할 수 있다.

비즈니스 측면의 KPI와 인공지능이 지향하는 바가 서로 일치하면 인공지능의 성능 측정이 쉬워진다. 인공지능의 가치를 경영진에게 설명하는 것도 수월해지므로, 인공지능의 활용 및 지원 범위를 넓혀 향후 더 큰 수익을 내는 데 필요한 내부적인 지원을 지속적으로 확보할 수도 있다.

비즈니스 측면의 KPI와 인공지능이 지향하는 바가 서로 일치하면 인공지능의 성능 측정이 쉬워진다.

인공지능과 인간이 함께 일하는 방법

그로스 팀의 형태를 '린 팀'으로 유지하기 위해, 팀원에게 맞는 역할을 정의한 뒤 나머지 일을 인공지능에 맡기도록 하자. 데이터, 광고 소재, 예산, 목표 설정과 새로운 아이디어 도출, 테스트 진행 등의 일을 인공지능이 수행할 수 있도록 기반을 마련해야 한다.

대규모 데이터를 빠른 속도로 처리하는 일, 과거의 성공과 실패 사례를 학습해 더 빠르고 정확한 의사결정을 내리는 일을 수행하기에는 인간보다 인공지능이 유리하다. 시간이 흐르고 데이터가 축적될수록 CAC, LTV 같은 지표도 향상할 수 있다. 사소하고 반복적인 일을 수행하는 데는 인공지능이 훨씬 적합하다. 인간은 많은 시간을 필요로 하며, 실수를 저지를 가능성도 있으니 더 큰 비용을 초래할 수 있다. 물론 전략적인 사고가 필요하거나 학습과 통계 분석의 범위를 초과하는 일은 여전히 인간이 할 일이다.

인공지능을 가장 잘 활용하는 방법은 폭넓은 지식을 가진 인간이 인공지능을 이끄는 것이다. 인공지능과 협업하는 데는 빠른 적응력과 유연함이 필요하다.

비판적 사고는 물론 기술 중심과 창의력 기반의 문제 해결 능력, 데이터 기반의 기술이 미래의 그로스 팀에게 더 많이 요구될 것이다. [그림 15-1]처럼 그로스 팀의 조직 구조는 린 스쿼드lean squad의 형태로 사용자 유치, 유지, 수익화 분야로 구성된다. 초기 단계의 스타트업에서는 하나의 스쿼드가 세 분야를 모두 포괄할 수 있지만, 회사가 더 성장하면 각 분야를 담당하는 더 많은 스쿼드가 추가되어야 한다.

그림 15-1 린 스쿼드를 적용한 그로스 팀 조직 구조

스쿼드는 독립적으로 운영되는 조직이지만 상호 의존적으로 긴밀하게 연결되어 있다. 비즈니스를 성공으로 이끌기에 하나의 스쿼드로는 부족하다. 스쿼드 간의 상호 의존성은 회사 차원뿐만 아니라 인공지능 활용 측면에서도 매우 중요하다.

다만 조직 전체의 성장을 고려하지 않고 개별 스쿼드의 이익에만 집중하는 이른 바 사일로식 사고silo thinking가 발생할 수 있다. 그로스 팀의 리더는 각 조직이 사일로식 사고에 빠지지 않도록 항상 감독하고 관리해야 한다.

미래의 그로스 팀 조직에서 각 직책이 어떤 일을 하게 될지 알아보자.

- CEO는 회사의 성패를 책임진다. 스타트업의 전반적인 수익과 재정적인 측면을 고려해 그로스 팀 리더가 필요한 리소스를 활용할 수 있도록 지원한다.
- 그로스 팀 리더는 스타트업의 수익 창출에 영향을 미치는 사용자 유치, 유지, 수익화 프로세스 등을 책임진다. 성장 전략, 목표, 계획, 예산을 포함해 실행할 그로스 팀 관리는 리더의 역할이다.

전반적인 성장과 인공지능 활용을 주도하며 실무자로서 CEO에게 관련된 내용을 직접 보고한다. 이때 그로스 팀 리더가 CEO와 직접 소통하며 새로운 성장 기회를 놓치지 않고 신속하게 의사결정을 진행하는 것이 중요하다.

- 그로스 마케터는 사용자 유치, 유지, 수익화 영역에서 전반적인 마케팅 퍼널과 채널을 전문적으로 이해할 수 있어야 한다. 사용자 유치 분야의 그로스 마케터라면 페이스북, 구글, SEO, ASO, DSP 등과 같은 사용자 유치 채널에 대한 풍부한 지식이 필요하다.

- 그로스 제품 관리자는 특정한 고객 성장 단계에서 인공지능을 활용해 진행될 다양한 테스트를 담당한다. A/B 테스트와 테스트 진행 일정의 수립도 포함한다. 유지 측면에서 살펴보면 고객의 전반적인 생애 주기 및 온보딩 과정에서 진행하는 다양한 A/B 테스트에 대한 전문성을 갖춰야 한다. A/B 테스트는 이메일, 푸시 메시지, 앱 기능 등 다양한 CRM 채널로 실행할 수 있다.

- 그로스 데이터 분석가는 인공지능에 입력할 데이터와 출력값을 감독하고 실험에서 얻은 인사이트로 새로운 도전을 제안한다. 특정한 고객 성장 영역의 KPI 달성 과정을 추적할 수 있는 대시보드를 구축하는 일(실험 결과를 로드맵 형태로 제시하는 일 등)이 그로스 데이터 분석가의 업무다.

- 그로스 엔지니어는 인공지능을 활용한 다양한 실험과 캠페인을 구현한다. 크로스 채널을 대상으로 진행하는 모든 실험을 관리해 그로스 마케터와 그로스 제품 관리자가 달성해야 하는 일을 지원할 수 있다.

- 그로스 디자이너는 다른 분야의 디자이너보다 다양한 업무를 담당한다. 인공지능으로 진행되는 다양한 실험과 A/B 테스트를 위한 광고 소재를 디자인하는 것이 대표적이다.

인공지능의 역할이 확대되면서 그로스 팀의 조직 구조도 진화하고 있다. 미래의 그로스 팀은 비즈니스 규모와 상관없이 인공지능의 도입으로 인해 대부분의 업무가 자동화되면서 린 팀의 형태로 변화할 것이다.

앞으로 기업이 성장하는 것은 특정한 전략이나 뛰어난 실무자의 업무 역량보다 인공지능에 제대로 된 데이터를 입력하는 것에 더 크게 좌우될 것으로 보인다. 복잡하고 시간이 걸리는 작업은 인공지능에 맡기고 관리자, 엔지니어, 디자이너, 데이터 분석가 그로스 마케터처럼 숙련된 소규모 인력은 인공지능이 해야 할 일을 안내하는 데 노력을 기울인다. 팀의 각 스쿼드는 서로 다른 성장 분야를 담당하기 위해 구성될 것이다.

인공지능을 성공적으로 도입한 기업의 특징은 경영진이 신기술 도입을 전폭적으로 지원한다는 점이다.

인공지능에 인간의 사고력을 더하면 더 큰 성과를 낼 수 있다. 창의력과 이해력이 필요한 활동은 인간만 수행할 수 있다. 인공지능은 전략적 차원에서 인간의 의사결정을 도와주는 역할을 할 뿐이다. 물론 기존에 정의된 사실을 기반으로 성공적인 결과를 도출할 수도 있다. 하지만 패턴을 이해하고 아이디어를 도출해 인사이트를 제공하는 일은 인간만이 할 수 있다.

인공지능을 성공적으로 도입한 기업의 특징은 경영진이 신기술 도입을 전폭적으로 지원한다는 점이다. 그로스 팀의 리더는 중요 관리자로서 인공지능을 적용하기 위해 내부 리소스를 적극적으로 투입해야 한다. 인공지능이 할 수 있는 혁신 수준은 경영진의 지원 정도와 비례한다. 이는 KPI에 직접적으로 영향을 미치는 기능이나 역할을 수행할 조직을 결정할 때 엔지니어 팀과 그로스 팀 사이에 발생하는 갈등을 피하는 데 중요하다. 조직 간 갈등으로 고객 성장에 부정적인 영향을 미치지 않고 모든 팀이 동일한 목표를 바라볼 수 있도록 눈높이를 맞춰야 한다.

데이터가 핵심이다

인공지능 기술은 이미 수십 년 전에 처음 소개됐지만, 데이터양이 폭발적으로 증가한 최근에는 더 빠른 속도로 발전하고 있다. 기본적인 고객 데이터가 없으면 인공지능은 동작하지 않는다. 훈련할 수 있는 데이터가 많아질수록 더 똑똑해진다. 충분한 데이터가 있어야 회사가 미래를 예측하고 의사결정을 내리는 데 필요한 패턴을 만들어낸다. 전방위적으로 고객 데이터에 접근하는 일은 지난 수십 년 동안 상상할 수 없었다. 서로 다른 공간에 존재했던 고객 데이터를 통합하고 이를 토대로 일관된 경험을 제공하는 것은 모든 회사의 목표였지만 실제로 구현할 수 있는 스타트업은 거의 없었다.

고객 데이터가 각기 다른 데이터베이스에 저장되어 통합하고 분석해 의미 있는 인사이트를 도출하기 힘든 구조였다는 것이 가장 큰 이유다. 혁신적인 그로스 팀은 데이터 사일로data silo를 해결하기 위해 노력했다. API를 통해 간단하지만 안전한 방식으로 앱과 웹에서 생성된 데이터를 마케팅 채널 및 비즈니스 시스템에 전달했다. 사용자 경험을 저해하지 않으면서도 불필요한 개발 과정이나 시간을 아낄 수 있는 방식을 찾은 것이다.

데이터는 체계적으로 라벨링돼야 한다. 시스템이나 데이터베이스 또는 스프레드시트 내에 행과 열로 구성될 수 있다. 라벨링된 데이터[2]가 충분하지 않은 경우에는 원인과 결과를 구조화된 방식으로 수집해 인공지능 플랫폼이 활용할 수 있도록 전달해줘야 한다.

라벨링 외에도 발생할 수 있는 이슈는 데이터의 집합인 **데이터셋**에 관한 것이다. 올바른 데이터셋을 확보하기 위해서는 데이터양도 중요하지만, 데이터 범위가 더 중요하다. 단순한 데이터 학습보다 훈련 방식이 더 중요하다. 인공지능이 제대로 훈련될 수 있는 데이터를 마련하는 데 충분한 시간을 쏟아야 한다.

고객 데이터 플랫폼

데이터는 인공지능 활용 전략을 실행하는 기반이다. 데이터 관리 기술을 항상 최신 상태로 유지해야 하며 데이터 통합, 데이터베이스, 데이터 저장소 등의 기술이 미리 준비돼 있어야 한다. 인공지능 기반의 업무로 전환하기 위해 인프라스트럭처infrastructure 하드웨어에 투자해야 한다. 높은 수준의 컴퓨터 능력을 비롯해 충분한 저장 공간 및 대역폭을 갖춰야 머신러닝을 적용할 수 있다.

먼저 고객의 데이터를 고객 데이터 플랫폼customer data platform (CDP)[3]이나 세그먼트 등의 단일 플랫폼에 통합시키는 것부터 시작한다. CDP는 고객 데이터를 하나의 데이터베이스로 통합해 영구적으로 관리하고 다른 시스템과 공유할 수 있는 형태를 지향한다. 회사는 고객을 전방위적 측면에서 바라보게 되고 더 나은 고객 경험을 제공할 수 있다. [그림 15-2]와 같이 고객 데이터 관리 시스템은 크게 데이터

---

2 라벨링된 데이터는 한 개 이상의 라벨로 태그된 데이터 그룹을 의미한다. 라벨링되지 않은 데이터 중 유용하게 활용될 수 있는 일부에 의미 있는 태그를 달아주는 것이 일반적인 라벨링 방식이다.

3 데이비드 라브(David Raab)의 블로그 글 「Why Are There So Many Types of Customer Data Platforms? It's Complicated(왜 그렇게 많은 유형의 고객 데이터 플랫폼이 있습니까? 복잡합니다)」를 참고. *https://customerexperiencematrix.blogspot.com/2018/11/why-are-there-so-many-types-of-customer.html*

시스템, 의사결정 시스템, 전달 시스템으로 구성된다.

그림 15-2 머신러닝과 고객 데이터 플랫폼

데이터 시스템	의사결정 시스템	전달 시스템
고객 데이터 생성 및 저장	고객에게 제공할 기능 결정	기능 전달

데이터 전략과 구조를 세밀하게 설계하는 일을 대체할 수는 없지만, 인프라 구축 계획을 가속하고 성공률을 높이기 위해서는 CDP가 반드시 필요하다. 세그먼트처럼 CDP 서비스를 지원하는 플랫폼은 다양한 장점을 지닌다.

데이터 기반의 고객 참여 유도

마케터는 이전에 확인할 수 없었던 데이터에 CDP를 통해 접근할 수 있다. 데이터를 활용하면 잠재 고객 세분화 및 개인화 전략의 개선이 가능하다.

캠페인 결과 정량화

그로스 마케팅 팀은 다각도에서 고객 여정을 살펴보며 사용자 유치, 구매 전환, 고객 이탈에 대한 올바른 정량 지표를 설정할 수 있다. 이는 마케팅 캠페인의 개선 방법을 찾는 데 도움을 준다.

ROI 개선 및 경쟁력 확보

사용자 유치에 최적화된 채널과 시간, 방식을 결정할 수 있다는 점은 마케터의 큰 경쟁력이다. 최적화된 예산 및 비용 책정도 가능해 캠페인의 ROI를 향상하는 결과로 이끌 수 있다.

CDP는 데이터가 발생한 근원지에서 데이터를 직접 수집하는 '퍼스트 마일first mile'의 역할도 한다. CDP가 자체적으로 제공하는 표준 SDK를 활용하면 다양한 종류의 기기에서 발생하는 데이터를 일괄적으로 추적할 수 있다. 그로스 팀은 실시간 데이터를 이용해 특정 지역에 가상의 경계를 설정한 후 진입 고객에 한해 광고 메시지를 제공하는 방식 등의 특정 상황에 맞는 광고 메시지를 전달할 수 있다.

[그림 15-3]은 CDP의 전반적인 체계를 보여준다.

그림 15-3 CDP 체계

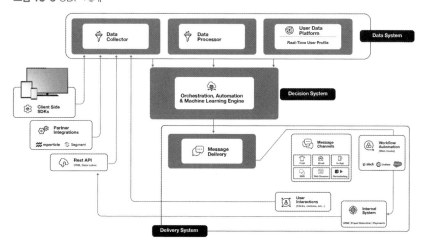

앞으로 CDP는 데이터를 전송하는 단일 플랫폼으로 활용될 것이다. 데이터를 통합적으로 관리하면 수집 과정에서의 모호함을 줄일 수 있고 온전한 데이터를 확보할 수 있다. 인공지능이 데이터를 통합하고 판단한 내용을 다른 시스템으로 전달하는 과정이 쉬워진다. CDP가 인공지능에 미치는 긍정적인 영향은 다음과 같다.

- 사용자 이해도 향상
- 효과적인 사용자 세분화
- 맥락에 맞는 광고 메시지의 실시간 전달

CDP는 그로스 팀이 복잡한 소프트웨어 언어를 이해해야 하는 어려움은 물론 조직 간 데이터 사일로 및 데이터의 불확실한 유동성을 줄여준다는 장점이 있다. 가설을 세우고 테스트한 결과로 캠페인을 수정하는 전체 과정을 손쉽게 통제할 수 있다.

데이터 시스템

데이터 시스템은 두 분야로 구성된다.

온라인과 오프라인에서 발생하는 실시간 데이터 수집

온라인과 오프라인에서 발생하는 사용자 데이터를 실시간으로 수집하는 것은 매우 중요하다. 데이터를 수집하는 경로는 다음과 같다.

클라이언트가 제공하는 통합 SDK

다양한 기기와 채널에서 발생하는 사용자의 행동을 추적하는 방법이다. 웹사이트, 모바일 브라우저, 모바일 앱에서 발생하는 개별적인 데이터도 수집할 수 있다. 사용자 프로필은 비즈니스 성격에 맞춰 사전에 준비한 항목으로 구성할 수 있으며 특정 이벤트 기록도 사용자 프로필로 분류해 확인할 수 있다. 예를 들어 차량 호출 서비스는 앱 실행 시점, 차량 예약 시작, 결제 성공 시점 등을 사용자 정의 항목으로 지정할 수 있다.

퍼블릭 REST API

고객의 프로필 정보 및 특정 이벤트 데이터는 오픈 API를 통해 하나의 시스템으로 모을 수 있다. 데이터 저장소, CRM 시스템, 데이터 레이크, 결제, 부정거래 탐지, 고객 지원 등 온라인과 오프라인 모두에서 발생할 수 있는 데이터를 포함한다. 고객 데이터는 인구통계학적, 지리적 측면을 포함해 심리학적으로 접근할 수 있다. 구매나 결제 같은 거래 데이터와 최근 방문 기록 및 빈도 등의 행동 데이터 역시 손쉽게 수집해 식별할 수 있다.

서드 파티 앱

광고 성과 분석, 사용자 유치 및 커뮤니케이션, 경험 제공 등을 위한 서드 파티의 통합 플랫폼도 데이터 수집 경로가 될 수 있다. 대시보드로 전송된 모든 사용자 관련 데이터는 한 번에 확인이 가능해 앱 개발자는 통합 데이터를 활용해 사용자 행동을 추적하고, 세분화하며, 지속적인 참여를 유도하는 장치를 개발할 수 있다.

고객 프로필 통합

CDP는 단순하게 고객 프로필 데이터를 저장하는 것을 넘어 다양한 채널에서 전달받은 데이터의 사용자 ID를 식별하는 기능도 제공한다. 서로 다른 기기에서 데이터를 전송받은 동일 사용자일 경우 하나의 사용자 프로필로 구분해 활용할 수 있다.

데이터베이스 내 사용자 ID나 기타 사용자 식별 도구로 사용자 프로필을 정의하는 것도 가능하다. 다양한 기기에서 발생하는 동일 사용자의 데이터 역시 하나의 사용자 ID로 묶어서 다른 사용자와 구분할 수 있다. 다른 기기에서 발생하는 알 수 없는 사용자의 데이터에는 익명의 디바이스 ID를 부여해 관리한다.

사용자 프로필은 사용자의 일련의 행동을 모두 수집한다는 점에서 영구적으로 관리해야 한다. 모든 채널에서 수집되는 사용자 행동 및 관련 속성은 하나의 패턴으로 확인할 수 있으며 시간에 따른 변화도 관찰할 수 있다.

주소나 이메일 계정 등의 인구통계학적 속성이나 검색 기록, 구매 동향, 관심사 등의 사용자 행동 관련 속성, 사용자 프로필의 변경 사항도 규격화해 관리할 수 있다. 변경 사항을 관리하면서 깊이 있는 사용자 세분화와 개인화 기능을 얻는다.

의사결정 시스템: 실시간 고객 분석, 고객 세분화, 개인화

스타트업은 CDP가 제공하는 인메모리 데이터베이스in-memory database[4]의 이점을 활용할 수 있다. 이 방식은 사용자 데이터의 최신 변경 사항을 저장하고 접근할 수 있을 뿐만 아니라 변경 내용을 즉각 반영해 고객에게 실시간으로 제공한다.

맞춤형 인메모리 데이터베이스를 활용하면 인공지능은 수백만 명의 사용자 프로필을 실시간으로 조회할 수 있다. 그로스 팀은 이를 기반으로 더욱 정교하게 사용자를 분석하고 세분화할 수 있다. 사전 컴퓨팅 작업 없이도 실시간으로 다양한 지점에서 발생하는 수백 개의 요청에 대응할 수 있다. 인메모리 데이터베이스는 대용량의 데이터셋을 작은 단위로 쪼개어 여러 개의 서버로 분산시키는 구조로 설

---

4 옮긴이_ 데이터베이스 관리 시스템 중 하나로 데이터 스토리지의 메인 메모리에 설치되어 운영되는 방식이다.

계되어 무한히 확장할 수 있는 유연성을 가진다. 이때 메시지 전달 서비스^{message}가 아니...

delivery service(MDS)를 구축해 CDP의 지원 범위를 확장해야 한다. MDS는 옴니채널 오케스트레이션과 마케팅 자동화를 처음부터 끝까지 지원하는 시스템으로 인공지능 엔진이 고객 분석 및 세분화에 대한 인사이트를 도출하게 한다.

상당한 양의 고객 세분화와 오케스트레이션 기능을 자동화할 수 있다는 것이 MDS의 장점이다. 마케터는 인공지능과 머신러닝을 활용해 더 상세하게 고객 세그먼트를 정의하고 옴니채널을 대상으로 한 고객 참여 메시지를 실시간으로 전달한다.

고객도 마찬가지로 웹, 이메일, 모바일, PC 등 다양한 채널로 캠페인을 공유하고 전파할 수 있다. 페이스북, 구글, DSP 등 전 세계의 주요 미디어 채널을 통해 유사 잠재 고객과 리타기팅 고객 세그먼트의 구축이 가능함을 의미한다.

전달 시스템: 다른 시스템에서 사용자 데이터에 접근할 수 있는 공유 가능한 형태

CDP는 고객 인사이트와 같은 정보를 외부 시스템에서 확인할 수 있다. 그로스 마케터는 CDP가 제공하는 고객 인사이트를 오픈 API로 다양한 도구에서 활용한다. 세일즈포스^{Salesforce}와 같은 CRM, 마이크로스트레티지^{Miscrostrategy} 등의 BI 도구, 그라파나^{Grafana} 같은 데이터 시각화 도구, 슬랙^{Slack} 등의 커뮤니케이션 채널을 비롯해 고객 지원 시스템, 프로젝트 관리 도구 등이 있다.

결과적으로 CDP는 크로스 채널 간의 차이에서 생기는 어려움을 해소하고 분석의 근거를 제공해 스타트업에게 유용하다. REST API는 엔드포인트^{endpoint}, 웹훅^{webhook}, 서버 측의 SDK 및 오류 처리 기능 등을 지원해 다음과 같은 복잡한 업무를 가능하게 한다.

- 사용자 데이터와 정량 지표를 통해 외부 시스템을 강화한다(예: CRM 내 고객 계정 및 구매 내역을 업데이트한다).
- 실시간 이벤트를 바탕으로 외부 시스템 내 캠페인을 진행한다(예: 장바구니에 담긴 항목을 제거한 사용자에 한해 최종 확인 알림을 제공한다).

- 사용자 데이터 및 정량 지표를 외부 시스템으로부터 받는다(예: 이슈 관리 시스템에서 발행한 티켓을 기반으로 사용자 프로필을 업데이트한다).
- 외부 시스템에서 발생한 실시간 이벤트를 바탕으로 신규 캠페인을 진행한다(예: 고객이 특정 제품을 조회할 경우 가격 인하 알림을 제공한다).

데이터 보호 및 무결성

정확한 사용자 프로필을 유지하고 싶다면 고객의 입장에서 데이터를 처리하면 된다. 고객의 요구에 맞춰 개인정보 처리 규정을 엄격하게 준수해야 한다. 고객 정보는 암호화된 형태로 저장하며 고객은 자신의 데이터에 대한 모든 권한을 가진다. 자신의 정보가 필요하면 API를 통해 다운로드할 수 있고 원한다면 시스템에서 삭제할 수도 있다.

CDP는 인공지능의 생명이다

기하급수적으로 증가하는 고객 데이터는 인공지능 기반의 성공 사례를 만드는 핵심이다. CDP는 미래를 대비한 규모, 다양성, 속도, 무결성 등의 조건을 충족시켜야 한다. 그로스 팀이 일을 잘하기 위해서는 고객 데이터의 유형과 출처, 수집 방법에 대한 이해가 필요하다. 또한 비즈니스 문제를 분석하는 데 적합한 데이터 모델 선정, 알고리즘의 반복적인 훈련 및 성능 향상을 위해 지속적으로 데이터를 업데이트해야 한다. 비즈니스 관련 인사이트를 얻는 데 도움을 주기 때문에, 인공지능의 기능을 극대화하려는 기업에게 CDP의 도입은 매우 중요하다. CDP와 같은 데이터 관리 플랫폼 및 관련 기술은 앞으로 더 발전하고 견고해질 것으로 예상되며 이는 곧 ROI 개선으로 이어질 것이다.

비즈니스의 성공을 목표로 계획을 세우면서 다양한 도전과 어려움에 직면할 수도 있다. 다음 장에서는 구체적으로 어떤 어려움이 있는지 자세히 살펴본다.

CHAPTER 16

해결해야 할 주요 과제

인공지능 발전의 발목을 잡았던 컴퓨터 성능이나 데이터 관리 시스템 등이 급속도로 발전하면서 본격적인 인공지능의 시대가 열렸다. 물론 여전히 과제는 남아있다. 이번 장에서는 인공지능의 활용과 발전을 위해 해결해야 할 주요 과제를 살펴보고 그 해결책에 대해 논의해본다.

데이터 수집

인공지능을 적용하려는 스타트업의 근본적인 과제는 퍼스트 파티 고객 데이터를 확보하는 일이다. 인공지능이 제대로 작동하기 위해 필요한 데이터의 규모를 정확하게 알 수는 없다. 스타트업이 지향하는 사업 방향에 따라 다르기도 하다. 필요한 데이터의 양을 명확히 하기 위해서는 분석이나 세그먼트, 타기팅의 기초가 되는 목표 전환율이나 전환율 추이 데이터를 살펴봐야 한다.

인공지능 및 머신러닝을 일종의 도구 상자로 바라보기 바란다. 도구 상자 안에는 딥러닝처럼 강력하고 더욱 심화된 도구가 있다. 당면한 문제가 무엇인지에 따라 다양한 기술을 활용할 수 있다. 얻고자 하는 결과물에 따라 모델의 정확도가 달라지거나 훈련 데이터와 테스트 데이터의 요구 사항을 다르게 적용할 수 있다.

인공지능의 장점을 충분히 활용하기 위해 올바른 데이터 수집 전략을 수립해야 한다. 이는 초기 단계의 스타트업부터 수십억 달러 규모의 대기업까지 회사의 규모와 상관없이 모두 해당되는 사항이다. 데이터 수집의 목적은 회사가 해결하려는 문제로 귀결되고 문제에 따라 필요한 데이터의 규모는 다르다. 일부 스타트업은 서드 파티 데이터를 사용하되 자체 개발한 알고리즘을 활용해 수집한 퍼스트 파티 데이터로 모델의 성능을 더 향상시킨다. 이런 작업을 거친 스타트업은 이미 규모가 큰 경쟁사보다도 성공 가능성이 더 크다.

기업이 인공지능의 성능을 최적화하는 동시에 사용자 유치 비용을 효과적으로 사용할 수 있는 알고리즘을 개발하기 위해서는 일관성 있는 고객 데이터를 주기적으로 수집해야 한다. 회원 가입, 등록, 구매 과정에서 과도하게 많은 데이터의 입력을 요구받은 고객은 도중에 이탈할 가능성이 크다. 온라인에서 고객이 특정한 양식에 따라 입력하는 정보는 회사가 사용자에게 특정 가치를 제공하고 얻는 일종의 거래다.

스타트업의 브랜드 인지도가 낮거나 문제 해결에 적합한 솔루션을 제공하지 못하면 고객은 회사를 신뢰하지 않는다. 이는 결국 데이터 수집 문제로까지 이어진다. 인공지능의 성능 향상을 목적으로 고객에게 개인정보(이름, 나이, 성별, 이메일 주소, 신용카드 번호, 전화번호, 선호도 등)를 요청하는 것은 신규 고객 전환율에 영향을 미친다. 회원 가입, 등록, 구매, 온보딩 과정에서 사용자에게 데이터 입력을 요청할 때는 적당한 균형을 찾아야 한다. 고객 입장에서 처음 접하는 회사라면 정보 입력에 더 민감할 수밖에 없다. 신규 고객에게 정보 입력을 요청할 때는 빠르게 고객과의 관계를 형성해 신뢰를 줘야 한다.

인공지능을 토대로 장기적인 성공 전략을 세우려면, 아직 알고리즘을 개발하지 못했더라도 데이터 수집부터 시작해야 한다. 퍼스트 파티 고객 데이터는 값을 매길 수 없을 만큼의 가치를 지닌다. 누구나 쉽게 접근할 수 있는 형태가 아닌 자체적으로 수집한 고유한 데이터는 매우 큰 경쟁력이 된다.

구글, 페이스북, 아마존 같은 주요 플랫폼은 자체적인 데이터 수집이 어렵지 않다. 이미 잘 구축된 브랜드 파워로 사용자에게 명확한 가치를 제공하면 그에 상응하는 데이터를 쉽게 얻을 수 있다. 반면 스타트업은 인공지능이 제 기능을 발휘하기 위해 필요한 사용자 데이터를 얻는 것이 어렵다. 많은 사람이 제품이나 서비스를 사용해야 데이터가 축적되지만 스타트업은 그렇지 못하다. 인공지능은 데이터가 어느 정도 규모를 갖춰야 전체 고객 여정에 걸쳐 신규 사용자 유치, 고객 이탈 최소화 및 수익 증진에 필요한 역할을 수행할 수 있다.

인공지능을 활용하는 기업은 한 번 누적된 데이터로 더 많은 데이터를 생성해내는 플라이휠 효과를 활성화하려 노력한다. 플라이휠 효과가 절실히 필요한 곳이 바로 스타트업이다. 인공지능을 통해 최적의 가치를 얻기 위해서는 데이터 플라이휠이 필요하다. 스타트업은 데이터 플라이휠을 가동할 수 있는 시점까지 성장 가능성이 큰 시장에 적합한 제품을 제공할 수 있어야 한다.

> **퍼스트 파티 고객 데이터는 값을 매길 수 없을 만큼의 가치를 지닌다. 누구나 쉽게 접근할 수 있는 형태가 아닌 자체적으로 수집한 고유한 데이터는 매우 큰 경쟁력이 된다.**

고객의 데이터를 얻기 위해 그에 상응하는 가치나 인센티브를 제공할 수 있는 데이터 수집 전략을 세우는 데 많은 노력을 쏟아야 한다. 아마존 프라임은 비가입자보다 가입자의 LTV가 훨씬 높다. 프라임 회원에게 다양한 혜택을 제공하고 있기 때문이다. 부가가치를 통해 더 풍부한 고객 데이터를 수집하고 이를 바탕으로 신규 사용자를 확보하기 위한 타기팅 기능을 향상하며 기존 사용자에게는 더 나은 제품을 추천한다. 그 결과로 고객의 구매 활동이 증진되고 브랜드 충성도가 높아진다. 더 나아가 아마존을 주변에 널리 알리는 강력한 브랜드 추종자가 만들어진다. 아마존의 전략은 데이터 기반의 고객 중심 브랜드를 구축하는 방식이자 성공적인 전자 상거래 비즈니스의 사례다.

아마존 역시 작은 스타트업에서 시작했다는 사실을 잊지 말자. 아마존은 초기부터 데이터 수집 전략에 집중했고 수집한 데이터를 활용해 고객에게 지속적인 가치를 제공했다. 스타트업이 성공하기 위해서는 적절한 데이터 수집 전략을 세우는 것을 최우선 과제로 삼고, 잠재력 있는 시장에 필요한 제품을 만들어 명확한 사용 동기를 고객에게 전달할 수 있어야 한다. 쉬운 일은 아니지만, 스타트업이 세상을 바꿀 수 있는 유일한 방법임을 기억하자.

개인정보 규제

데이터의 가치가 지속적으로 높아지는 것과 동시에 GDPR과 같은 개인정보 보호법 또한 전 세계적으로 강화되고 있다. 2018년 미국 대선에서 일어난 페이스북-케임브리지 애널리티카 데이터 스캔들Facebook - Cambridge Analytica data scandal[1]로 인해 페이스북이 받은 타격을 상기해보자. 앞으로 구글, 페이스북 등의 주요 미디어 플랫폼은 더욱 적극적으로 개인정보 보호 장치를 마련할 것이다. 미디어 플랫폼은 사용자에게 개인정보 이용 내역을 투명하게 제공하고 통제할 수 있는 권한을 부여해 고객과의 신뢰를 유지한다. 하나의 예로, 페이스북은 히스토리 삭제 기능을 발표한 바 있다. 사용자는 어떤 웹사이트가 페이스북으로 자신의 개인정보를 전달하는지 확인할 수 있으며, 페이스북 분석 도구에서 자신의 개인정보를 삭제할 수 있다. 사용자는 페이스북의 데이터 수집 도구를 사용하는 웹사이트뿐만 아니라 페이스북에서도 데이터 수집을 기능을 해제할 수 있는 옵션을 갖게 될 것이다.

구글 역시 크롬 브라우저의 개인정보 이용에 대한 통제를 강화하고 있다. 파이어폭스와 사파리도 쿠키 차단 기능을 제공해 개인정보 보호 기능을 지원한다. 광고주가 활용할 데이터가 무엇인지를 사용자에게 상세하게 공개하는 것이 최근의 추세다.

미국 정부는 구글, 페이스북, 애플, 아마존 같은 빅테크 기업의 독점이 시장 경쟁을 얼마나 저해하고 있는지 조사할 예정이라고 밝혔다. 플랫폼을 방문하는 사용자를 식별하고 추적할 데이터양이 적어질수록 기업은 성장하는 데 어려움을 겪을 것이다. 사용자 유치를 위한 예산 대부분이 데이터 수집과 활용에 사용되고 있으므로 부담이 더 커질 수 있다.

> 크로스 플랫폼을 대상으로 한 고객 여정에서 광고의 기여도를 분석하는 일은 그 자체로도 충분히 어려운 일이다. 여기에 개인정보 보호에 대한 정부의 조사까지 더해진다면 어려움은 더욱더 커질 수밖에 없다.

----

1 페이스북-케임브리지 애널리티카 데이터 스캔들은 2018년 초에 일어난 정치 스캔들이다. 케임브리지 애널리티카 사가 수백 만의 페이스북 가입자 프로필을 동의 없이 수집해 정치적 선전 목적으로 이용했다는 사실이 밝혀지면서 사회적, 정치적 물의를 일으켰다.

광고 기여도를 분석하는 플랫폼은 모바일 기기에서의 사용자 행동을 추적하는 핵심 도구이다. 모바일 기기의 앱 ID를 분석 플랫폼에 전달하지 않으면 데이터의 정확성과 투명성이 떨어져 인공지능의 의사결정 기능에 영향을 준다. 앱 ID 공유 중지는 빅테크 기업에게 큰 리스크로 작용한다. 크로스 플랫폼을 대상으로 한 고객 여정에서 광고의 기여도를 분석하는 일은 그 자체로도 충분히 어려운 일이다. 여기에 개인정보 보호에 대한 정부의 조사까지 더해진다면 어려움은 더욱더 커질 수밖에 없다.

개인정보 보호 정책이 강화되면서 페이스북을 포함한 주요 미디어 플랫폼은 관련 문제를 해결해야 할 상황에 직면했다. 사용자에게 모든 데이터를 통제할 수 있는 권한을 주는 것이 플랫폼이 할 수 있는 최선일 수도 있다. 다만 사용자는 모든 설정 항목을 일일이 제어하는 부담을 덜고자 결국 기업의 기본 설정을 따를 것이다. 이는 자신의 개인정보를 회사가 임의로 사용하도록 방치한다는 것을 의미한다. 연방거래위원회Federal Trade Commission (FTC)[2]는 이와 같은 문제를 해결하기 위한 협정을 준비하고 있다. 실제로 개인화된 추천이나 콘텐츠, 혜택을 만족스럽게 생각하는 소비자가 많아 얼마나 많은 사람이 개인정보에 대한 권리를 주장할지는 미지수다. 게다가 이미 주요 플랫폼은 인공지능을 훈련하는 데 필요한 사용자 데이터를 충분히 수집한 상태다. 더 정교한 인공지능 모델을 만들기 위해서 더 많은 데이터를 수집하지 않아도 된다는 의미로 해석할 수 있다.

문제는 스타트업이다. 엄격한 개인정보 보호법의 시행으로 고객 데이터를 수집하는 데 문제가 생긴다면, 인공지능의 제대로 된 활용이 어려워질 것이다. 블록체인 기반의 사용자 정보 통합 플랫폼[3]이 생겨나면 스타트업은 정보 활용의 주도권을 빼앗길 수도 있다.

---

2 연방거래위원회는 소비자를 보호하고 시장의 경쟁을 보장하기 위해 설치된 미국의 독립적인 정부 기관이다. 소비자 보호법 및 독과점 금지법을 집행한다.

3 사용자 정보 통합 플랫폼은 VR 헤드셋이나 모바일 기기, 오디오 장치 등에서 생긴 사용자의 행동 데이터를 주민등록번호와 유사한 고유 식별 문자로 전환한 뒤 블록체인에 기록해 보관하는 시스템이다.

팀 규모 축소

인공지능이 일자리를 사라지게 할 거라는 뉴스가 넘쳐난다. 맥킨지 글로벌 연구소McKinsey Global Institute는 2030년까지 전 세계 8억 개의 일자리가 자동화의 도입으로 사라질 것으로 전망했다.[4] 맥킨지의 보고서는 인공지능과 로봇공학의 발전이 과거 산업혁명으로 농경 사회가 산업 사회로 바뀐 만큼의 변화를 초래할 것으로 예측했다. 미국을 기준으로 최소 3,900만 개에서 최대 7,300만 개의 일자리가 자동화될 것으로 내다봤는데, 이는 전체 노동력의 3분의 1에 육박하는 수치다.

일자리의 자동화로 기업의 조직 구조는 변화하고 업무 프로세스 개편과 필요 인력 및 채용 방식을 재정립하게 될 것이다. 추가 인력과 재배치, 새로운 업무 능력이 필요한 곳이 어디인지를 신중히 고민해야 한다. 변화할 세상에 맞춰 인력을 훈련시키고 대비하는 것에는 회사의 이익뿐만 아니라 사회적 책임이 포함되어 있다.

인공지능 기반의 자동화는 수많은 캠페인을 진행하고 다량의 미디어를 구매하는 그로스 팀에 큰 영향을 미친다. 미래 성장 전략의 중심에 인공지능이 있다. 인간만 할 수 있는 일을 어떻게 개선할지 고민하고 학습해야 한다. 회사는 인공지능이 더 나은 성능을 낼 수 있도록 필요한 인력을 교육하고 투자해야 한다.

인간과 기계가 함께 일하는 형태로 조직이 변화한다면 인간은 인공지능의 성능 개선을 뒷받침하는 역할을 하게 되며, 그로스 팀 규모는 지금보다 축소될 것이다. 작은 부분부터 자동화를 시작하겠지만 시간이 지날수록 적용 범위는 점점 더 커질 것이다.

> 인간과 기계가 함께 일하는 형태로 조직이 변화한다면 인간은 인공지능의 성능 개선을 뒷받침하는 역할을 하게 되며, 그로스 팀 규모는 지금보다 축소될 것이다.

그로스 팀의 업무는 자동화에 적합한 단순하고 반복적인 것이 많다. 일자리가 없

---

4 자세한 내용은 맥킨지 & 컴퍼니(McKinsey & Company)의 「Jobs lost, jobs gained(사라질 일자리와 새로 생겨날 일자리)」를 참고. https://www.mckinsey.com/featured-insights/future-of-work/jobs-lost-jobs-gained-what-the-future-of-work-will-mean-for-jobs-skills-and-wages

어질 것이라고 걱정하는 대신 관련 기술을 새롭게 배우는 데 시간을 투자하자. 인공지능은 할 수 없는 기술, 전략, 창의성, 문제 해결, 커뮤니케이션, 리더십 등 인간의 역할이 필수적인 다양한 분야가 존재한다. 적극적인 자세로 필요한 역량과 기술을 개발한다면, 인공지능은 새로운 형태의 일자리를 만들어내는 역할을 하게 될지도 모른다.

새로운 채널과 기회

'모든 계란을 한 바구니에 담지 말아라'라는 말은 다가올 인공지능 시대에 어울리는 표현이다. 기업은 최대한 많은 고객을 유치하기 위해 각기 다른 유료 채널과 유기적 플랫폼을 활용해 다양성을 추구한다. 하나의 채널에서 발생하는 트래픽에만 의존하는 것은 리스크가 매우 크다. 이미 많은 스타트업이 사용자 유치를 위해 구글과 페이스북 같은 몇몇 채널에만 의존하는 실수를 저지르고 있다. 좋은 트래픽 소스이지만 의존도가 높아지면 높아질수록 두 채널이 가진 리스크를 함께 짊어질 수밖에 없다. 잘못하면 회사의 운명이 광고 채널의 운명을 그대로 따라가는 상황을 맞이할 수도 있다.

우선 인공지능이 각기 다른 채널을 쉽게 통합해 관리할 수 있는지 테스트해보자. 광고 기여도 분석이 가능한 미디어 파트너와 연동되는 API를 활용하는 게 가장 좋은 방법이다. 비즈니스 목표에 맞는 입찰, 예산, 광고 소재, 목적을 수정하고 테스트하며 학습하는 과정을 반복할 수 있어 최종적으로 손쉽게 새로운 캠페인을 관리할 수 있다.

사기꾼의 머리 꼭대기에 올라서기

현대 사회에서 인간이 피할 수 없는 것은 죽음과 세금, 그리고 사기라는 말이 있다. 광고주가 인센티브화 트래픽incentivized traffic[5]과 봇의 악용 사례에 대처하기 위한

----

5 옮긴이_ 방문한 사용자에게 현금 등의 인센티브를 제공하는 것을 의미한다.

방법을 마련하자 사기꾼은 곧 광고주의 예산을 탈취할 신기술을 고안했다. 2019년 이마케터에서 발표한 「eMarketer Digital Ad Fraud 2019 report(디지털 광고 사기 보고서)」에 따르면 광고 사기 피해 금액은 전 세계적으로 매년 수십억 달러에 달한다. 최근에는 피해 금액이 최소 65억 달러에서 최대 190억 달러에 이를 정도로 피해 추정 범위가 넓다. 디지털 광고 사기가 정확하게 측정하기 어려울 정도로 광범위하고 은밀하게 이루어지고 있음을 의미한다.

사기 행위로 이익을 얻으려는 집단은 넘쳐나지만, 디지털 광고계에서는 광고 사기를 명확하게 규정한 정의가 아직 없다. 광고 사기 피해는 당장 눈에 보이는 문제가 아니기 때문에 광고 분석 플랫폼, 광고 네트워크, 광고 대행사, 미디어 구매 업체 등의 이해관계자가 이를 적극적으로 해결하려고 노력하지 않는다.

많은 거대 광고주들이 사용하는 한 가지 접근법은 서드 파티를 통해 광고 분석 플랫폼 내 비정상 트래픽을 모니터링하고 필터링하는 것이다. 서드 파티의 정교한 알고리즘은 트래픽의 이상 징후를 모니터링하는 것은 물론이고, 다양한 광고주의 관점을 내포하고 있기에 유용하다. 모호하고 불투명한 채널을 피하는 것이 광고 사기를 최소화할 수 있는 가장 좋은 방법이다. 신뢰할 수 있는 광고 미디어를 직접 구매함으로써 간단하게 사기를 피할 수 있다. 사기 때문에 발생한 부적절한 데이터는 인공지능 알고리즘에 좋지 않은 영향을 미치며 잘못된 광고 분석 결과를 불러온다.

문제에 직면하기

인공지능은 아직 초기 단계에 있다. 인공지능이 해결해야 할 도전 과제는 끊임없이 변하고 있으며, 풀어나가야 할 것들이 앞으로도 많을 것이다. 과제를 해결하는 것은 개인과 팀 차원에서 학습하고 성장할 기회를 얻음을 의미하기도 한다. 혁신의 대상이 되기보다 혁신의 주체가 되어야 한다. 다음 장에서는 인공지능과 함께 혁신을 선도할 수 있는 방법에 대해 함께 살펴보자.

CHAPTER 17

인공지능과 함께 성공하는 방법

스타트업은 적합한 인재 채용부터 사용자 유치, 고객의 이탈 방지, 수익 증대를 위한 최적화까지 수많은 난제를 마주한다. 난제를 극복할 준비를 마친 기업만이 유니콘이 될 수 있다. 재정 압박이나 리소스 제한은 스타트업에 오히려 긍정적으로 작용할 수 있다. 시장에서 경쟁 우위를 차지하기 위해 실험하고 학습하는 데 창의적이고 기민하게 움직일 수 있는 동력이 되는 것이다. 스타트업의 성공 확률은 원래 희박하다. 사소한 일 하나조차도 성패를 가르는 계기가 될 수 있다.

모든 스타트업에 적용되는 질문 중 하나는 '당신의 제품, 그리고 당신이 뛰어드는 시장이 신규 고객을 유치하기에 적절한가?'이다. 물론 훌륭한 제품과 브랜드가 갖춰져 있더라도 성공한다는 보장은 없다. 성공 가능성을 높이려면 사용자 유치를 우선해야 한다. 능력 있는 그로스 팀은 고객 퍼널을 여러 단계로 쪼개어 살펴본다. 우선 퍼널의 최상단, 즉 고객 유입 단계에서는 다양한 메시지를 실험한다. 퍼널 하단에서는 고객으로 전환되는 비율을 높이기 위해 다양한 가설과 실험을 진행한다. 이때는 사용자 유치 비용이 일정 선을 넘지 않도록 유지한다. 그로스 마케팅이 수익과 고객 생애 가치를 높이기 위해 데이터를 활용하고 기민함을 발휘할 수 있도록 도울 것이다.

인공지능, 머신러닝 및 자동화에 린 AI 방식을 적용하면 회사의 규모와 상관없이 많은 실험을 동시에 진행할 수 있다.

인공지능 기반의 린 스타트업 방식은 스타트업의 성공 가능성을 획기적으로 높일 수 있다. 인공지능, 머신러닝 및 자동화에 린 AI 방식을 적용하면 회사의 규모와 상관없이 많은 실험을 동시에 진행할 수 있다. 인공지능이 등장하기 전에는 생각조차 하지 못한 일이다. 비용과 복잡함을 문제로 포기했던 다양한 실험을 얼마든지 실행할 수 있다.

제프 베조스는 앞으로 변화할 대상이 아닌 변하지 않을 것에 집중해야 비즈니스를 성공으로 이끌 수 있다고 말했다. 스타트업은 신규 사용자 유치, 고객 이탈 방지, 수익화 등 비즈니스 가치를 높여줄 수 있는 항목에만 집중해야 한다. 린 AI 방식의 활용 여부로 그로스 팀은 달라질 것이며 린 AI는 더 나은 방식으로 학습 속도를 높여줄 것이다.

그로스 팀은 사용자 유치 전략을 세우고 성장 지표 달성에 필요한 리소스를 관리하는 중요한 역할을 담당한다. 문제는 그로스 팀이 인공지능 기반의 경쟁력을 확보하는 시점이다.

사용자 유치 3.0 시대는 인공지능에 달려 있다. 인공지능은 주요 마케팅 플랫폼에서 동적으로 예산을 배정하고 광고 소재 노출을 조정하며, 인사이트를 도출하는 등 복잡한 캠페인을 자동으로 세밀하게 관리한다. 인간이 일일이 개입하지 않아도 그로스 팀이 더 큰 성과를 낼 수 있도록 도와준다. 데이터 기반의 결과물을 도출하는 등의 반복적이고 단순한 계산 업무는 인공지능에 맡기고, 인간은 더 창의적이고 전략이 필요한 업무에 집중해야 한다.

> **사용자 유치 3.0 시대는 인공지능에 달려 있다. 인공지능은 주요 마케팅 플랫폼에서 동적으로 예산을 배정하고 광고 소재 노출을 조정하며, 인사이트를 도출하는 등 복잡한 캠페인을 자동으로 세밀하게 관리한다.**

인공지능을 직접 구축하든 서드 파티 솔루션을 구매하든, 인공지능을 내재화하는 방식은 중요하지 않다. 그로스 팀 외 다양한 이해관계자의 지원이 있어야만 성공적으로 인공지능을 적용할 수 있다는 점이 더 중요하다. 먼저 '성공을 위해 함께' 협업하는 조직 문화가 뒷받침돼야 한다. 사용자 유치나 매출 목표 달성과 연계해 전체 구성원의 인센티브를 보장하는 것이 가장 좋은 방법이다. 비즈니스의 성공이 우리 모두의 성공이라는 사고 방식이 깔려 있다면 모든 팀원이 동일한 성장 목표를 갖고 인공지능 지원을 높은 우선순위로 책정할 것이다. 모든 팀이 목표에 기여할 때 성장할 수 있다. 성장을 위해 모든 팀이 서로 협력할 때 비로소 고객을 유치하고 수익화를 실현할 수 있다. 스타트업이 최고의 아이디어를 가졌다고 해서 항상 성공하는 것은 아니다. 리소스를 잘 분배해 최고의 효율을 만들어내야 성공할 수 있다.

인간과 기계 중 더 나은 것을 선택하는 것이 아니라 서로의 장단점을 보완해주는 방식으로 인공지능을 활용해야 한다. 반복되는 지루한 업무를 인공지능이 자동화하면 팀 전체의 생산성이 높아진다. 회사의 총책임자인 CEO가 인공지능의 가능성을 충분히 이해하는 것이 무엇보다 중요하다. 인공지능을 활용할 수 있는 적합한 인재를 채용하고 교육해야 다양한 팀이 인공지능으로 얻을 수 있는 이익이 극대화된다. 올바른 데이터를 기반으로 한 마케팅 기술을 활용할 수 있도록 지원해 인공지능 기반으로 문제를 정의하고 해결하는 데까지 확장할 수 있어야 한다. 인공지능에서 도출한 결과와 시사점을 회사 전체에 투명하게 공유하는 것이 중요하다. 쉽게 해결할 수 있는 작은 문제에서 시작해 더 큰 문제를 해결하는 방식으로 인공지능 적용을 확대해 나갈 것을 추천한다. 이때 회사 내부 홍보 캠페인을 하거나 회사 내부에 인공지능 관련 전문가가 많아지면 인공지능의 긍정적인 효과를 회사 내부에 널리 알릴 수 있을 것이다.

모든 스타트업의 목표는 비즈니스를 성장시켜 빠른 시간 안에 성공적으로 '엑시트'로 이끄는 것이다. 그래야만 투자자와 경영자는 물론 임직원까지 충분한 보상을 얻을 수 있다. CEO는 인공지능의 적용 범위가 그로스 팀만이 아닌 회사 전체가 될 수 있도록 주도해야 한다. 그래야만 운영 비용을 절감하는 동시에 효율성을 높이고 매출을 증대할 수 있으며 더 나은 고객 경험을 제공할 수 있을 것이다.

마지막 정리

이 책을 통해 린 AI와 자동화를 스타트업에서 얼마나 유용하게 활용할 수 있는지, 그 가능성을 엿볼 수 있었기를 바란다. 당신의 스타트업의 인공지능 도입 여부와 상관없이 인공지능은 모든 산업을 변화시킬 것이다. 지금이 인공지능 도입 시기를 정의하고 활용 전략을 세우기 적합한 시기다. 빠르게 기술을 도입하고 기술력을 확보한다면 시장을 선도할 수 있다.

그로스 팀은 고객과 가장 밀접한 위치에서 모든 지출 내역이 ROI에 어떤 영향을 줄지 판단해야 한다. 이는 모든 스타트업의 그로스 팀이라면 매일 겪어야 할 과제다. IMVU의 그로스 팀 실적은 린 AI를 적용하기 전후로 나뉜다. 서로 다른 고객 접점과 채널에서 발생하는 고객 여정에 매달 수백에서 수만 번의 테스트를 진행했다. 꾸준한 테스트는 인공지능의 학습 속도를 기하급수적으로 가속했고, 린 스타트업의 전제가 반복 실험이라는 원칙을 확립할 수 있었다. 다양한 테스트로 학습 주기를 단축하고 이를 기반으로 인공지능의 성능을 확장시키는 이른바 '피드백 루프'는 다른 스타트업에도 큰 영향을 끼칠 수 있다. 사람이 하던 기존 업무 중 인공지능에 적합한 일을 찾아 넘겨줌으로써 생산성을 높여 훌륭한 결과물을 얻었다. 성과와 결부시키지 않더라도, 인공지능의 도입은 그 자체로도 팀 구성원의 사기를 높이는 긍정적인 효과를 가져왔다.

인공지능은 당신의 비즈니스를 구성하는 많은 기능을 혁신시킬 것이다. 특히, 그로스 팀은 혁신의 영향을 가장 크게 받는 조직이다. 그로스 팀 내에서 인공지능이 성공적으로 작동할 수 있도록 상세한 계획을 갖춰야 한다. 인공지능은 다양한 마케팅 및 광고 기술에 적용될 수 있다. 당신의 비즈니스에 특화된 결과를 얻기 위해서는 비즈니스 성격에 맞게 인공지능을 변형해 사용해야 한다. 가장 좋은 방법은 그로스 팀의 성격에 맞는 SaaS 플랫폼을 적용한 다른 기업의 사례를 참고하는 것이다. SaaS 플랫폼이 가진 기능은 인공지능을 가장 적합한 방식으로 동작하도록 지원해 제품 성능을 향상시킬 수 있다.

최근 인공지능은 가상비서나 OTT 등과 같은 다양한 채널을 통해 신규 고객과의 접점을 늘리는 형태로 진화하고 있다. 더 많은 혁신을 가져오지만, 동시에 당신의 브랜드나 제품을 전혀 모르는 고객의 관심을 끄는 일은 어려워질 것이다. 린 스타트업의 그로스 팀은 복잡하고 치열한 마케팅 및 커뮤니케이션 환경 속에서 살아남기 위해 기술을 활용해야 한다.

회사의 직원들은 인공지능이 일자리를 위협하는 존재라고 생각할 수 있다. 고위 관리자나 경영진도 인공지능 도입으로 고민이 많아질 것이다. 관리자는 인공지능이 대체할 수 없는 영역에 집중적으로 투자해야 한다. 비판적인 사고나 공감, 고객 만족 제공, 창의력을 요구하는 분야에서는 인간의 전문성이 필요하다. 지루하고 반복적인 업무를 기계가 대신하면 개인이 가진 전문성과 업무 능력이 빛을 발할 수 있다. 인공지능과 머신러닝, 딥러닝은 일상과 기술을 대하는 방식을 새롭게 변화시킬 시작점이다.

미래에는 인공지능과 인간이 하나의 팀이 되어 협력할 것이다. 당신의 업무가 인공지능에게 대체되지 않으려면 적극적으로 필요한 기술과 역량을 개발하자. 회사가 인공지능을 도입할지 말지의 여부와는 상관없다. 당신이 하는 업무나 속해 있는 산업에서 인공지능이 어떤 역할을 할 수 있는지 탐구해보는 것이 중요하다. 변화에 앞서 나간다면 그렇지 않은 인간보다 인공지능의 시대에 더 잘 적응해 나갈 수 있다. 달라진 환경에서 살아남을 수 있을지는 당신의 선택에 달려 있다. 세상을 더 나은 방향으로 변화시킬 인공지능과 인간이 함께 일하는 차세대 그로스 팀의 일원이 되길 바란다. 더불어 당신이 속한 그로스 팀 또한 계속해서 발전해 당신의 성장을 뒷받침해줄 수 있기를 기대한다. 스타트업은 인공지능 기반의 경쟁력을 통해 매우 빠른 속도로 고객을 유치하고 비즈니스 혁신을 통해 세상을 좀 더 나은 방향으로 변화시킬 것이다.

미래에는 인공지능과 인간이 하나의 팀이 되어 협력할 것이다.

그로스 팀 내에서 운전사와 승객 중 어떤 역할을 선택할지는 당신의 자유다. 단순히 변화를 지켜보는 승객이 되기보다는 인공지능의 역할에 직접적인 영향을 줄 수 있는 운전자가 되자. 인공지능의 기능과 효과에 대해서는 아직 모두 밝혀지지 않았지만, 한 가지는 확실하다. 최고의 그로스 팀은 틀림없이 린 AI를 적용할 것이라는 사실이다.

곧 다가올 사용자 유치 3.0 시대를 주도할 린 AI의 흐름에 동참할지는 당신의 선택이다. 사용자 유치 3.0 시대에는 주요 마케팅 플랫폼에서 진행되는 복잡한 캠페인 관리, 예산 할당, 광고 디자인, 인사이트 도출을 인공지능이 수행할 것이다. 인공지능은 인간이 일일이 개입하고 관리하는 방식에서 벗어나 린 팀이 비약적인 성장을 할 수 있도록 돕는다. 당신이 사용자 유치 3.0 시대를 기꺼이 마주할, 준비된 혁신가가 되기를 바란다. 또한 당신의 스타트업이 사용자를 성장시켜 '엑시트'에 성공하길 바란다. 인공지능의 포스가 함께하기를.

INDEX

INDEX

INDEX

INDEX